DIREITO À MORADIA ADEQUADA

Deveres jurídicos do Estado na implementação de políticas públicas habitacionais

Conselho Editorial

ANA BEATRIZ RIBEIRO DAVID VALERY MIRRA

DIREITO À MORADIA ADEQUADA

Deveres jurídicos do Estado na implementação de políticas públicas habitacionais

MATRIOSKA
EDITORA

Diretora Editorial: Luciana Félix
Diretora Comercial: Patrícia Melo
Copidesque e preparação de texto: Tatiana Muller
Revisão: Equipe Matrioska Editora
Editoração e capa: Marcelo Córreia

Matrioska Editora
Atendimento e venda direta ao leitor:
www.matrioskaeditora.com.br
contato@matrioskaeditora.com.br
facebook.com/matrioskaeditora
instagram.com/matrioskaeditora

Dados Internacionais de Catalogação na Publicação (CIP)
(Câmara Brasileira do Livro, SP, Brasil)

Mirra, Ana Beatriz Ribeiro David Valery
Direito à moradia adequada : deveres jurídicos do Estado na implementação de políticas públicas habitacionais / Ana Beatriz Ribeiro David Valery Mirra. -- São Paulo : Matrioska Editora, 2024.

Bibliografia.
ISBN 978-65-84999-35-0

1. Direito à moradia - Brasil 2. Direito constitucional - Aspectos sociais 3. Direitos humanos 4. Direitos sociais - Brasil 5. Habitação - Aspectos sociais 6. Política habitacional - Brasil I. Título.

24-213064 CDU-347:171

Índices para catálogo sistemático:

1. Direito à moradia : Direito civil 347:171

Tábata Alves da Silva - Bibliotecária - CRB-8/9253

Impresso no Brasil
2024

AGRADECIMENTOS

Ao professor doutor Motauri Ciocchetti de Souza, pela oportunidade de desenvolver a presente pesquisa sob sua atenta orientação, essencial para o resultado deste trabalho, e por participar intensamente da minha formação acadêmica. É, para mim, motivo de muita honra e orgulho ter sido sua aluna e monitora durante a graduação e, agora, ser sua assistente e orientanda.

Aos professores do Programa de Pós-Graduação em Direito da PUC-SP, pelas excelentes aulas ministradas, cujo conteúdo trouxe subsídios fundamentais não só à realização da presente pesquisa, mas também à minha formação acadêmica e humanística: professor doutor Marcelo Sodré, professor doutor Roberto Dias, professor doutor Wagner Balera, professora doutora Carolina Alves de Souza Lima, professora doutora Lucinéia Rosa, professora doutora Nathaly Campitelli Roque e professor doutor Willis Santiago Guerra Filho.

À professora doutora Carolina Alves de Souza Lima, uma vez mais, e ao professor doutor Eduardo Dias de Souza Ferreira, pelas críticas construtivas e apontamentos realizados por ocasião do exame de qualificação e pelo estímulo para a continuação do trabalho.

Ao professor doutor Motauri Ciocchetti de Souza, à professora doutora Carolina Alves de Souza Lima e ao professor doutor Fernando Reverendo

Vidal Akaoui, membros da banca examinadora da defesa da dissertação, pelas observações e pelo rico diálogo a respeito dos principais temas desenvolvidos nesta pesquisa.

Ao meu amor, Victor Augusto de Oliveira, por todo o amor, carinho e apoio ao longo do percurso.

Ao meu irmão, Guilherme Mirra, pelo amor, carinho e torcida de sempre, tão fundamentais à realização de todos os meus trabalhos.

Aos meus pais, Álvaro Mirra e Cássia David, fundamentais em todas as etapas da minha vida, por tudo, em especial pelo apoio e estímulo incessantes e incondicionais aos meus estudos e projetos, e por serem as minhas maiores inspirações.

PREFÁCIO

Recebi, com inegável alegria e subida honra, o convite para prefaciar obra de grande vulto e importância, atenta ao Direito à moradia adequada visto sob acepção jurídica, seus desdobramentos e nuances, além, sobremaneira, de seu impacto sobre os nominados Direitos Humanos e corolários advindos da transferência, ao Poder Público, de obrigações prestacionais as mais variegadas, cujo escopo é o de conferir efetividade ao conteúdo do vetor da Dignidade da Pessoa Humana e dos predicamentos indispensáveis a sua plena consagração, insculpidos em nosso Texto Maior e em normativas internacionais.

Fruto de pesquisas realizadas no âmbito de mestrado acadêmico por sua Autora, a dissertação da qual resultante o presente livro apresenta conteúdo substancial e profundo, cumprindo à saciedade os requisitos necessários à obtenção, pela Ana Beatriz, do título de mestre em Direitos Humanos pela Pontifícia Universidade Católica de São Paulo.

Apresenta conteúdo inovador, ao ponto de cumprir requisito inerente ao próprio doutoramento, além de questionar o verdadeiro alcance do Direito à Moradia, não apenas enquanto normativa advinda do ordenamento jurídico internacional, objeto da própria Agenda 2030, mas, sobremaneira, como vetor indispensável, no âmbito de nossa ordem constitucional, para a consagração, como acima alvitrado, da Dignidade da Pessoa Humana, vez que direito fundamental consagrado pelo art. 6º da Carta da República.

Nessa cepa, o trabalho nos leva a meditar, com profundidade, acerca da indispensável simbiose entre os nominados Direitos Humanos e os Direitos Fundamentais, cuja aglutinação é imperativa para a efetiva consagração dos valores humanos mais caros e inalienáveis.

Leva-nos, também, a questionar a natureza da própria norma insculpida no art. 6º do Texto Maior, arrolada dentre os nominados direitos sociais, a qual não pode ser jungida a viés meramente principiológico – antes, deve ser alçada à condição de fator condicionante da própria concretude do brocardo da Dignidade da Pessoa Humana, donde sua efetividade conduz a imperativos jurídicos de observância obrigatória pelo Poder Público, cuja atuação há de voltar-se a sua concretude.

E, de tais postulados e questionamentos, a proposta lançada pela Autora, no sentido de que o Direito à Moradia adequada constitui vetor jurídico apto a impor atuações prestacionais positivas e inadiáveis ao Poder Público, com o escopo de assegurar a todos uma vida efetivamente digna.

Tive a satisfação de conhecer a Autora, Ana Beatriz Ribeiro David Valery Mirra, nos bancos acadêmicos da PUC/SP, quando ministrei, em sua turma de graduação, a disciplina Direito Ambiental.

Desde logo, Ana Beatriz surpreendeu-me positivamente, por sua dedicação, cultura e dotes acadêmicos destacados já no contexto de sua turma.

Mercê de tais premissas, não titubeei em convidá-la para trabalhar comigo, inicialmente como monitora e, após formada, como assistente junto à cadeira de Direito Penal, que leciono na graduação, oportunidades em que Ana Beatriz pôde demonstrar e desenvolver, ainda mais, seus dotes acadêmicos e seu forte interesse pela pesquisa.

Fruto de citada convivência e do conhecimento, a exortei a concorrer a uma vaga no mestrado acadêmico, no núcleo de Direitos Humanos, tendo Ana Beatriz sido aprovada inclusive pela apresentação de projeto de pesquisa bastante arrojado.

Ana Beatriz continuou, ao largo do mestrado, demonstrando a sua cultura jurídica bastante vasta, além de forte anseio pela pesquisa, o que a levou, em conversas comigo, seu Orientador, assim como com outros Professores, a modular o foco de seu projeto inicial, dilargando o alcance do Direito à Moradia de seu aspecto meramente formal para seara inerente às próprias condições materiais em que indigitado Direito deveria ser conferido a todos, através de obrigações prestacionais positivas cometidas ao Poder Público, como fator de assecuração da Dignidade da Pessoa Humana.

Assim, a Autora em momento algum furtou-se a lançar-se em novos desafios, nunca preferindo a zona de conforto transmitida por seu projeto inicial ao arrojo e à inovação, o que bem demonstra a sua cultura e a sua capacidade jurídica, estampada na dissertação que ora se transforma merecidamente em livro, a qual foi aprovada unanimemente pela Banca Examinadora, com voto de louvor.

Obra de leitura dinâmica, fácil, possui todos os predicamentos necessários a indicá-la como referência no tratamento jurídico do Direito à Moradia, notadamente quanto ao âmbito de sua efetividade e de sua indispensabilidade como elemento norteador da consagração do brocardo da Dignidade da Pessoa Humana, objetivo maior de todo o ordenamento jurídico, seja no âmbito interno, seja na seara internacional.

Recomendo, pois, vivamente a sua leitura a todos os profissionais e estudiosos do Direito Público, notadamente nos âmbitos do constitucionalismo e do direito internacional, seguro de que a atualidade do tema e a abrangência do trabalho em muito contribuem para a ciência jurídica.

São Paulo, abril de 2024.

MOTAURI CIOCCHETTI DE SOUZA
Professor Assistente-Doutor do Departamento III
(Penal e Processo Penal) da Faculdade de Direito da PUC/SP.
Professor da área de concentração em Direitos Humanos dos cursos de mestrado e doutorado da PUC/SP.
Procurador de Justiça em São Paulo.

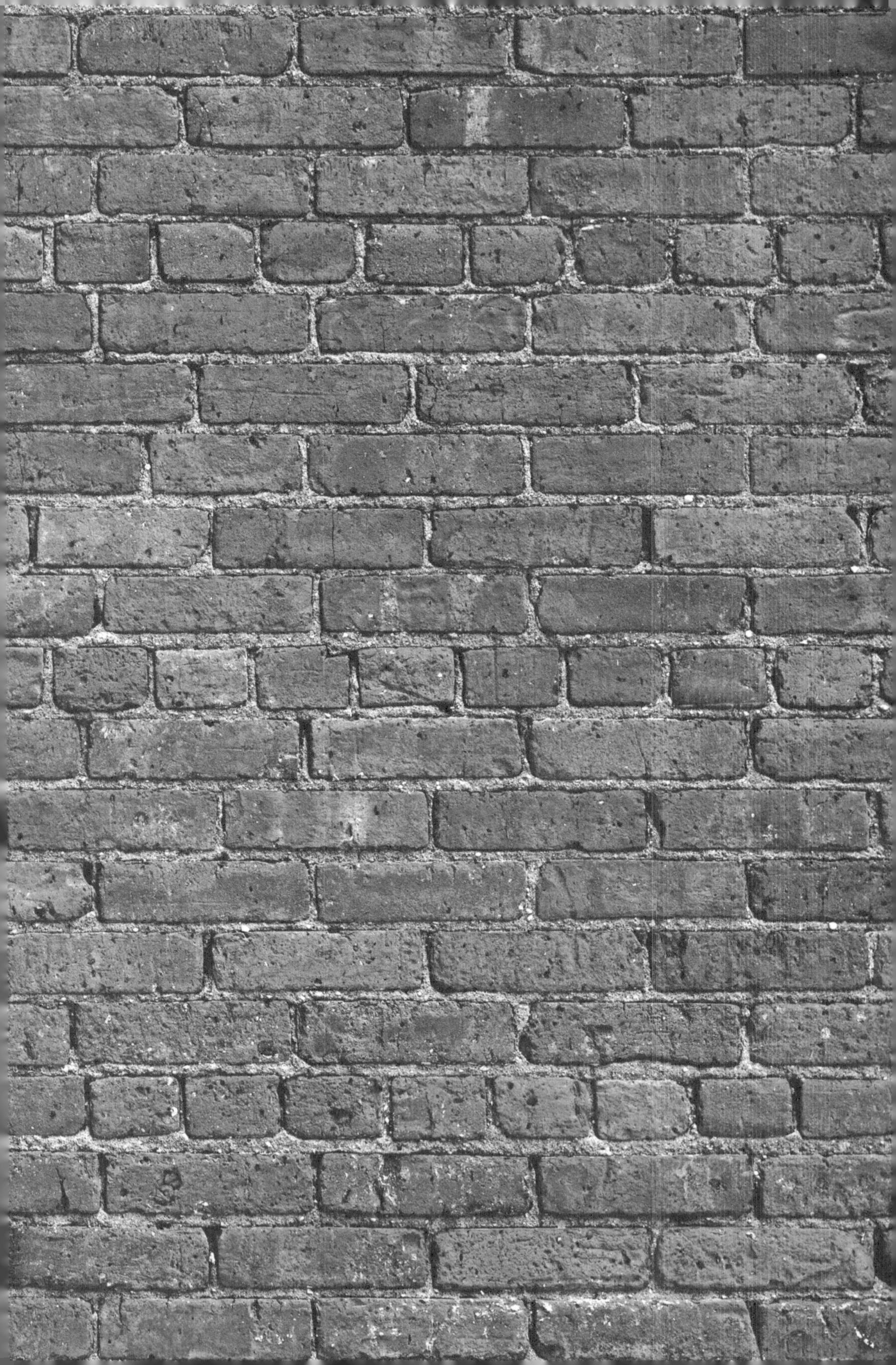

Sumário

PREFÁCIO VII
INTRODUÇÃO 1

Parte 1 - Limitações à Discricionariedade do Estado em Matéria de Direitos Sociais: Identificação dos Deveres Estatais na Elaboração e Implementação de Políticas Públicas para Efetivação dos Direitos Sociais.......... 8

Capítulo 1

A ESTRUTURA DAS NORMAS DE DIREITOS SOCIAIS: PRIMEIRAS LIMITAÇÕES À DISCRICIONARIEDADE DA ATUAÇÃO DO ESTADO 9
1.1 Conceituando direitos humanos e direitos fundamentais 9
1.2 Características das normas jurídicas: eficácia, aplicabilidade e efetividade 13
1.3 O caráter jurídico das normas de direitos humanos sociais: aplicabilidade imediata e efetividade progressiva 15
1.4 O caráter jurídico das normas de direitos fundamentais sociais: aplicabilidade imediata e efetividade progressiva 24
1.5 Juridificação do poder, estrutura e projeção das normas de direitos sociais: primeiras limitações da discricionariedade do Estado nos processos de elaboração e implementação de políticas públicas 31

Capítulo 2

A REDUÇÃO DAS DESIGUALDADES INJUSTAS COMO ELEMENTO VINCULANTE DA ATUAÇÃO DO ESTADO 38
2.1 Igualdade, diferenças e desigualdades 38
2.2 A igualdade almejada pelo Estado brasileiro 40
2.3 O princípio da democracia social e econômica e a redução da discricionariedade dos poderes políticos no Brasil 43

Capítulo 3

O PRINCÍPIO DA VEDAÇÃO DO RETROCESSO SOCIAL COMO ELEMENTO VINCULANTE DA ATUAÇÃO DO ESTADO 47

3.1 Fundamentos do princípio da vedação do retrocesso social: a redução das desigualdades injustas e a indisponibilidade dos direitos sociais pelos poderes políticos ... 47
3.2 O princípio da vedação do retrocesso social e a vinculação da atividade estatal ... 50
3.3 Retrocesso social e reversibilidade fática ... 54
3.4 Retrocesso social e a reserva do possível ... 57

Parte 2 - Limitações à Discricionariedade do Estado em Matéria Habitacional: Identificação dos Deveres Estatais na Elaboração e Implementação de Políticas Públicas para Efetivação do Direito à Moradia Adequada ...61

Capítulo 4

O TRATAMENTO JURÍDICO DO DIREITO À MORADIA ADEQUADA NO SISTEMA GLOBAL DE PROTEÇÃO DOS DIREITOS HUMANOS ... 62
Considerações iniciais ... 62
4.1 A ampliação da aplicabilidade do direito à moradia adequada pelo Sistema Global de Proteção dos Direitos Humanos: definição da obrigação de resultado a ser alcançada pelos Estados ... 67
4.1.1 A definição do direito à moradia adequada na Declaração Universal dos Direitos Humanos e a obrigação de resultado por ela atribuída aos Estados ... 67
4.1.2 A definição do direito à moradia adequada no Pacto Internacional dos Direitos Econômicos, Sociais e Culturais e a obrigação de resultado por ele atribuída aos Estados ... 70
4.1.3 As resoluções do Sistema Global de Proteção dos Direitos Humanos sobre direito à moradia adequada e a obrigação de resultado por elas atribuída aos Estados ... 72
4.1.4 O direito à moradia adequada segundo o Comitê de Direitos Econômicos, Sociais e Culturais (CDESC) e a obrigação de resultado por ele atribuída aos Estados ... 75
4.2 Definição dos caminhos para a progressiva efetividade do direito à moradia adequada pelo Sistema Global de Proteção dos Direitos Humanos: estabelecimento dos meios de cumprimento com a obrigação imediata de comportamento dos Estados ... 79
4.2.1 Pacto Internacional dos Direitos Econômicos, Sociais e Culturais: definição das primeiras obrigações estatais de comportamento em matéria de moradia adequada ... 79

4.2.2 As resoluções do Sistema Global de Proteção dos Direitos Humanos sobre direito à moradia adequada e as obrigações de comportamento por elas atribuídas aos Estados 81

4.2.3 O Comitê de Direitos Econômicos, Sociais e Culturais (CDESC) e as obrigações de comportamento por ele atribuídas aos Estados em matéria de moradia adequada 87

4.2.4 Declaração de Vancouver: o enfoque econômico-social da obrigação estatal de comportamento em matéria de direito à moradia adequada 89

4.2.5 Declaração de Istambul e Agenda Habitat: o enfoque socioeconômico da obrigação estatal de comportamento em matéria de direito à moradia adequada 95

4.2.6 Os Objetivos do Desenvolvimento Sustentável (ODS) e a Nova Agenda Urbana: o enfoque socioambiental das obrigações estatais de comportamento em matéria de direito à moradia adequada 105

4.3 Definição do público-alvo das políticas públicas de moradia adequada pelo Sistema Global de Proteção dos Direitos Humanos 116

Capítulo 5

O TRATAMENTO JURÍDICO DO DIREITO À MORADIA ADEQUADA NO SISTEMA INTERAMERICANO DE PROTEÇÃO DOS DIREITOS HUMANOS 119

Considerações iniciais 119

5.1 A ampliação da aplicabilidade do direito à moradia adequada pelo Sistema Interamericano de Proteção dos Direitos Humanos: definição da obrigação de resultado a ser alcançada pelos Estados 125

5.1.1 A definição do direito à moradia adequada nos documentos inaugurais do Sistema Interamericano — Carta da OEA (texto original e redação alterada pelo Protocolo de Buenos Aires) e Declaração Americana dos Direitos e Deveres do Homem — e a obrigação de resultado por eles atribuída aos Estados 125

5.1.1.1 A concepção desenvolvimentista subjacente aos documentos inaugurais do Sistema Interamericano 126

5.1.1.2 As obrigações de resultado em matéria de direito à moradia adequada atribuídas aos Estados pelos documentos inaugurais do Sistema Interamericano 130

5.1.2 As obrigações de resultado em matéria de direito à moradia adequada atribuídas aos Estados pela Carta Social das Américas 134

5.1.3 As obrigações de resultado em matéria de direito à moradia adequada atribuídas aos Estados pela Comissão Interamericana de Direitos Humanos. 138

5.2 Definição dos caminhos para a progressiva efetividade do direito à moradia adequada pelo Sistema Interamericano de Proteção dos Direitos Humanos: estabelecimento dos meios de cumprimento com a obrigação imediata de comportamento dos Estados 142

5.2.1 As obrigações de comportamento em matéria de direito à moradia adequada atribuídas aos Estados pela Carta da OEA 142

5.2.2 As obrigações de comportamento em matéria de direito à moradia adequada atribuídas aos Estados pela Convenção Americana de Direitos Humanos (Pacto de San José da Costa Rica) e pelo Protocolo Adicional de San Salvador 143

5.2.3 As obrigações de comportamento em matéria de direito à moradia adequada atribuídas aos Estados pela Carta Social das Américas 147

5.2.4 As obrigações de comportamento em matéria de direito à moradia adequada atribuídas aos Estados pela Comissão Interamericana de Direitos Humanos 150

5.2.5 As obrigações de comportamento em matéria de direito à moradia adequada atribuídas aos Estados pela Corte Interamericana de Direitos Humanos 154

5.2.5.1 Da justiciabilidade do direito à moradia adequada perante a Corte Interamericana de Direitos Humanos 154

5.2.5.2 Das obrigações dos Estados na proteção do direito à moradia adequada fixadas pelas sentenças da Corte Interamericana de Direitos Humanos 158

5.3 Definição do público-alvo das políticas públicas de moradia adequada pelo Sistema Interamericano de Proteção dos Direitos Humanos 161

Capítulo 6

O TRATAMENTO JURÍDICO DO DIREITO À MORADIA ADEQUADA NO PLANO INTERNO: LIMITAÇÕES CONSTITUCIONAIS E LEGAIS À DISCRICIONARIEDADE DO ESTADO BRASILEIRO EM MATÉRIA HABITACIONAL 167

Considerações iniciais 167

6.1 A ampliação da aplicabilidade do direito à moradia adequada pelo ordenamento jurídico interno brasileiro: definição da obrigação de resultado a ser alcançada pelo Brasil 173

6.1.1 A obrigação de resultado do Estado brasileiro em matéria de moradia adequada segundo a Constituição de 1988 173

6.1.2 ***A obrigação de resultado do Estado brasileiro em matéria de moradia adequada segundo a legislação infraconstitucional de caráter nacional*** *188*

6.1.2.1 As obrigações de resultado atribuídas ao Estado brasileiro em matéria de moradia adequada pelo Estatuto da Cidade (Lei Federal nº 10.257/2001) *188*

6.1.2.2 As obrigações de resultado atribuídas ao Estado brasileiro em matéria de moradia adequada pela Política Nacional para a População em Situação de Rua (Dec. nº 7.053/2009) *192*

6.2 Definição dos caminhos para a progressiva efetividade do direito à moradia adequada pelo sistema jurídico interno brasileiro: estabelecimento dos meios de cumprimento com a obrigação imediata de comportamento do Brasil..... **197**

6.2.1 ***As obrigações de comportamento a serem imediatamente adimplidas pelo Estado brasileiro em matéria de moradia adequada decorrentes da Constituição de 1988*** *197*

6.2.2 ***As obrigações de comportamento a serem imediatamente adimplidas pelo Estado brasileiro em matéria de moradia adequada decorrentes da legislação infraconstitucional de caráter nacional*** ***203***

6.2.2.1 As obrigações de comportamento atribuídas ao Estado brasileiro em matéria de moradia adequada pelo Estatuto da Cidade (Lei Federal nº 10.257/2001) *203*

6.2.2.2 As obrigações de comportamento atribuídas ao Estado brasileiro em matéria de moradia adequada pela Política Nacional para a População em Situação de Rua (Dec. nº 7.053/2009) *207*

6.2.3 ***As obrigações de comportamento a serem imediatamente adimplidas pelo Estado brasileiro em matéria de moradia adequada decorrentes de decisões do Supremo Tribunal Federal*** ***211***

6.2.3.1 Arguição de Descumprimento de Preceito Fundamental nº 828: suspensão de despejos, reintegrações de posse e desocupações coletivos durante a pandemia de Covid-19 .... *212*

6.2.3.2 Arguição de Descumprimento de Preceito Fundamental nº 976: dever estatal de atuar para impedir a violação contínua dos direitos humanos da população em situação de rua *216*

6.3 Definição do público-alvo das políticas públicas de moradia adequada pelo ordenamento jurídico interno brasileiro **218**

CONCLUSÃO 225

REFERÊNCIAS 238

INTRODUÇÃO

O direito à moradia é um direito humano e fundamental, indiscutivelmente essencial para a vida digna de todos os seres humanos. Integra, por isso, o chamado mínimo existencial, conjunto de direitos e prerrogativas mais básicos e indispensáveis a uma existência digna[1].

A estreita relação entre a dignidade humana e o direito à moradia é reconhecida desde a consolidação do movimento de internacionalização dos direitos humanos, constando expressamente da Declaração Universal dos Direitos Humanos (DUDH) de 1948, bem como em uma série de documentos

---

1 No julgamento do Agravo Regimental no Agravo de Recurso Extraordinário 639.337, o STF reconheceu expressamente o direito fundamental à moradia como integrante do conjunto de prerrogativas que compõem o mínimo existencial: "**A noção de 'mínimo existencial'**, que resulta, por implicitude, de determinados preceitos constitucionais (CF, art. 1º, III, e art. 3º, III), **compreende um complexo de prerrogativas cuja concretização revela-se capaz de garantir condições adequadas de existência digna,** em ordem a assegurar, à pessoa, acesso efetivo ao direito geral de liberdade **e, também, a prestações positivas originárias do Estado, viabilizadoras da plena fruição de direitos sociais básicos, tais como** o direito à educação, o direito à proteção integral da criança e do adolescente, o direito à saúde, o direito à assistência social, **o direito à moradia,** o direito à alimentação e o direito à segurança" (BRASIL, 2011, p. 32, grifo nosso).

internacionais que se seguiram a ela, tanto no âmbito do Sistema Global como dos sistemas regionais de proteção dos direitos humanos.

Além disso, é expressamente previsto na Constituição Federal Brasileira desde a edição da Emenda Constitucional nº 26/2000, tendo parte de seu conteúdo jurídico traçado por normas infraconstitucionais, a exemplo do Estatuto da Cidade (Lei Federal nº 10.257/2001) e da Política Nacional sobre a População em Situação de Rua (Decreto nº 7.053/2009).

Não obstante, a efetividade do direito à moradia adequada não apenas ainda não foi alcançada como, ao que tudo indica, tem ficado cada vez mais distante de ser verificada na prática. As Conferências das Nações Unidas sobre Povoamentos Humanos, realizadas em 1976, 1996 e 2016, com intervalos de 20 anos entre elas, por exemplo, constataram, sem exceções, o progressivo agravamento da situação de vulnerabilidade habitacional em todo o mundo, que atinge um número cada vez maior de indivíduos (ONU, 1976; ONU, 1996; ONU, 2019).

No caso brasileiro, a situação é especialmente alarmante. Entre 2007 e 2008, o país tinha cerca de 31.992 adultos em situação de rua (BRASIL, 2009a), número que aumentou consideravelmente em menos de dez anos. Levantamento feito pelo Instituto de Pesquisa Econômica Aplicada (IPEA) em 2016 apontou que a população em situação de rua era de 101.854 pessoas (BRASIL, 2016), ao passo que, na mesma época, o então Ministério dos Direitos Humanos reportou à Comissão Interamericana de Direitos Humanos (CIDH) a existência de 112.000 pessoas em situação de rua (OEA, 2021b). Já em 2019, a CIDH, durante visita *in loco*, foi informada pelo governo brasileiro de que a estimativa era da existência de 107.576 famílias em situação de rua (OEA, 2021b), o que, considerando que a média de integrantes das famílias brasileiras era de 3,07 indivíduos à época (BRASIL, 2021a), indica que o número de pessoas em situação de rua era de mais de 329.337 indivíduos.

Isso significa dizer que, nos últimos 15 anos, o incremento da população em situação de rua em todo o Brasil aumentou mais de 300%, como constatou a CIDH recentemente (OEA, 2021b). Tais números, que já são assustadores, são possivelmente ainda maiores hoje, dado que a pandemia de Covid-19 aumentou a vulnerabilidade social de um sem-número de famílias, o que, consequentemente, agrava a situação habitacional desses grupos.

Ademais, considerando que os dados mencionados dizem respeito apenas às pessoas em situação de rua, temos que o número de indivíduos em situação de vulnerabilidade habitacional — o que inclui também os demais grupos sem teto e pessoas em situação de inadequação habitacional —, é ainda maior.

É urgente, portanto, que se garanta a efetividade do direito à moradia. Nesse sentido, é importante destacar que, tanto por força da Constituição de 1988 — que alçou a dignidade humana ao patamar de fundamento do Estado brasileiro e incluiu a moradia no rol de direitos sociais fundamentais — quanto pelos compromissos internacionais assumidos pelo Brasil — que se vinculou aos Sistemas Global e Interamericano de Proteção dos Direitos Humanos —, o Estado brasileiro se obrigou a atuar positivamente para tutelar e promover a dignidade humana, inclusive por meio de prestações positivas voltadas à efetivação do direito à moradia.

Tal direito possui caráter social, isto é, integra o conjunto de posições jurídicas que permite aos seus titulares exigirem do Estado, da sociedade ou de particulares as condições materiais mínimas para sua sobrevivência (RAMOS, 2017). Tem, por isso, natureza eminentemente — embora não exclusivamente — prestacional, dado que a garantia das ditas condições materiais exige, via de regra, a superação de desigualdades fáticas, tarefa esta que também é atribuída pelo constituinte ao Estado brasileiro, como preconiza o art. 3º, III, CF/88, que a enuncia como objetivo estatal. E o principal instrumento de que dispõe o Estado para superar as desigualdades fáticas e, assim, efetivar direitos sociais, inclusive o direito à moradia, são as políticas públicas.

Definidas como programa de ação governamental que coordena "os meios à disposição do Estado e as atividades privadas, para a realização de objetivos socialmente relevantes e politicamente determinados" (BUCCI, M. P., 2006, p. 39), as políticas públicas são resultado de uma combinação de elementos pré-fixados pelo direito e de escolhas políticas, fruto de processos decisórios que envolvem, em linhas gerais, quatro etapas formativas, quais sejam, (i) o estabelecimento da agenda a ser concretizada, (ii) a especificação das alternativas disponíveis para efetivar a agenda eleita, (iii) a escolha, revestida de autoridade, da(s) alternativa(s) a ser(em) implementada(s) e (iv) a implementação da decisão (KINGDOM, 2014).

Em um primeiro momento, o papel desempenhado pelo direito nessas quatro etapas formativas das políticas públicas se limitava à definição dos objetivos socialmente relevantes e à estipulação de alguns dos aspectos formais das quatro etapas decisórias supramencionadas, fixando as competências dos órgãos e instituições dos Estados e o rito de alguns procedimentos. Isso porque os direitos sociais, embora reconhecidos como integrantes do mínimo existencial, eram inicialmente considerados normas meramente programáticas, orientadoras das finalidades a serem atingidas pelos Estados, e não direitos propriamente ditos, passíveis de serem imediatamente exigíveis das instituições estatais (CRANSTON, 1967).

Por sua vez, os aspectos materiais desses processos decisórios relativos às políticas públicas, que envolvem a definição das prioridades, a forma de emprego dos recursos financeiros e humanos, a forma de atendimento da população, e, até mesmo, o momento de implementação das políticas públicas, ficavam inteiramente inseridos no âmbito da discricionariedade dos poderes políticos — aqui concebida como a margem de liberdade conferida pela lei às instituições estatais para que, dentro dos limites legais, promovam a integração das normas jurídicas programáticas segundo critérios subjetivos, buscando sempre os objetivos do ordenamento jurídico (MELLO, 1993).

Essa compreensão acerca do que sejam os direitos sociais, contudo, encontra-se atualmente superada. Afinal, estando previstos na Constituição Federal, que possui indiscutível força normativa, e constando de uma série de compromissos internacionais assumidos pelo Brasil no âmbito dos Sistemas Global e Regional de Proteção dos Direitos Humanos, os direitos sociais adquiriram, ao longo dos anos, conteúdo jurídico mais específico, impondo, assim, aos Estados não apenas obrigações genéricas de alcance de um determinado resultado a ser obtido progressivamente, mas também obrigações específicas de comportamento, de caráter imediato.

E, nesse sentido, à luz do atual conteúdo jurídico dos direitos sociais, pormenorizado internacional e constitucionalmente, a discricionariedade dos poderes políticos se torna reduzida, já que parte dos aspectos materiais dos processos decisórios, isto é, o momento (*quando*) e a forma (*como*) de implementação desses direitos, antes inteiramente inseridos em sua margem de liberdade, hoje se encontram definidos por normas jurídicas.

Logo, atualmente as normas de direitos sociais definem, além dos objetivos socialmente relevantes e dos aspectos formais dos processos decisórios, ao menos parte dos aspectos materiais das escolhas a serem feitas pelos poderes políticos, indicando, por exemplo, algumas medidas imediatas a serem obrigatoriamente tomadas pelo Estado para efetivar tais direitos, os grupos sociais que devem ser prioritariamente atendidos, ou a origem dos recursos financeiros a serem empregados para a implementação e execução da política pública em questão.

Verifica-se, nesse sentido, a ocorrência daquilo que Maria Paula Dallari Bucci (2021) denomina *juridificação do poder*. Como aponta a autora,

> Os modos de exercício do poder se transformaram, em nome da proteção aos direitos e valores da cidadania, da democracia e da sustentabilidade ambiental, o que passou a reclamar a integração das dimensões política e jurídica no interior do aparelho de Estado, combinando as esferas da Administração Pública e do governo; a política imbricada com a técnica, a gestão pública institucionalizada e regrada pelo direito. A face política do governo vai se revestindo cada vez mais de uma tecitura jurídica (BUCCI, M. P., 2021, p. 48).

Na atualidade, portanto, a elaboração, a implementação e o monitoramento adequados das políticas públicas demandam conhecimento sobre o real espaço de discricionariedade dos poderes políticos, sob pena de não se alcançar a efetividade dos direitos sociais e, ainda, de o Estado incorrer em inconstitucionalidade por omissão (total ou parcial), podendo vir a ser internacionalmente responsabilizado pela continuidade e aprofundamento de violações a esses direitos humanos.

Em vista disso, nosso objetivo com a pesquisa que ora se apresenta é identificar os limites impostos pelo Direito Internacional dos Direitos Humanos e pelo direito interno brasileiro à discricionariedade estatal, por meio da imposição de deveres ao Estado, no que se refere à implementação do direito à moradia no país.

Para tanto, dividiremos a pesquisa em duas partes. Na primeira, composta pelos capítulos 1 a 3, analisaremos as limitações jurídicas que reduzem a discricionariedade do Estado brasileiro na elaboração e implementação das políticas públicas em geral, as quais, associadas à estrutura das normas de direitos sociais e aos objetivos e regime político fixados pela Constituição Federal, incidem, também, sobre os processos decisórios afetos às políticas públicas habitacionais. Já na segunda parte, composta pelos capítulos 4 a 6, nos debruçaremos sobre os elementos jurídicos que limitam a discricionariedade do Estado brasileiro no que concerne à realização do direito à moradia de modo mais específico.

No capítulo 1, examinaremos a estrutura das normas de direitos sociais, tanto daquelas de ordem internacional como de ordem constitucional. Nosso intuito é verificar o caráter jurídico dessas normas e o que de fato as distingue daquelas que veiculam direitos civis e políticos. Ainda, analisaremos as repercussões jurídicas decorrentes das peculiaridades das normas de direitos sociais, as quais, como veremos, promovem a dupla vinculação do Estado, que deve adimplir duas ordens de obrigações, quais sejam, obrigações progressivas de resultado e obrigações imediatas de comportamento.

No capítulo 2, passaremos à análise do objetivo constitucional de redução das desigualdades injustas, cuja realização é fundamental para que se possa efetivar qualquer direito social. Como veremos, esse dever, enunciado no art. 3º, III, CF/88, está intimamente relacionado com a estrutura do Estado brasileiro, que se assenta sobre as bases da democracia social e econômica, e, por isso, demanda a realização da igualdade material. Nesse sentido, torna-se imperativo que a ação estatal se volte a reduzir desigualdades injustas, não apenas do ponto de vista jurídico, mas também fático, reduzindo, por conseguinte, a discricionariedade estatal no processo formativo das políticas públicas.

Já no capítulo 3, examinaremos o princípio da vedação do retrocesso, decorrência direta da democracia social e econômica. Veremos que esse princípio vincula o Estado brasileiro por meio da exigência da manutenção do grau já alcançado de proteção e de efetividade dos direitos que compõem o mínimo existencial, criando, consequentemente, uma obrigação de abstenção estatal no campo da concretização dos direitos sociais. Abordaremos, também, os temas da reversibilidade fática e da reserva do possível, os quais, como veremos, consistem em instrumentos que permitem ao Estado gerir as políticas públicas em situações excepcionais, e não, propriamente, em elementos que ampliam a discricionariedade estatal.

Em seguida, dando início à segunda parte da pesquisa, analisaremos, nos capítulos 4 e 5, o tratamento jurídico recebido pelo direito à moradia adequada no âmbito dos Sistemas Global e Interamericano de Proteção dos Direitos Humanos, respectivamente. Para tanto, analisaremos uma série de documentos internacionais, desde tratados até resoluções, recomendações e sentenças dos órgãos desses sistemas, que definem com maior precisão o contorno jurídico do direito à moradia e/ou impõem ou recomendam a adoção de determinadas medidas aos Estados no campo habitacional.

Poderemos, dessa forma, compreender como o Direito Internacional dos Direitos Humanos concebe o direito à moradia e, assim, identificar qual a obrigação de resultado que a comunidade internacional, incluindo o Brasil, se obrigou a alcançar, bem como as medidas práticas que devem ser adotadas desde logo para viabilizar a realização futura do resultado almejado, além dos grupos vulneráveis a serem prioritariamente atendidos pelas políticas públicas habitacionais.

Já no capítulo 6, analisaremos o tratamento jurídico conferido pelo direito interno brasileiro ao direito à moradia adequada, tanto na esfera constitucional como infraconstitucional, com o fito de compreender o seu conteúdo jurídico, a distribuição de competências entre os entes federados, os requisitos indispensáveis à validade das políticas públicas voltadas à sua concretização, o público-alvo prioritário das políticas públicas habitacionais e os demais elementos delineados pelo direito que possam impactar no alcance da sua efetividade.

O estudo utilizou-se da metodologia de pesquisa qualitativa, com base no método dedutivo, com pesquisa bibliográfica nacional e estrangeira, análise de fontes jurídicas nacionais e internacionais, e de decisões do Supremo Tribunal Federal, do Superior Tribunal de Justiça e das Cortes Europeia e Interamericana de Direitos Humanos. Para a leitura analítica e interpretativa, utilizamos a hermenêutica do Direito Internacional dos Direitos Humanos.

Parte 1

Limitações à Discricionariedade do Estado em Matéria de Direitos Sociais: Identificação dos Deveres Estatais na Elaboração e Implementação de Políticas Públicas para Efetivação dos Direitos Sociais

Capítulo 1

A ESTRUTURA DAS NORMAS DE DIREITOS SOCIAIS: PRIMEIRAS LIMITAÇÕES À DISCRICIONARIEDADE DA ATUAÇÃO DO ESTADO

1.1 Conceituando direitos humanos e direitos fundamentais

Os direitos humanos e os direitos fundamentais são comumente definidos como sendo iguais em termos de conteúdo, já que ambos são expressões jurídicas da dignidade humana. Nesse sentido, diferenciar-se-iam tão somente quanto ao nível de positivação, que, no primeiro caso, dar-se-ia em nível internacional, e, no segundo caso, em nível interno (COMPARATO, 2013a).

Tal definição, contudo, carece de maior precisão. Isso porque, como apontam Paola Cantarini e Willis Santiago Guerra Filho (2019), os direitos humanos não estão inseridos no plano da mera positivação. Por serem fruto da construção de um consenso universal (BOBBIO, 2004) relativo às necessidades existenciais dos seres humanos (FLORES, 2009), os direitos humanos são pautas ético-políticas, estando, por isso, "situados em uma dimensão supra positiva, deonticamente diversa daquela em que se situam as normas jurídicas de Direito interno, sem com isso perderem sua validade, a que podem vir a adquirir nacional ou internacionalmente" (CANTARINI; GUERRA FILHO, 2019, p. 201).

Nesta senda, os direitos humanos encerram as faculdades humanas e instituições que traduzem as exigências de dignidade, liberdade e igualdade humanas de um determinado momento histórico, e são dotados de validade independentemente de estarem, ou não, reconhecidos positivamente nos ordenamentos jurídicos nacionais e internacionais (LUÑO, 2004).

São, portanto, um conjunto aberto de direitos, composto por um número indefinido de elementos, cuja definição e consagração é incessantemente atualizada (CANTARINI; GUERRA FILHO, 2019), à luz das exigências e necessidades apresentadas pelos seres humanos em um dado momento histórico (BOBBIO, 2004; FLORES, 2009).

Os direitos fundamentais, por seu turno, são manifestações positivas da soberania dos Estados, com aptidão para produção de efeitos apenas no âmbito da ordem jurídica interna à qual pertencem (CANTARINI; GUERRA FILHO, 2019), e que, por estarem fixados nas constituições, via de regra gozam de tutela jurídica reforçada (LUÑO, 2004).

Nesse sentido, cuida-se de direitos que compõem um sistema definido (CANTARINI; GUERRA FILHO, 2019), bem-delimitado no que se refere à sua validade espacial e temporal (LUÑO, 2004), e cujo catálogo pode variar, como costumeiramente acontece, de Estado para Estado. Os direitos fundamentais, por isso, não traduzem pautas ético-políticas, mas sim escolhas realizadas pelo constituinte.

Como aponta Motauri Ciocchetti de Souza (2017), o direito se forma por meio de um processo de escolhas que define, dentre os infinitos interesses individuais e coletivos existentes, quais serão resguardados pela ordem jurídica. Bem por isso, é possível dizer que os direitos fundamentais representam o conjunto de interesses individuais e coletivos relativos à dignidade humana que foram selecionados pelo constituinte para receberem tutela jurídica reforçada da ordem jurídica nacional.

A despeito das diferenças no que toca à origem, aos fundamentos, ao nível de positivação e à abertura dos conjuntos, os direitos humanos e os direitos fundamentais possuem semelhanças. Além de, de fato, se prestarem à proteção da dignidade humana (BOBBIO, 2004; FLORES, 2009; PIOVESAN, 2015; LIMA, 2019a), ambos se caracterizam pela historicidade, na medida em que consistem em produtos de processos históricos de luta e reivindicação de direitos. De acordo com Norberto Bobbio (2004),

> os direitos não nascem todos de uma vez. Nascem quando devem ou podem nascer. Nascem quando o aumento do poder do homem sobre o homem — que acompanha inevitavelmente o progresso técnico, isto é, o progresso da

> capacidade do homem de dominar a natureza e os outros homens — ou cria novas ameaças à liberdade do indivíduo, ou permite novos remédios para suas indigências (BOBBIO, 2004, p. 9).

O desenvolvimento dos direitos fundamentais e dos direitos humanos, por isso, acompanha as mudanças nas dinâmicas sociais que viabilizam as condições materiais e imateriais necessárias ao acolhimento de determinadas reivindicações por normas jurídicas (FLORES, 2009). Daí ser possível identificar, a partir de uma análise histórica dos modelos de Estado, os quais refletem as dinâmicas sociais prevalentes no mundo em cada época[2], diferentes dimensões dos direitos humanos e fundamentais, todas frutos da ampliação paulatina do catálogo de direitos considerados indispensáveis à garantia da dignidade humana, e da alteração que o papel desempenhado pelo Estado foi sofrendo ao longo do tempo (SARLET, 2016d).

A primeira dimensão dos direitos humanos e fundamentais, por exemplo, como anotam Ingo W. Sarlet (2016d) e Carlos Weis (2014), é produto do pensamento liberal-burguês do século XVIII, marcadamente individualista, e tinha por objetivo a criação de limites à atuação estatal, "demarcando uma zona de não intervenção do Estado e uma esfera de autonomia individual em face de seu poder" (SARLET, 2016a, p. 312). Daí porque compõem essa primeira dimensão de direitos humanos e fundamentais os direitos à liberdade, à propriedade, à vida - aos quais, posteriormente, foram acrescentadas as liberdades de expressão coletiva (liberdade de expressão, imprensa, manifestação, reunião e associação) e os direitos à participação política e eleitoral (BONAVIDES, 2008).

A segunda dimensão dos direitos humanos e fundamentais, composta pelos direitos econômicos, culturais e sociais — dos quais estes últimos nos interessam mais de perto —, surgiu como uma resposta aos graves problemas sociais e econômicos decorrentes do intenso processo de industrialização que marcou o século XIX, e promoveu a ampliação do

[2] Muito embora o Brasil tenha um processo histórico de afirmação e consolidação de direitos afetos à dignidade humana bastante peculiar, no qual primeiro foram consolidados os direitos sociais para depois os direitos civis e políticos ganharem reais contornos, optamos por apresentar, na presente pesquisa, as gerações de direitos humanos e fundamentais na ordem que reflete o processo histórico de surgimento dos conceitos na Europa e nos Estados Unidos, pois cuida-se da ordem comumente utilizada para tratar da matéria, inclusive pela doutrina pátria. Para maior aprofundamento do processo histórico de afirmação e consolidação de direitos no Brasil, ver CARVALHO, José Murilo de. **Cidadania no Brasil:** o longo caminho. Rio de Janeiro: Civilização Brasileira, 2004.

espectro de direitos indispensáveis à garantia da dignidade humana, formatando a base jurídica daquilo que viria a ser o Estado Social ou Estado de Bem-Estar Social (SARLET, 2016a).

Inicialmente concebidos como proteções sociais apartadas dos direitos, porquanto destinados essencialmente àqueles que, até o fim do século XVIII, não eram considerados cidadãos, os direitos sociais foram, paulatinamente, ampliados para os demais grupos, inclusive para aqueles formados por indivíduos que historicamente eram considerados cidadãos (LIMA, 2019b), até adquirirem os contornos jurídicos que hoje conhecemos.

À medida que as reivindicações dos grupos historicamente excluídos foram sendo reconhecidas como indispensáveis à existência digna dos seres humanos e incorporadas às ordens jurídicas nacionais, foi-se reconhecendo, também, que a garantia dos direitos individuais não foi suficiente para que a igualdade efetiva entre os cidadãos fosse alcançada. Ademais, a incorporação dos direitos sociais às ordens jurídicas nacionais implicou na assunção, pelos Estados, de um compromisso com a promoção da igualdade material e da garantia das condições materiais mínimas de sobrevivência (LIMA, 2019b).

É precisamente em função desse compromisso, inclusive, que os direitos econômicos, sociais e culturais são comumente associados à adoção de postura positiva por parte do Estado. Afinal, a viabilização equitativa de condições mínimas de sobrevivência a todos demanda das instituições estatais medidas que implicam, inevitavelmente, porém não exclusivamente, num *facere* — como a limitação da liberdade individual e da livre iniciativa, ou, ainda, a promoção, pelas próprias instituições, de algumas das prestações sociais reconhecidas como essenciais (RAMOS, A. C., 2017).

Já a terceira dimensão dos direitos fundamentais e humanos, também conhecidos como direitos da fraternidade ou da solidariedade, objetiva a proteção de grupos humanos ou mesmo de toda a humanidade, "como superação do mundo cindido entre Estados desenvolvidos e subdesenvolvidos" (WEIS, 2014, p. 50). Têm, diferentemente dos direitos de primeira e segunda dimensões, titularidade transindividual ou metaindividual, e visam à tutela do meio ambiente, da paz, da autodeterminação dos povos, dentre outros aspectos de ordem mais global (SARLET, 2016a).

Há discussões, hoje, quanto à existência de novas dimensões de direitos humanos e fundamentais, que adviriam dos processos de globalização dos direitos humanos e das experiências de implementação do Estado Social (BONAVIDES, 2008).

Contudo, não examinaremos tais dimensões, pois nosso objeto de pesquisa — o direito à moradia — se insere, como veremos mais adiante, no grupo de direitos sociais, de segunda dimensão. Consideramos, por isso, que a apresentação das três dimensões mencionadas é suficiente para que possamos identificar os principais aspectos que distinguem os direitos sociais dos demais direitos humanos e fundamentais em termos de conteúdo, notadamente a sua estreita relação com a igualdade material e com a atuação positiva do Estado.

Isso posto, passaremos a investigar a estrutura e o conteúdo das normas jurídicas que veiculam tais direitos, a fim de compreendermos se e de que modo vinculam a atuação estatal. Posteriormente, examinaremos qual a margem de discricionariedade estatal existente na matéria, de modo a verificarmos qual tipo de atuação positiva se espera do Estado no que toca à implementação dos direitos sociais em geral (ainda nesta primeira parte da pesquisa) e do direito à moradia em especial (na segunda parte da pesquisa).

1.2 Características das normas jurídicas: eficácia, aplicabilidade e efetividade

Antes, contudo, de examinarmos a estrutura das normas de direitos sociais, entendemos relevante identificar quais elementos caracterizam uma norma jurídica. Isso porque, como veremos, parte importante das discussões que envolvem o tema da vinculação dos Estados à realização dos direitos sociais tem origem, ainda que remota, no debate acerca do caráter jurídico das normas que os veiculam, tanto em nível internacional, como em nível interno.

Em linhas gerais, as normas jurídicas são mandamentos, comandos, imperativos que incidem sobre as condutas humanas, podendo, ainda, se apresentar sob a forma de permissões ou atribuições de poder ou competência (KELSEN, 1934/2003). Trata-se, assim, de comandos que impõem condutas, apontando quais são jurídicas e quais são antijurídicas, e que prescrevem sanções passíveis de serem aplicadas, caso o mandamento em questão não seja observado (KELSEN, 1934/2003; SILVA, 2003).

Nesse sentido, o direito seria um sistema de normas jurídicas que se articulam numa dinâmica própria, também jurídica, e que lhes garante unidade (KELSEN, 1934/2003). E, para que esse sistema normativo seja válido, é preciso que as normas que o compõem sejam, "numa consideração global, eficazes, quer dizer, [sejam] de fato observadas e aplicadas" (KELSEN, 1934/2003, p. 237). No limite, portanto, a validade de um ordenamento jurídico depende da eficácia do conjunto de normas jurídicas que o constituem.

A *eficácia* consiste, segundo apontam José Afonso da Silva (2003) e Maria Helena Diniz (2009), na capacidade ostentada por uma norma jurídica de atingir os seus objetivos. Essa capacidade pode ser observada tanto pelo prisma jurídico quanto pelo prisma social (SILVA, 2003).

A *eficácia jurídica* de uma norma consiste na sua *aplicabilidade*, isto é, na sua aptidão para produção de efeitos jurídicos, em maior ou menor grau, ao regular as situações de ordem fática a que se destina (SILVA, 2003). A *eficácia social*, por sua vez, consiste na *efetividade* da norma jurídica, ou seja, no fato de ser obedecida e aplicada no plano dos fatos — em outras palavras, é a medida da extensão em que o objetivo da norma em questão é efetivamente alcançado (SILVA, 2003).

Torna-se possível observar, assim, que, a despeito da íntima correlação entre as noções de eficácia, aplicabilidade e efetividade, elas designam fenômenos distintos, que não necessariamente se verificam simultaneamente. É possível, por isso, que uma norma jurídica possua aplicabilidade, mas seja destituída de efetividade.

Não há, contudo, como conceber uma norma jurídica completamente destituída de aplicabilidade. Isso porque, uma vez sendo a aptidão da norma para produzir efeitos jurídicos, a aplicabilidade é aquilo que Maria Helena Diniz (2009) denomina, com amparo nas lições de Hans Kelsen, de *mínimo de eficácia* de uma norma[3]. Segundo a autora, o "mínimo de

---

[3] Muito embora a autora, ao definir *eficácia*, acompanhe Tércio Sampaio Ferraz Jr. e a defina como "uma qualidade da norma que se refere à sua adequação em vista da produção concreta de efeitos" (DINIZ, 2009, p. 407), ao definir o que seja o *mínimo de eficácia*, Maria Helena Diniz anota: "O mínimo de eficácia é, portanto, a possibilidade da norma poder ser obedecida e não aplicada pelo tribunal, desobedecida pelos indivíduos a ela subordinados e aplicada pelos órgãos jurídicos, ou melhor, ser desobedecida ou não aplicada" (DINIZ, 2009, p. 408). E, ao assim definir o mínimo de eficácia como a possibilidade de aplicação da norma jurídica a um caso concreto, seja pela obediência dos destinatários, seja por meio da provocação ao Poder Judiciário, entendemos que a autora está a descrever aquilo que nós definimos, com lastro na obra de José Afonso da Silva, como aplicabilidade das normas jurídicas — já que a possibilidade de aplicação da norma é um dos seus efeitos jurídicos.

eficácia é condição de vigência da norma, logo, se ela nunca puder ser aplicada pela autoridade competente nem obedecida pelo seu destinatário, perderá sua vigência" (DINIZ, 2009, p. 408).

O caráter jurídico de uma norma, portanto, está atrelado à sua aplicabilidade, afinal, decorre da sua aptidão para, ao menos em tese, produzir efeitos jurídicos. Trata-se, ainda, de característica presente em todas as normas jurídicas, independentemente da fonte de onde emanam, da sua posição na hierarquia normativa, do seu âmbito de positivação ou do seu conteúdo.

Em vista disso, e considerando que a vinculação do Estado à concretização dos direitos sociais depende de estas serem dotadas de aplicabilidade, passaremos à análise da estrutura das normas que os veiculam, com vistas a verificar se consistem ou não em normas jurídicas e, em caso afirmativo, quais são os comandos que delas decorrem para o Estado.

1.3 O caráter jurídico das normas de direitos humanos sociais: aplicabilidade imediata e efetividade progressiva

A consolidação jurídica dos direitos humanos teve lugar em meados do século XX, quando estes foram objeto de um processo de internacionalização (PIOVESAN, 2015). Como resposta às atrocidades praticadas pelo regime nazista, e partindo da premissa de que a tutela jurídica adequada é imprescindível para se garantir a efetividade da dignidade humana (LIMA, 2011), a comunidade internacional colocou-a em posição de centralidade nos ordenamentos jurídicos, tornando-a uma questão de interesse internacional, com a criação, ainda, de uma sistemática internacional voltada especificamente a protegê-la (PIOVESAN, 2015).

O marco dessa internacionalização é a Declaração Universal dos Direitos Humanos de 1948. A partir desse documento internacional, a única condição necessária para que um indivíduo seja titular de direitos humanos passou a ser a sua condição de pessoa humana (PIOVESAN, 2015).

Ao desvincular-se a noção de sujeito de direitos do pertencimento do indivíduo a uma determinada nacionalidade ou a um determinado grupo social (LIMA, 2019a), a comunidade internacional tornou a proteção dos direitos humanos uma questão de interesse mundial, que já não deve mais ficar restrita ao âmbito reservado de cada Estado (PIOVESAN, 2015).

Adotou-se, então, um sistema internacional de proteção dos direitos humanos, regido por normas específicas que não só enunciam esses direitos, como também instituem e organizam os órgãos internacionais que monitoram a sua implementação e responsabilizam os Estados, caso estes se omitam ou falhem em protegê-los (PIOVESAN, 2015).

Tais normas, além de atribuírem aos indivíduos permissões para usufruírem de determinadas faculdades ou pretensões, direcionam comandos aos Estados — orientando-os a atuar, positiva ou negativamente, no sentido da promoção dos direitos humanos —, e outorgam poderes e competência aos organismos internacionais para monitorarem e responsabilizarem os Estados — isto é, aplicarem-lhes sanções — em caso de não observância dos mandamentos que lhes foram dirigidos.

Verifica-se, assim, que as normas que compõem e conformam o sistema internacional de proteção dos direitos humanos produzem todos os efeitos que, conforme analisado anteriormente, podem ser produzidos por normas jurídicas.

Não há dúvidas, portanto, a respeito do caráter jurídico das normas de direitos humanos. Consequentemente, também não há dúvidas de que essas normas vinculam juridicamente os Estados, fazendo surgir para todos eles, sem exceção, deveres jurídicos atrelados a uma atuação direcionada à concretização da dignidade humana — seja essa atuação positiva ou negativa.

E, nesse sentido, entendemos que todas as normas de direitos humanos, derivem elas de declarações, recomendações, tratados ou convenções, produzem efeitos jurídicos. Muito embora a doutrina internacionalista, como regra, atribua apenas aos tratados e convenções efeitos jurídicos (REZEK, 1989), em matéria de Direito Internacional dos Direitos Humanos consideramos que mesmo as normas provenientes de declarações e recomendações vinculam os Estados.

Afinal, por traduzirem os grandes valores éticos da sociedade contemporânea, essas normas consistem, segundo definição de Fábio Konder Comparato (2013a), em verdadeiros princípios, tendo, por isso, sua vigência jurídica presumida. Ademais, sendo exigências afetas à dignidade humana, os direitos humanos são oponíveis a todos os poderes, tanto os oficiais como os não oficiais, de modo que, em face dos Estados, possuem inquestionável força jurídica (COMPARATO, 2013b).

Consideramos, por isso, que as normas de direitos humanos, independentemente da fonte formal de onde emanam e do seu teor, são normas jurídicas dotadas de aplicabilidade, sendo um dos seus efeitos jurídicos a vinculação do Estado ao dever de atuar, positiva ou negativamente, para concretizar a dignidade humana — que é, como visto, o objetivo final da tutela jurídica a ela conferida.

No caso específico do Brasil, o caráter jurídico e a aplicabilidade das normas de direitos humanos são ainda reforçados pela instituição, pelo § 2º do art. 5º da Constituição Federal, de um bloco de constitucionalidade, pelo qual todos os tratados de direitos humanos possuem *status* materialmente constitucional — podendo, ainda, alcançarem *status* formalmente constitucional, caso sejam internalizados à ordem interna por meio do rito previsto no § 3º do art. 5º da Constituição Federal (PIOVESAN, 2015; TRINDADE, 1991)[4].

Assim, independentemente do modo como integrem a ordem interna, as normas de direitos humanos produzem efeitos jurídicos da mais alta relevância, dado que, seja na qualidade de princípio, de norma constitucional ou de norma supralegal, condicionam, necessariamente, a interpretação, aplicação e validade de todas as demais normas jurídicas do ordenamento brasileiro.

Observa-se, contudo, que, a despeito de a aplicabilidade ser característica intrínseca a toda norma jurídica vigente e válida, e hoje se entender que este atributo está presente inclusive em normas de direitos humanos (PIOVESAN, 2015), a doutrina ainda debate a extensão dessa aplicabilidade no que se refere às normas de direitos humanos sociais.

A origem desse debate remonta às primeiras discussões relativas à natureza jurídica das normas de direitos humanos econômicos e sociais. Em artigo datado de 1967, o teórico Maurice Cranston, analisando o teor da Declaração Universal dos Direitos Humanos de 1948, afirmou que os direitos humanos são direitos morais pertencentes a todos os indivíduos, a todo o tempo e em todas as situações, passíveis de serem traduzidos em

[4] Apesar de acompanharmos o entendimento de Flávia Piovesan (2015) e Antônio Augusto Cançado Trindade (1991) acerca da existência, no direito brasileiro, de um bloco de constitucionalidade formado por todos os tratados de direitos humanos dos quais o Brasil seja signatário, registramos que o Supremo Tribunal Federal possui entendimento diverso, baseado na teoria do duplo estatuto. Para o Tribunal, apenas aos tratados internacionais de direitos humanos internalizados de acordo com o rito do art. 5º, § 3º, CF/88 é atribuído o *status* de norma constitucional e, consequentemente, a inclusão no bloco de constitucionalidade. Aos demais tratados de direitos humanos, é atribuído, pelo Tribunal, *status* de supralegalidade (BRASIL, 2009c).

direitos positivos — assim considerados, pelo autor, aqueles que podem ser usufruídos *e integralmente assegurados* a todas as pessoas que vivem sob uma determinada jurisdição (CRANSTON, 1967). Nesse sentido, os direitos humanos seriam caracterizados, dentre outros aspectos, pela sua praticabilidade (*practicability*), isto é, pela possibilidade de serem realizados e assegurados universalmente (CRANSTON, 1967).

Bem por isso, o autor considera que os verdadeiros direitos humanos seriam apenas os civis e políticos, os quais, além de pertencerem a todos os indivíduos a todo o tempo e em todas as situações, seriam os únicos a possuir praticabilidade, já que o seu exercício e a sua garantia a todos são factíveis, pois dependem, quando muito, da elaboração de legislações simplificadas (CRANSTON, 1967).

Os direitos econômicos e sociais, ao contrário, não possuiriam praticabilidade, pois dependem não apenas da elaboração de leis, mas também de ações positivas do Estado para serem realizados, demandando, assim, a existência de orçamento suficiente para tanto. Ademais, mesmo nas hipóteses em que essas complexas ações estatais são tomadas, não se consegue garantir acesso integral e universal a esses direitos. Assim, sendo impraticáveis, na concepção de Maurice Cranston, não seriam verdadeiros direitos humanos (CRANSTON, 1967). Os direitos econômicos e sociais, por isso, pertenceriam a uma categoria distinta, que não a dos direitos humanos, estando mais próximos de aspirações utópicas do que de direitos propriamente ditos (CRANSTON, 1967).

A elaboração dos Pactos Internacionais de Direitos Civis e Políticos (PIDCP) e de Direitos Econômicos Sociais e Culturais (PIDESC), ambos no ano de 1966, intensificou ainda mais esse debate (WEIS, 2014). Isso porque a diferença entre a redação do art. 2º do PIDCP e do art. 2º do PIDESC foi inicialmente considerada uma confirmação de que os direitos de segunda dimensão não seriam direitos propriamente ditos e, portanto, passíveis de reivindicação por seus titulares, mas sim meros programas ou diretrizes a serem seguidos pelo Estado (WEIS, 2014).

O artigo 2º do PIDCP assim dispõe:

> **ARTIGO 2º**
>
> 1. Os Estados Partes do presente pacto comprometem-se a respeitar e garantir a todos os indivíduos que se achem em seu território e que estejam sujeitos a sua jurisdição os direitos reconhecidos no presente Pacto, sem discriminação

> alguma por motivo de raça, cor, sexo, língua, religião, opinião política ou de outra natureza, origem nacional ou social, situação econômica, nascimento ou qualquer condição.
> 2. Na ausência de medidas legislativas ou de outra natureza destinadas a tornar efetivos os direitos reconhecidos no presente Pacto, os Estados Partes do presente Pacto comprometem-se a tomar as providências necessárias com vistas a adotá-las, levando em consideração seus respectivos procedimentos constitucionais e as disposições do presente Pacto.
> 3. Os Estados Partes do presente Pacto comprometem-se a:
> a) Garantir que toda pessoa, cujos direitos e liberdades reconhecidos no presente Pacto tenham sido violados, possa dispor de um recurso efetivo, mesmo que a violência tenha sido perpetra por pessoas que agiam no exercício de funções oficiais;
> b) Garantir que toda pessoa que interpuser tal recurso terá seu direito determinado pela competente autoridade judicial, administrativa ou legislativa ou por qualquer outra autoridade competente prevista no ordenamento jurídico do Estado em questão; e a desenvolver as possibilidades de recurso judicial;
> c) Garantir o cumprimento, pelas autoridades competentes, de qualquer decisão que julgar procedente tal recurso (BRASIL, 2013, p. 130-131).

Dada a redação desse dispositivo, parte da doutrina considerou, como indica Carlos Weis (2014), que o PIDCP fixou que a regra, em matéria de direitos civis e políticos, é que tais direitos sejam imediatamente exercidos por seus titulares (art. 2º, item 1, PIDCP), configurando-se como exceção aqueles cujo exercício depende da adoção de medidas legislativas (art. 2º, item 2, PIDCP).

Ao mesmo tempo, a redação do art. 2º do PIDESC indicaria que os Estados não estariam obrigados a dar cumprimento imediato aos direitos econômicos, sociais e culturais, já que não só não há comando que trate do exercício imediato desses direitos, como também dispõe que o seu exercício se dá de modo progressivo mediante a disponibilização, pelos Estados, dos meios para tanto (WEIS, 2014):

> **ARTIGO 2º**
> 1. Cada Estado Parte do presente Pacto compromete-se a adotar medidas, tanto por esforço próprio como pela assistência e cooperação internacionais, principalmente nos planos econômico e técnico, até o máximo de seus recursos disponíveis, que visem a assegurar, progressivamente, por todos os meios

> apropriados, o pleno exercício dos direitos reconhecidos no presente Pacto, incluindo, em particular, a adoção de medidas legislativas.
> 2. Os Estados Partes do presente Pacto comprometem-se a garantir que os direitos nele enunciados se exercerão sem discriminação alguma por motivo de raça, cor, sexo, língua, religião, opinião política ou de outra natureza, origem nacional ou social, situação econômica, nascimento ou qualquer outra situação.
> 3. Os países em desenvolvimento, levando devidamente em consideração os direitos humanos e a situação econômica nacional, poderão determinar em que garantirão os direitos econômicos reconhecidos no presente Pacto àqueles que não sejam seus nacionais. (BRASIL, 2013, p. 144-145).

Os direitos de segunda dimensão não seriam, por isso, direitos propriamente ditos, mas sim parte de uma agenda ou de um programa a ser cumprido progressivamente pelos Estados signatários, os quais, assim, não estariam obrigados a implementá-los imediatamente.

Esse debate — relativamente ao caráter jurídico das normas de direitos humanos econômicos, sociais e culturais — foi superado, como aponta Flávia Piovesan (2015), pelo fato de esses direitos estarem previstos em tratados internacionais que indiscutivelmente vinculam juridicamente os Estados signatários, como é o caso do PIDESC[5]. Não obstante, tal controvérsia ainda produz reflexos significativos no que se refere ao atual debate sobre a extensão da eficácia jurídica — isto é, da aplicabilidade — desses direitos.

Para autores como Elival da Silva Ramos (2007), os direitos de segunda dimensão, por estarem enunciados em normas que obrigam o Estado a implementá-los progressivamente, consistem em direitos potenciais (*in fieri*). Dessa forma, a despeito de produzirem efeitos jurídicos, somente passariam a ser efetivamente titularizados pelos cidadãos posteriormente

---

[5] Segundo a autora, "considerando a ausência de força jurídica da Declaração [Universal dos Direitos Humanos], após a sua adoção, em 1948, instaurou-se larga discussão sobre qual seria a maneira mais eficaz de assegurar o reconhecimento e a observância universal dos direitos nela previstos. Prevaleceu, então, o entendimento de que a Declaração deveria ser 'juridicizada' sob a forma de tratado internacional, que fosse juridicamente obrigatório e vinculante no âmbito do Direito Internacional. Esse processo de 'juridicização' da Declaração (...) foi concluído apenas em 1966, com a elaboração de dois tratados internacionais distintos — o Pacto Internacional dos Direitos Civis e Políticos e o Pacto Internacional dos Direitos Econômicos, Sociais e Culturais (...). Ao transformar os dispositivos da Declaração em previsões juridicamente vinculantes e obrigatórias, os dois pactos internacionais constituem referência necessária para o exame do regime normativo de proteção internacional dos direitos humanos" (PIOVESAN, 2015, p. 237-238). No mesmo sentido, ver CRANSTON, Maurice. "Human Rights: real and supposed". *In*: RAPHAEL, D. D. **Political theory and the rights of man.** Indiana: Bloomington, 1967, p. 43-53.

à sua regulamentação infraconstitucional e à implementação das políticas públicas que lhes são correspondentes (RAMOS, E. S., 2007).

Percebe-se, assim, que, embora não se negue completamente a aplicabilidade dos direitos econômicos, sociais e culturais, como o fazia parte dos teóricos na segunda metade do século XX, ainda hoje parcela da doutrina tem dificuldade em vislumbrar nos direitos de segunda dimensão a qualidade da aplicabilidade imediata, que indiscutivelmente está presente nos direitos de primeira dimensão.

Respeitado tal entendimento, consideramos que essa questão também já se encontra superada. Isso porque, em 1990, o Comitê dos Direitos Econômicos, Sociais e Culturais da Organização das Nações Unidas (CDESC), órgão com atribuições consultivas, responsável pela interpretação oficial do PIDESC, elaborou o Comentário Geral nº 3, no qual examinou o teor do art. 2º do tratado internacional em questão e apontou que os direitos ali enunciados têm aplicabilidade imediata.

Segundo o CDESC, o PIDESC imputa aos Estados duas modalidades de obrigação. A primeira é a *obrigação de resultado*, que consiste na viabilização do pleno exercício dos direitos econômicos, sociais e culturais por todos os indivíduos (ONU, 1990). A segunda é a modalidade das *obrigações de comportamento*, que dizem respeito aos deveres estatais de (i) agir para implementar as condições necessárias ao exercício dos direitos enunciados no PIDESC e (ii) garantir que tais direitos sejam exercidos por todos, indiscriminadamente (ONU, 1990).

Mesmo reconhecendo a impossibilidade de se cumprirem imediatamente as obrigações de resultado — afinal, o pleno exercício dos direitos de segunda dimensão depende de ações estatais positivas, as quais, por sua vez, necessitam da aplicação de recursos que são limitados —, o CDESC enfatizou que as obrigações de comportamento possuem efeito imediato:

> 1. (...) Em particular, se o Pacto prevê efetivamente que o exercício dos direitos deverá ser assegurado progressivamente, e reconhece os limites decorrentes do caráter limitado dos recursos disponíveis, ele impõe também diversas obrigações de efeito imediato, dentre as quais duas são particularmente importantes para que se compreenda de forma precisa a natureza das obrigações dos Estados-partes. Uma obrigação, que é objeto de um Comentário Geral distinto, que o Comitê examinará em sua sexta sessão, é que os Estados-partes "atuem para garantir" que os direitos em questão "serão exercidos sem discriminação". 2.

> Outra obrigação reside no fato de que, nos termos do parágrafo 1 do artigo 2, os Estados se engajem em adotar medidas, obrigação que, em si mesma, não é matizada ou limitada por outras considerações. (...) Dessa forma, dado que o pleno exercício dos direitos em questão não pode ser garantido senão progressivamente, as medidas a serem adotadas com essa finalidade devem sê-lo com demora razoavelmente curta, a contar da entrada em vigor do Pacto para os Estados a ele vinculados. Tais medidas devem ter um caráter deliberado, concreto e visar da forma mais clara possível a realização das obrigações reconhecidas no Pacto (ONU, 1990, ***online***, tradução nossa).

Assim, a partir da entrada em vigor do PIDESC, os Estados signatários estão imediatamente obrigados a adotar medidas bem-estudadas, concretas e voltadas a viabilizar e garantir o pleno exercício dos direitos econômicos, sociais e culturais por todos os indivíduos, sem discriminação, e em vista dos recursos disponíveis na atualidade para tanto (ONU, 1990).

Tais medidas, de acordo com o item 1 do art. 2º do PIDESC, podem ser de quaisquer naturezas, não estando os Estados vinculados à adoção de nenhuma em específico. Isso porque, em razão de o sistema internacional de direitos humanos ser subsidiário à atuação estatal interna na proteção da dignidade humana e ante a soberania dos Estados (PIOVESAN, 2015), caberia, em princípio, a cada um deles a tarefa de, internamente, avaliar o estágio atual de implementação dos direitos sociais, os recursos disponíveis para tanto e quais as medidas se apresentam mais adequadas para aproximá-los do adimplemento da obrigação de resultado (ONU, 1990).

Não obstante, é dado especial destaque para as medidas de caráter legislativo, as quais são consideradas pelo CDESC como altamente desejáveis e, em alguns casos, indispensáveis (ONU, 1990). Afinal, dado que o PIDESC se limita a enunciá-los sem, contudo, delimitar com precisão o seu conteúdo jurídico, essa atividade fica a cargo dos Estados, que devem fazê-lo internamente, sob pena de, sem tal definição, dificultar a elaboração e implementação de políticas públicas e, consequentemente, a realização da obrigação de resultado.

Nesse sentido, e considerando que a maior precisão no delineamento do conteúdo jurídico de um direito implica na ampliação dos efeitos jurídicos passíveis de serem por ele produzidos, é possível verificar que os dispositivos internacionais de direitos humanos sociais, como regra, fixam a amplitude mínima da eficácia jurídica das normas que os enunciam, cabendo aos

Estados, por meio da elaboração de leis e outros atos normativos, atuar imediatamente para ampliar a sua aplicabilidade, de modo a viabilizar, desde logo, a elaboração e implementação das políticas públicas necessárias ao alcance futuro da sua plena efetividade.

Não há dúvidas, portanto, de que os direitos humanos de segunda dimensão possuem aplicabilidade imediata. O fato de o seu pleno exercício não poder ser alcançado de pronto não significa que o Estado não esteja obrigado a atuar, desde já, para iniciar a sua implementação. Ao contrário, é justamente em razão da necessidade de esforços e investimentos contínuos e permanentes para a realização desses direitos que os Estados estão imediatamente obrigados a agir voltados a essa finalidade (SOUZA; MIRRA, A. B., 2021).

Assim, por serem as obrigações de comportamento impostas aos Estados imediatamente exequíveis, não há como negar que os direitos econômicos, sociais e culturais produzem, desde logo, efeitos jurídicos. Não consistem, portanto, em meras agendas ou programas a serem futuramente realizados pelas instituições estatais, mas sim em verdadeiras obrigações jurídicas, passíveis de serem prontamente exigidas pelos cidadãos.

No ponto, e considerando as definições de eficácia, aplicabilidade e efetividade adotadas na presente pesquisa, é possível perceber que o fato de o pleno exercício dos direitos de segunda dimensão não ser alcançado prontamente diz respeito não à sua aplicabilidade, que é imediata, mas sim à sua efetividade.

Em se tratando, como apontou o CDESC, de uma obrigação de resultado, o pleno exercício dos direitos econômicos, sociais e culturais consiste, ao fim e ao cabo, no objetivo final que se pretende alcançar com a elaboração daquelas normas jurídicas de direitos humanos. Assim, e dado que o alcance dos objetivos de uma norma jurídica no plano dos fatos corresponde à sua efetividade (ou eficácia social), o pleno exercício dos direitos sociais por todos, indiscriminadamente, consiste na efetividade das normas jurídicas que os enunciam.

A obrigação de resultado atribuída aos Estados pelo PIDESC significa, no limite, o dever de garantir a plena efetividade dos direitos econômicos, sociais e culturais. Dessa obrigação, que não pode ser cumprida senão progressivamente, surgem as obrigações de comportamento, imediatamente exequíveis e exigíveis, e que caracterizam a aplicabilidade imediata das normas jurídicas de direitos de segunda dimensão.

Dessa forma, o traço distintivo dos direitos humanos econômicos, sociais e culturais não é a ausência de aplicabilidade imediata — já que, como visto, produzem efeitos jurídicos desde logo —, e nem mesmo os meios empregados para viabilizar a sua efetividade — afinal, tanto os direitos de primeira como os de segunda dimensão demandam atuações positivas e negativas do Estado (PIOVESAN, 2015) —, mas sim a progressividade da sua efetividade, que decorre do fato de promoverem uma dupla vinculação jurídica dos Estados, que alcança tanto os comportamentos a serem imediatamente adotados, quanto os resultados a serem atingidos na implementação desses direitos.

Identificadas as características próprias das normas jurídicas de direitos humanos sociais e a maneira como vinculam a atuação estatal, passaremos ao exame daquelas de direitos fundamentais sociais, a fim de que possamos verificar se e de que modo vinculam o Estado, para, posteriormente, avaliarmos o impacto que as normas de direitos sociais, de um modo geral, produzem sobre a discricionariedade das instituições estatais em matéria de implementação de direitos de segunda dimensão.

1.4 O caráter jurídico das normas de direitos fundamentais sociais: aplicabilidade imediata e efetividade progressiva

Em se tratando de normas constitucionais de direitos sociais, o seu caráter jurídico está intimamente associado ao neoconstitucionalismo, que passou a atribuir às constituições força normativa e, portanto, aplicabilidade.

Com o surgimento do neoconstitucionalismo, no período do pós-guerra, as constituições, as quais já haviam sido alçadas ao topo do ordenamento jurídico, se tornaram "documentos vinculantes dos poderes públicos, dotados de efetividade e de aplicabilidade, inclusive em relação a particulares" (ARAUJO; NUNES JÚNIOR, 2015, p. 26).

A partir de então, a Constituição se tornou mais do que uma carta de diretrizes a serem seguidas pelo Estado, sendo um conjunto de normas juridicamente vinculantes que ocupam posição hierarquicamente superior às demais do nosso ordenamento jurídico, "de tal sorte que todos os demais atos normativos, assim como atos do Poder Executivo e do Poder Judiciário (mas também e de certo modo todo e qualquer ato jurídico), devem ter como critério de medida a constituição e os direitos fundamentais" (SARLET, 2016b, p. 222).

Destarte, e dado que a aplicabilidade é característica inerente a todas as normas jurídicas, uma vez reconhecido o caráter normativo das normas constitucionais, reconhecida está, também, a aplicabilidade de todas elas, inclusive daquelas afetas a direitos sociais.

Se a aplicabilidade é corolário da força normativa da Constituição, o caráter imediato dessa aplicabilidade é decorrência direta da posição de supremacia que as normas constitucionais ocupam no ordenamento jurídico. Isso porque o fato de figurarem no topo da hierarquia normativa, por si só, viabiliza a produção de efeitos no mundo jurídico (CANOTILHO, 2000), qual seja, o condicionamento da validade da criação, aplicação e interpretação de todo o direito vigente. Consideramos, por isso, que a aplicabilidade *imediata* é pressuposto de todas as normas de estatura constitucional.

Mas não é só. Ao lado do reconhecimento dessa "normatividade 'qualificada' pela supremacia da constituição", para usar, aqui, expressão de Ingo W. Sarlet (2016b), o atual estágio do neoconstitucionalismo, por identificar na dignidade humana a pedra angular do sistema jurídico, dá especial ênfase à concretização dos comandos constitucionais (ARAUJO; NUNES JÚNIOR, 2015), preocupando-se com a efetividade (eficácia social) da Constituição.

Bem por isso, adverte Canotilho (2000) que o princípio da força normativa da Constituição "vincula todos os poderes públicos (mesmo os de controlo), obrigando-os a uma tarefa positiva de concretização e desenvolvimento do direito constitucional" (CANOTILHO, 2000, p. 891). Em relação ao Estado, portanto, as normas constitucionais são mais do que parâmetros de atuação: são verdadeiras prescrições que o obrigam a assumir postura ativa, voltada à sua efetividade.

Consequentemente, a força normativa da Constituição faz surgir para o Estado uma obrigação de resultado, que consiste em efetivar todos os direitos, garantias e objetivos constitucionais. Ocorre, entretanto, que, diferentemente dos direitos fundamentais de primeira dimensão, cuja concretização é mais simplificada e, via de regra, pode ser realizada imediatamente, a efetividade dos direitos sociais demanda mais esforços por parte do Estado, e esforços complexos, que demandam tempo e etapas de realização.

Essa diferença no que se refere à implementação dos direitos sociais se deve não à sua natureza jurídica distinta, mas sim, segundo aponta Cristina Queiroz (2006), à sua estrutura e projeção na ordem jurídico-constitucional, que são peculiares — peculiaridades estas que, como veremos, impactam essencialmente na definição dos comportamentos a serem adotados pelos agentes, órgãos e instituições estatais para concretizá-los.

Bem-observadas as normas constitucionais, é possível identificar que aquelas que enunciam direitos sociais são, como regra, estruturadas sob a forma de normas de eficácia limitada e caráter programático, as quais, como veremos, devem ter sua aplicabilidade ampliada por meio da integração infraconstitucional e da elaboração de políticas públicas correlatas. Assim, em matéria de direitos fundamentais sociais, a sua projeção na ordem jurídica é tal, que os comportamentos do Estado são vinculados. O primeiro desses comportamentos a ser adotado, necessariamente, deve ser a regulamentação infraconstitucional das normas que os enunciam, sem a qual o cumprimento futuro da obrigação de resultado, isto é, o pleno exercício dos direitos sociais pelos seus titulares, fica prejudicado.

Essa peculiaridade no tocante às normas de direitos fundamentais sociais é perceptível quando examinamos a clássica sistematização das normas constitucionais, elaborada por José Afonso da Silva (2003). Empregando o critério da aplicabilidade e tendo como premissa que todas as normas constitucionais produzem efeitos no mundo jurídico[6], o autor as divide em *normas constitucionais de eficácia plena*, *normas constitucionais de eficácia contida* e *normas constitucionais de eficácia limitada* (SILVA, 2003).

De acordo com tal classificação, as normas de eficácia plena correspondem àquelas que contêm todos os requisitos e elementos necessários à sua incidência direta, sendo, por isso, autoaplicáveis (SILVA, 2003). Assim, uma

[6] Segundo o autor, "não há norma constitucional destituída de eficácia. Todas elas irradiam efeitos jurídicos, importando sempre uma inovação da ordem jurídica preexistente à entrada em vigor da constituição a que aderem e a nova ordenação instaurada" (SILVA, 2003, p. 81).

vez ingressando no ordenamento jurídico, produzem, ou estão aptas a produzir, todos os seus efeitos jurídicos, prescindindo de regulamentação infralegal para tanto — bastando, nesse sentido, a existência de um aparato jurisdicional para que se garanta a sua executoriedade (SILVA, 2003).

As normas de eficácia contida também são autoaplicáveis, mas, diferentemente das anteriores, caracterizam-se por admitir integração por uma legislação futura, a qual tem o condão de restringir o seu alcance jurídico (SILVA, 2003). São, assim, normas cuja aplicação não depende de integração, não obstante esteja o legislador ordinário autorizado a limitar a sua aplicabilidade.

Já as normas de eficácia limitada, de acordo com essa sistematização, seriam aquelas de aplicabilidade indireta, pois dependem da edição de legislação infraconstitucional ou de outras providências para produzirem plenamente os seus efeitos (SILVA, 2003). São, por isso, normas cujo âmbito de aplicabilidade é ampliado com a integração pela norma infraconstitucional (SOUZA; MIRRA, A. B., 2021).

As normas de eficácia limitada são subdivididas em dois grupos, quais sejam, as de princípio institutivo, cuja função precípua é esquematizar a organização, criação ou instituição das entidades ou órgãos estatais, traçando suas respectivas atribuições e relações (SILVA, 2003), e as de conteúdo programático — onde costumam se situar, conforme já mencionado, os direitos fundamentais sociais —, que consistem em enunciados de princípios que determinam o sentido geral da ordem jurídica, por traduzirem os fins e objetivos do próprio Estado (SILVA, 2003), e dele demandam prestações positivas que normalmente se traduzem, como aponta Álvaro Luiz Valery Mirra (2020), na forma de políticas públicas.

No ponto, faz-se importante destacar lição de Ingo W. Sarlet (2016c), no sentido de que a relevância da legislação infraconstitucional na ampliação da sua aplicabilidade

> não afasta o dever de se atribuir também às normas de direitos sociais uma máxima eficácia e efetividade, obrigação cometida a todos os órgãos estatais, no âmbito de suas respectivas competências, dever ao qual se soma o dever de aplicação direta de tais normas por parte dos órgãos do Poder Judiciário. (...) [A] maior ou menor abertura semântica (indeterminação do conteúdo) e mesmo eventual remissão expressa à lei não poderão consistir, portanto, em obstáculo intransponível à sua aplicação imediata e exigibilidade judicial, ainda que os

> efeitos concretos das normas de direitos sociais possam, em alguns casos, ser bem mais modestos (SARLET, 2016c, p. 598).

Conforme destaca Cristina Queiroz (2006, p. 63), a aplicabilidade direta de uma norma diz respeito à suficiência da sua densidade “para ser feito valer na ausência de lei ou mesmo contra a lei”. Nesse passo, verifica-se que todas as normas constitucionais, inclusive as de direitos sociais, são dotadas de tal grau de densidade, já que, por ocuparem o topo da hierarquia normativa, produzem, de imediato, todos os efeitos jurídicos determinados pelo constituinte, obrigando o Estado, inclusive, a adotar todas as medidas necessárias à garantia da máxima efetividade da Constituição.

Bem por isso, consideramos que as expressões “autoaplicável” e “aplicabilidade indireta”, utilizadas por José Afonso da Silva (2003) em sua sistematização das normas constitucionais, não são as mais adequadas. Isso não afasta, contudo, aquele que consideramos ser um dos maiores méritos dessa classificação, que é o de lançar luz sobre o papel desempenhado pelos poderes constituídos na regulamentação das normas constitucionais.

Bem-observada a classificação supracitada, é possível identificar que o principal traço estrutural que distingue as normas de eficácia limitada das de eficácia plena e contida é o poder atribuído pelo constituinte aos poderes constituídos no que se refere à definição da extensão da aplicabilidade dos comandos constitucionais.

Em relação às normas constitucionais de eficácia plena, verifica-se que o constituinte fixou, de plano, a totalidade dos efeitos jurídicos que podem produzir, sendo desnecessário que os poderes constituídos se imiscuam na tarefa de alterar a sua aplicabilidade. Não por outro motivo, José Afonso da Silva (2003) aponta que, em relação a estas normas, via de regra, basta a instituição de um aparato judicial para que possam ser integralmente executadas.

Em relação às normas de eficácia contida, o que o constituinte fixou foi a máxima extensão da sua aplicabilidade, tendo facultado aos poderes constituídos a possibilidade de reduzi-la.

Já no que se refere às normas de eficácia limitada, o constituinte cuidou de fixar apenas a amplitude mínima da sua aplicabilidade, tendo delegado aos poderes constituídos o dever de promoverem a sua ampliação.

Observa-se, assim, que, em relação às normas de eficácia plena e contida, uma vez bastando um aparato judicial para garantir que todos os seus efeitos jurídicos possam ser produzidos, os comportamentos exigíveis do Estado para a concretização daqueles comandos não necessariamente precisam passar pela regulamentação infraconstitucional. Afinal, estando todos os seus efeitos jurídicos previstos na própria Constituição, como regra, os cidadãos titulares dos direitos ali enunciados podem exercê-los concretamente (e não apenas reivindicá-los judicialmente), independentemente da atuação dos poderes constituídos — daí porque, não raras vezes, a postura adotada pelas instituições estatais em relação a tais direitos se traduz em abstenções.

Contudo, em se tratando das normas de eficácia limitada, em especial das de caráter programático, os poderes constituídos não podem se furtar de promover a sua integração infraconstitucional. A tarefa a eles delegada, de ampliação da aplicabilidade daquelas normas, inclui, via de regra, a definição do conteúdo dos direitos ali enunciados, bem como do universo a ser garantido e do nível de proteção exigido para que possam ser adequadamente usufruídos (QUEIROZ, 2006). A inércia dos poderes constituídos na matéria, por isso, fere comando constitucional e inviabiliza o exercício concreto dos direitos nelas previstos (cujos titulares poderiam apenas reivindicá-los judicialmente).

Assim, ao deixar de promover a integração infraconstitucional das normas programáticas, os poderes constituídos incorrem em omissão inconstitucional e contribuem para promover a "erosão da força normativa da Constituição dirigente" (CUNHA JÚNIOR, 2016, p. 262), frustrando, assim, os objetivos do próprio Estado — dentre eles, conforme apontamos, o cumprimento da obrigação de resultado consistente em garantir a efetividade de todas as normas constitucionais.

Não por outro motivo, foram criados pelo constituinte brasileiro instrumentos jurídicos voltados especificamente ao saneamento de omissões inconstitucionais, quais sejam, o mandado de injunção (art. 5º, LXXI, CF/88 e Lei nº 13.300/2016) e a ação direta de inconstitucionalidade por omissão (art. 103, § 2º, CF/88 e Lei nº 9.868/99).

Daí por que os direitos sociais serem comumente atrelados às prestações positivas: porque a tarefa de ampliação da aplicabilidade das normas que os enunciam não pode ser feita senão por meio da sua integração infraconstitucional. Assim, a atuação positiva do Estado na regulamentação dos direitos sociais é etapa necessária para que futuramente a efetividade desses direitos seja alcançada. É precisamente nesse ponto que está, segundo entendemos, a peculiaridade dos direitos sociais em relação aos demais direitos fundamentais.

Cristina Queiroz (2006) aponta que a particularidade dos direitos sociais está na sua estrutura e no seu modo de projeção na ordem jurídica. Partindo dessa observação, entendemos que, enquanto os direitos enunciados em normas de eficácia plena ou contida, por terem sua aplicabilidade máxima definida diretamente pelo constituinte, não impõem ao Estado, como regra, obrigações de comportamento imediato voltadas ao alcance futuro e progressivo de um resultado — bastando, em geral, a sua enunciação pelo constituinte —, os direitos sociais estruturados em normas programáticas, por terem somente a extensão mínima da sua aplicabilidade definida pelo constituinte, são projetados na ordem jurídico-constitucional não apenas na qualidade de direitos fundamentais dos cidadãos, mas também na qualidade de deveres fundamentais vinculantes da atuação dos poderes políticos.

Afinal, em razão, precisamente, da sua estrutura programática, as normas constitucionais de direitos sociais atribuem aos poderes constituídos, além da obrigação de resultado referente à garantia da sua efetividade — que é, como já apontado, comum a todas as demais normas constitucionais, consequência da força normativa da Constituição —, obrigações de comportamento, voltadas à ampliação da sua aplicabilidade e cujo cumprimento deve ser imediato, sob pena de caracterização de omissão inconstitucional e de inviabilização do alcance futuro da obrigação de resultado.

Assim, o que caracteriza as normas constitucionais de direitos sociais não é a sua natureza jurídica distinta, mas sim a sua estrutura programática — que define apenas a amplitude mínima da sua aplicabilidade, atribuindo aos poderes constituídos o dever de ampliá-la — e a sua projeção na ordem jurídico-constitucional, que, em virtude da estrutura normativa, vincula, desde logo, a atuação dos poderes constituídos, obrigando-os a promover imediata e concretamente a sua integração infraconstitucional, antes da adoção de qualquer outro comportamento em matéria de direitos sociais, sob pena de incorrerem em omissão inconstitucional.

E, se assim é, à semelhança das normas de direitos humanos de segunda dimensão, as normas constitucionais de direitos sociais, ao fazerem surgir para o Estado uma obrigação de resultado que não pode ser cumprida senão progressivamente — consistente na garantia da plena efetividade dos direitos sociais —, fazem surgir também outra obrigação: a de comportamento, a qual não só pode como deve ser cumprida imediatamente, e que consiste na adoção de todas as medidas necessárias para viabilizar a plena efetividade desses direitos. Daí ser possível concluir que as normas de direitos fundamentais sociais também possuem aplicabilidade imediata e efetividade progressiva.

1.5 Juridificação do poder, estrutura e projeção das normas de direitos sociais: primeiras limitações da discricionariedade do Estado nos processos de elaboração e implementação de políticas públicas

O genocídio de diversos grupos praticado durante a Segunda Guerra Mundial, viabilizado, dentre outros aspectos, pela imposição de condicionantes ao reconhecimento do *status* de sujeito de direito dos indivíduos, de modo a negar o caráter universal da aptidão de todos os seres humanos para titularizarem direitos, exigiu da comunidade jurídica resposta contundente, orientada a impedir que o direito possa ser novamente instrumentalizado para a barbárie.

Essa resposta veio por meio do reposicionamento da dignidade da pessoa humana no âmbito das ordens jurídicas contemporâneas, que passou a ser o seu paradigma ético e fundamento político-jurídico, acompanhado da criação de sistemas internacionais de proteção dos direitos humanos e de responsabilização estatal (PIOVESAN, 2015), bem como da elaboração de constituições garantistas e com força normativa, as quais não apenas enunciam direitos fundamentais, mas também colocam à disposição dos cidadãos instrumentos jurídicos adequados para que possam exigi-los dos respectivos Estados (BUCCI, M. P., 2021).

Consequentemente, e considerando que a política opera por intermédio de expressões jurídico-institucionais (BUCCI, M. P., 2021), alterou-se o papel jurídico a ser desempenhado pelo Estado, cujo domínio de atuação passou a abarcar não apenas tarefas de abstenção e políticas relacionadas ao monopólio da violência, mas também prestações positivas de interferência direta nos campos econômico e social — por meio das políticas públicas, por exemplo —, e de regulação, de modo a garantir que os demais atores políticos, sociais e econômicos atuem em conformidade com o novo paradigma vigente (BOUSSAGUET, 2020).

A alteração do paradigma ético e político do direito, assim, ampliou os níveis nos quais se desenvolve a ação pública (BOUSSAGUET, 2020; MAILLARD; KÜBLER, 2022), multiplicando os instrumentos e redefinindo os parâmetros de atuação estatal (MAILLARD; KÜBLER, 2022). Em outras palavras, limitaram-se as atividades políticas pautadas exclusivamente na conveniência e oportunidade, dando origem ao fenômeno que Maria Paula Dallari Bucci denomina *juridificação do poder* — o qual consiste, precisamente, no processo de redução do âmbito discricionário das escolhas políticas dos agentes estatais, em razão da enunciação de direitos e garantias jurídicas oponíveis ao Estado (BUCCI, M. P., 2021) —, que tem início, segundo pudemos verificar, na posição de centralidade ocupada pela dignidade da pessoa humana nas ordens jurídicas contemporâneas, a partir da internacionalização dos direitos humanos e do neoconstitucionalismo.

O reconhecimento do caráter jurídico dos direitos sociais, nesse contexto, intensifica, em nosso entendimento, a juridificação do poder, na medida em que reduz a discricionariedade estatal no que toca à definição da agenda governamental — isto é, ao processo de identificação, delimitação e hierarquização de problemas que exigem a atuação estatal para serem solucionados. Afinal, ao garantirem a igualdade material e fática entre indivíduos, exigindo do Estado postura ativa na superação de desigualdades injustas, os direitos sociais, humanos e fundamentais reconhecidos fixam ao menos parte das prioridades de atuação governamental. Por via de consequência, reduzem a margem de discricionariedade das autoridades públicas, limitando, assim, o processo de elaboração e implementação de políticas públicas.

Essa redução da discricionariedade estatal, como visto, decorre, essencialmente, da estrutura das normas que veiculam os direitos sociais e do modo como elas se projetam na ordem jurídica — aspectos estes que são comuns às normas de direitos humanos e fundamentais de caráter social, e que as distinguem daquelas que enunciam direitos que tutelam as demais dimensões da dignidade humana.

No que se refere à estrutura, as normas de direitos humanos e de direitos fundamentais sociais se assemelham, primeiramente, pelo fato de serem normas jurídicas. Dado consistirem em mandamentos e permissões que atribuem aos cidadãos faculdades e pretensões oponíveis a outros indivíduos e ao Estado, ao mesmo tempo em que atribuem aos organismos internacionais e às instituições estatais poderes e competência para monitorá-los e implementá-los, as normas de direitos sociais são, indubitavelmente, normas jurídicas. No caso das normas de direitos fundamentais sociais, a sua juridicidade é ainda reforçada pelo atual estágio do neoconstitucionalismo, que atribui às normas constitucionais força normativa.

Consequentemente, não há dúvidas, também, de que possuem aplicabilidade — afinal, conforme tivemos oportunidade de expor, a produção de efeitos jurídicos é característica típica de normas jurídicas.

As normas de direitos humanos e fundamentais sociais são parecidas, ainda, pelo fato de possuírem estrutura programática, isto é, pelo fato de enunciarem direitos cujo exercício efetivo pelos seus titulares depende da adoção, pelo Estado, de medidas legislativas de maior complexidade e da elaboração e implementação de políticas públicas. Em outras palavras, tanto as normas de direitos humanos sociais como aquelas de direitos fundamentais sociais, por terem estrutura programática, definem, via de regra, tão somente a sua aplicabilidade mínima, atribuindo aos poderes constituídos dos Estados a tarefa de ampliarem os efeitos jurídicos que podem produzir.

Como decorrência da semelhança estrutural, as normas de direitos humanos e fundamentais sociais também são similares no que se refere ao modo como se projetam na ordem jurídica. Isso porque, ao delegarem aos poderes constituídos a incumbência de ampliarem a sua aplicabilidade, as normas de direitos sociais atribuem deveres ao Estado.

Em se tratando das normas de direitos humanos sociais, essa atribuição de deveres aos Estados é clara, na medida em que os documentos internacionais (tratados, convenções, declarações e resoluções) que os enunciam vinculam expressamente a sua realização à atuação estatal[7].

[7] A título de exemplo, citamos o art. 22 da Declaração Universal dos Direitos Humanos: "Toda pessoa, como membro da sociedade, tem direito à segurança social e à realização, **pelo esforço nacional, pela cooperação internacional e de acordo com a organização e recursos de cada Estado,** dos direitos econômicos, sociais e culturais indispensáveis à sua dignidade e ao livre desenvolvimento da sua personalidade" (BRASIL, 2013, p. 22, grifo nosso).

No caso das normas de direitos fundamentais, por outro lado, a existência de um dever estatal está implícita no comando constitucional. Como regra, os direitos sociais são apenas elencados na Constituição, sem maiores considerações a respeito do modo como serão concretizados. Não obstante, dado o atual estágio do neoconstitucionalismo, que se preocupa com a efetividade das normas constitucionais, e, no caso da Constituição brasileira, dada a existência de instrumentos jurídicos voltados especificamente ao saneamento de omissões inconstitucionais (mandado de injunção, art. 5º, LXXI, CF/88 e Lei nº 13.300/2016, e ação direta de inconstitucionalidade por omissão, art. 103, § 2º, CF/88 e Lei nº 9.868/99), não há dúvidas de que também os direitos fundamentais sociais atribuem deveres ao Estado.

Tais deveres jurídicos, decorrentes das normas de direitos humanos e fundamentais sociais, promovem uma dupla vinculação do Estado, que consiste, conforme já demonstrado, no cumprimento de duas modalidades de obrigação, uma de resultado e outra de comportamento.

A obrigação de resultado corresponde à efetividade dos direitos sociais, na medida em que compreende a sua concretização e a viabilização do seu pleno exercício por todos os seus titulares, indistintamente. Cuida-se de obrigação cujo cumprimento se dá, necessariamente, de modo progressivo, já que depende não apenas da edição de diplomas normativos, como também da criação e mobilização de aparelhos estatais que elaborem e executem políticas públicas.

A obrigação de comportamento, por sua vez, decorre diretamente da obrigação de resultado, e diz respeito à adoção, pelo Estado, de todas as medidas e condutas possíveis e necessárias à efetiva implementação dos direitos sociais. A obrigação de comportamento pode e deve ser cumprida imediatamente, sob pena de se prejudicar o adimplemento futuro da obrigação de resultado. Não por outro motivo, a omissão ou falha do Estado em adotar de pronto essas medidas configura, no plano interno, omissão inconstitucional e, no plano internacional, pode ensejar a responsabilização do Estado perante os organismos integrantes do sistema internacional de proteção dos direitos humanos.

Daí, inclusive, o porquê de as normas de direitos sociais se projetarem na ordem jurídica, segundo entendemos, como normas de aplicabilidade imediata. Além de condicionarem a criação, interpretação e aplicação do direito interno — o que, como visto, ocorre com os direitos fundamentais sociais em razão da supremacia das normas constitucionais e com os direitos humanos sociais em decorrência do *status* constitucional ou supralegal que ocupam na hierarquia normativa brasileira —, as normas de direitos sociais fazem surgir imediatamente para o Estado deveres jurídicos atinentes à realização dos direitos nelas enunciados, com as consequências anteriormente mencionadas em caso de inadimplemento.

Observa-se, assim, que o caráter programático das normas de direitos sociais, sejam de direitos humanos ou fundamentais, não impede que elas sejam imediatamente aplicáveis. Ao contrário, é justamente essa estrutura, que promove a dupla vinculação do Estado, que torna a sua aplicabilidade imediata.

O caráter peculiar das normas de direitos sociais que decorre diretamente da sua estrutura está, segundo pudemos verificar, na sua efetividade. Isso porque, diferentemente das normas que veiculam direitos de primeira dimensão, aquelas que enunciam direitos de segunda dimensão somente podem alcançar os seus objetivos de modo progressivo, já que, nunca é demais lembrar, dependem, necessariamente, da elaboração de legislações complexas e da implementação de políticas públicas.

A efetividade dos direitos sociais, destarte, somente é alcançada por meio do cumprimento, pelo Estado, da sua obrigação de comportamento. O modo de adimplemento dessa obrigação, contudo, não é, via de regra, diretamente definido pelas normas de direitos sociais.

Isso porque, no caso das normas de direitos humanos sociais, os documentos internacionais de onde emanam costumam indicar possibilidades e sugestões de medidas a serem adotadas com vistas a implementar aqueles direitos, prevendo apenas a tutela mínima que devem receber os direitos relativos à dignidade humana. Assim, caberia, em princípio, a cada Estado, no exercício da sua soberania, determinar quais as medidas necessárias para dar continuidade a essa tarefa, à luz do atual grau de implementação interna dos direitos sociais[8].

[8] No entanto, veremos que, no intuito de estimular os Estados agirem imediatamente para viabilizar a efetividade progressiva do direito à moradia, a comunidade internacional, sobretudo a partir do final da década de 1970, começou a elaborar documentos internacionais vinculantes com orientações e imposições de prestações estatais positivas a serem cumpridas.

Já no caso das normas de direitos fundamentais sociais, observa-se que, à exceção do direito à educação e dos direitos atrelados à seguridade social, o desenho da política pública a eles relativa não foi definida pelo próprio constituinte brasileiro, tarefa esta que foi delegada aos poderes constituídos sem maiores especificidades.

A despeito da ausência de definição explícita, pelas normas de direitos humanos e fundamentais sociais, acerca do modo de adimplemento da obrigação de comportamento, ao Estado não é dada ampla margem de discricionariedade na determinação das medidas que serão adotadas com essa finalidade.

Isso porque, estando essas medidas estreitamente vinculadas ao cumprimento futuro da obrigação de resultado, a definição das condutas a serem adotadas pelo Estado em matéria de direitos sociais não pode se pautar unicamente nos critérios de conveniência e oportunidade, como habitualmente fazem os poderes constituídos em âmbito legislativo e administrativo. Sendo essas medidas instrumentos para o alcance da efetividade dos direitos sociais, elas devem estar orientadas à ampliação da aplicabilidade das normas de direitos sociais, bem como à satisfação, em alguma medida, da necessidade de concretização desses direitos.

Nesse sentido, e sendo certa a necessidade de ampliação dos efeitos jurídicos das normas para que os direitos sociais nelas veiculados possam começar a ser exercidos pelos seus titulares, o Estado tem o dever de adotar, como primeira conduta, a realização da integração infraconstitucional desses direitos, definindo o seu conteúdo, o seu universo e o nível mínimo de implementação para que possam ser adequadamente usufruídos por seus titulares.

Verifica-se, desse modo, que a estrutura programática que caracteriza as normas internacionais e constitucionais de direitos sociais projeta-as na ordem jurídica de tal modo que o Estado fica vinculado não apenas à promoção progressiva de sua efetividade (obrigação de resultado), mas também à adoção imediata de condutas positivas que ampliem a sua aplicabilidade, inclusive definindo com maior precisão os seus contornos jurídicos (obrigações de comportamento).

Daí entendermos a própria estrutura dessas normas como aspecto intensificador da juridificação do poder e primeiro elemento de limitação dos processos de elaboração e implementação de políticas públicas a ser levado a efeito pelas instituições estatais.

Conquanto o Estado tenha alguma liberdade para definir quais condutas serão adotadas para implementar os direitos sociais, a sua discricionariedade, na matéria, não é ampla, porquanto a validade dessas opções está vinculada não somente aos critérios de conveniência e oportunidade, típicos da atuação administrativa, mas também, e sobretudo, ao avanço que promovem na tarefa de alcançar o cumprimento da obrigação de resultado. Daí porque, antes de qualquer outra medida, o Estado deve se ocupar de promover a integração infraconstitucional dos direitos sociais, sem a qual a sua efetividade resta inviabilizada.

Capítulo 2

A REDUÇÃO DAS DESIGUALDADES INJUSTAS COMO ELEMENTO VINCULANTE DA ATUAÇÃO DO ESTADO

2.1 Igualdade, diferenças e desigualdades

O processo de universalização e internacionalização dos direitos humanos, como visto, deslocou a dignidade humana para o centro dos ordenamentos jurídicos contemporâneos, conferindo-lhes unidade e conteúdo ético. Como consequência, o direito, hoje, consiste, como aponta Carolina Alves de Souza Lima (2011), em um instrumento de concretização da dignidade humana, voltado à criação de uma sociedade inclusiva (RAMOS, 2017), pautada na cidadania, aqui entendida, à luz do pensamento de Hannah Arendt, como *o direito a ter direitos* (SAULE JUNIOR, 2004; LIMA, 2011)[9].

O exercício da cidadania é, nesse sentido, condição inegociável para a construção da sociedade inclusiva almejada pelo Direito Internacional dos Direitos Humanos. E, para tanto, é necessária não apenas a universalização, mas também a garantia de igualdade de condições para o exercício dos direitos humanos, isto é, para o exercício da cidadania.

O constituinte de 1988, alinhado ao paradigma imposto pelo Direito Internacional dos Direitos Humanos, e buscando fazer do direito não mais um mero instrumento de estabilização e perpetuação das desigualdades,

---

[9] Sobre o assunto, ver ARENDT, Hannah. *Origens do totalitarismo*. São Paulo: Companhia das Letras, 2000.

mas sim um meio de efetiva concretização da dignidade humana, fixou como um dos objetivos do Estado brasileiro a redução das desigualdades sociais (art. 3º, III, CF/88). Ainda, dispôs no art. 5º, *caput*, CF/88, que todos são iguais perante a lei, sem distinção de qualquer natureza.

Parece claro, assim, que está incluída no rol de objetivos do Estado brasileiro a promoção da igualdade. E, se assim é, torna-se necessário examinarmos no que consiste a igualdade a ser promovida e quais as bases que a fundamentam.

A *igualdade* pode ser definida tanto em oposição à *diferença* como em oposição à *desigualdade* (SIMÕES, 2019). No primeiro caso, a igualdade diz respeito à identificação de semelhanças entre os elementos essenciais que compõem os indivíduos, sejam esses elementos naturais ou culturais. No segundo, se refere à constatação de que aos sujeitos de direito vem sendo dispensado um mesmo tratamento, numa dada circunstância de tempo e espaço.

Fala-se em diferença, portanto, quando o parâmetro de análise é uma característica identitária, cuja verificação pode ser feita de modo objetivo. Nesses casos, não se consegue classificar um indivíduo como pertencente a uma categoria situada entre dois polos distintos. Isso porque as análises em questão se inserem no âmbito do *ser* (BARROS, 2006) — ou seja, ou o indivíduo apresenta uma dada característica, ou ele apresenta um traço diferente.

Tomemos como exemplo a nacionalidade. Trata-se de um elemento cultural de identificação dos indivíduos, que opera na lógica do *ser* ou do *pertencer*, e cujas classificações não se organizam como parte de um processo limitado por dois extremos. Não existe, por exemplo, "gradação entre o norte-americano e o brasileiro, ou entre o australiano e o chinês. Essas várias nacionalidades fixam entre si o abismo que as separa como essências claramente diferenciadas. Pertence-se a uma nacionalidade ou a outra" (BARROS, 2006, p. 205).

Em matéria de diferenças, portanto, o que há é simplesmente a verificação de que os elementos essenciais que identificam uma determinada pessoa são distintos daqueles que identificam outra pessoa. Bem por isso, a igualdade como oposição às diferenças consiste na constatação de que os indivíduos são identificados pelo(s) mesmo(s) elemento(s) essencial(ais).

As desigualdades, por seu turno, são verificadas não a partir da análise dos elementos que compõem a identidade dos sujeitos de direito, mas sim a partir da existência de distinção no tratamento formal e/ou material dispensado a uns e a outros. Cuida-se, por isso mesmo, de produtos sociais, de caráter circunstancial, situado no plano do *estar* ou do *ter* (os indivíduos estão recebendo ou têm o mesmo tratamento?), pois são produto de um processo histórico. Como anota José D'Assunção Barros,

> indagar sobre a Desigualdade significa sempre recolocar uma nova pergunta: Desigualdade de quê? Em relação a quê? Conforme foi ressaltado, a Desigualdade é sempre circunstancial, seja porque estará localizada historicamente dentro de um processo, seja porque estará necessariamente situada dentro de um determinado espaço de reflexão ou de interpretação que a especificará (BARROS, 2006, p. 201).

Nesse sentido, a igualdade, como oposição às desigualdades, se refere à verificação de que o tratamento dispensado a um determinado indivíduo ou grupo de indivíduos é o mesmo dispensado a outro.

2.2 A igualdade almejada pelo Estado brasileiro

Considerando que, além de estabelecer a igualdade como um direito fundamental, o constituinte ainda fixou como objetivo do Estado brasileiro e direito fundamental dos cidadãos a promoção do bem de todos, sem preconceitos de origem, raça, cor, sexo, idade e quaisquer outras formas de discriminação (arts. 3º, IV, e 5º, *caput*, CF/88), parece-nos seguro afirmar que a igualdade a ser promovida no Brasil é aquela que se opõe às desigualdades, isto é, aquela que se opõe à distinção de tratamento dispensado a uns e outros cidadãos.

Observa-se, assim, que, quando o constituinte fixa como objetivo do Estado brasileiro a redução das desigualdades sociais e regionais (art. 3º, III, CF/88), o que se deve buscar reduzir são justamente tais distinções de tratamento. Não se pretende, portanto, padronizar a identidade dos brasileiros. O intuito do constituinte é, precisamente, vedar comportamentos estatais ou particulares que se utilizem das diferenças, isto é, de aspectos identitários dos indivíduos e grupos sociais, como justificativa e/ou meio de promoção de desigualdades e discriminações odiosas.

E, se assim é, a igualdade a ser promovida pelo Estado brasileiro não pode se resumir à garantia de tratamento equitativo àqueles que se encontrem em situações semelhantes, concebida como um princípio de natureza meramente defensiva ou negativa. Isso porque a redução da igualdade à ideia de mera universalização de tratamento, cuidando igualmente dos iguais e desigualmente dos desiguais, dirige-se, como bem aponta Norberto Bobbio (2004), a um homem racional fora do tempo e do espaço — ou seja, descontextualizado. Esse cenário, contudo, não impede que haja uma discriminação inconstitucional de conteúdo (CANOTILHO, 2000), que cria distintas categorias entre seres humanos, atribuindo direitos a alguns e negando direitos a outros, a exemplo do que ocorria no Brasil durante os vários séculos em que a escravidão encontrava respaldo legal, por exemplo.

Tal concepção de igualdade, ao que parece, é insuficiente para impedir o emprego das diferenças como critério justificador da criação e intensificação de desigualdades, podendo, inclusive, servir como instrumento ampliador dessas distinções de tratamento que o Estado brasileiro se comprometeu a reduzir e combater.

Isso não significa, contudo, que toda e qualquer discriminação é, por si só, indevida ou inconstitucional. Se bem observada a prática legislativa, é possível verificar, como apontou Celso Antônio Bandeira de Mello (2015), que "as normas legais nada mais fazem que discriminar situações, à moda que as pessoas compreendidas em umas ou em outras vêm a ser colhidas por regimes diferentes" (MELLO, 2015, p. 12).

Tomemos como exemplo as diferenças para aposentadoria por idade entre homens e mulheres, ou, ainda, a possibilidade de exercício do direito de greve por apenas uma parcela dos servidores públicos, notadamente daqueles que não atuam em atividade essencial. Nesses casos, a jurisprudência, no caso da greve dos servidores públicos, e a lei, na hipótese da aposentadoria, erigiram "algo em elemento diferencial, vale dizer: apanhou, nas diversas situações qualificadas, algum ou alguns pontos de diferença a que atribuiu relevo para fins de discriminar situações, inculcando a cada qual efeitos jurídicos correlatos e, de conseguinte, desuniformes entre si" (MELLO, 2015, p. 13).

Em outras palavras, ao discriminar situações, as normas jurídicas criam desigualdades, na medida em que atribuem tratamento distinto aos indivíduos, à luz dos elementos considerados diferenciais. Verifica-se, desse modo, que nem toda desigualdade é, por definição, vedada pelo ordenamento jurídico brasileiro. A desigualdade absolutamente vedada pelo direito é aquela da qual resulta o não reconhecimento da dignidade humana de um indivíduo ou de um grupo social. Afinal, parafraseando Joaquim José Gomes Canotilho (2000), não há como conceber a existência de igualdade no não direito.

Nesses casos, criam-se desigualdades injustas, isto é, distinções de tratamento que importam, em maior ou menor medida, na violação dos direitos humanos, concorrendo, assim, para a criação de uma hierarquização social entre seres humanos (SIMÕES, 2019).

Seriam injustas, nesse sentido, as desigualdades produzidas como decorrência de normas jurídicas que singularizam de modo atual e definitivo os seus destinatários, aquelas que têm como critério balizador um elemento que não esteja amparado pelos fatos, ou aquelas que utilizam um fator de *discrímen* ilógico ou que apresentam efeitos contraditórios em relação aos seus objetivos declarados (MELLO, 2015), criando hierarquias entre indivíduos, por meio das quais a uns são negados direitos, enquanto a outros estes são conferidos, acessados e efetivados.

Essa abordagem das desigualdades apenas à luz das normas jurídicas, contudo, mostra-se insuficiente, na medida em que, mesmo havendo tratamento jurídico isonômico em termos normativos, muitas vezes os efeitos práticos dele decorrentes não são suficientes para eliminar situações sociais de dominação e subordinação estrutural de determinados grupos de indivíduos (RONCONI, 2021). Nessas hipóteses, a desigualdade ultrapassa o âmbito normativo e se torna fática, resultando, como regra, na violação de bens e direitos básicos dos cidadãos e no grave ferimento à dignidade humana, na medida em que restringe o exercício dos direitos humanos por determinados grupos, desumanizando-os. Daí o caráter injusto que qualifica essas desigualdades.

É à redução dessas desigualdades injustas que, no nosso entender, se refere o constituinte no art. 3º, III, CF/88. Afinal, a universalização dos direitos humanos garantiu a todos os indivíduos a condição de cidadão (*direito a ter direitos*), de modo que toda e qualquer discriminação que gere violação desses direitos implica na aniquilação da humanidade dos indivíduos, sendo, por isso, vedada.

Essas desigualdades injustas, contudo, não são resolvidas apenas com a universalização dos direitos humanos. Isso porque a universalização representa, no limite, a consagração da dimensão negativa (ou defensiva) do princípio da igualdade no âmbito do Direito Internacional dos Direitos Humanos, dimensão esta que, como visto, é insuficiente para o enfrentamento de distinções de tratamento que têm origem na falta de concretização ou na inexistência de possibilidades efetivas de exercício dos direitos humanos por seus titulares, por se dirigir a um homem abstrato e descontextualizado.

A redução dessas desigualdades injustas demanda, por isso, a consagração da dimensão positiva da igualdade, que promova, de um lado, o enfrentamento das desigualdades econômicas, por meio do estabelecimento de políticas de redistribuição de riquezas que partam do reconhecimento de direitos sociais e econômicos, e, de outro, o enfrentamento das injustiças culturais, ancoradas no desrespeito às diferenças, por meio da especificação dos sujeitos de direitos e adoção de discriminações positivas que alterem estruturas sociais que levam à marginalização de determinados grupos (BOBBIO, 2004; PIOVESAN, 2015).

É indispensável, portanto, que o Estado identifique os grupos que, em seu território, encontram-se em situação de vulnerabilidade — quer dizer, os grupos de indivíduos atingidos negativamente pelas desigualdades injustas —, de modo a torná-los alvo prioritário tanto de tratamento legal mais favorável como de prestações positivas reparadoras e transformadoras realizadas no bojo de políticas públicas (RONCONI, 2021) que viabilizem a ampliação das possibilidades de exercício adequado e integral, por tais grupos, dos direitos que vêm sendo sistematicamente violados.

2.3 O princípio da democracia social e econômica e a redução da discricionariedade dos poderes políticos no Brasil

Identificado o conteúdo da igualdade a ser promovida e, em especial, das desigualdades que o Estado brasileiro se obrigou a reduzir, torna-se possível afirmar, segundo entendemos, que a Constituição Federal de 1988, a exemplo da Constituição portuguesa de 1976, adotou o princípio da democracia econômica, social e cultural.

Discorrendo sobre a matéria à luz do texto fundamental português, Canotilho (2000) assevera tratar-se de princípio que impõe aos Poderes Executivo e Legislativo o dever de desenvolverem atividades que contribuam para uma sociedade democrática, bem como para a realização da justiça constitucional e social. Cuida-se, ainda, de princípio que vincula a atuação dos Poderes, na medida em que limita a discricionariedade nas suas atuações, que passam a ser mandatórias, "porém com margem considerável de conformação política quanto ao *como* da sua concretização" (CANOTILHO, 2000, p. 338).

A limitação da discricionariedade na atuação dos atores políticos adviria, segundo o mestre português, dos artigos 2º, 9º e 81 da Constituição portuguesa. O artigo 2º dispõe que Portugal é uma democracia econômica, social e cultural[10]. Já o artigo 9º, em sua alínea *d*, fixa como tarefa do Estado português a realização da igualdade real entre os cidadãos, bem como a efetivação dos direitos econômicos, sociais, culturais e ambientais[11]. O artigo 81, por sua vez, em especial em suas alíneas *a* e *b*, obriga o Estado a adotar medidas voltadas à realização da justiça social por meio da promoção do bem-estar das pessoas mais desfavorecidas, bem como da igualdade de oportunidades e redistribuição de riquezas[12].

É clara a semelhança entre o conteúdo do texto constitucional português e a Constituição brasileira de 1988. A despeito de não enunciar de modo expresso o princípio da democracia econômica e social, já que o *caput* do art. 1º fala apenas em "Estado Democrático de Direito", a nossa Constituição Federal elege a cidadania e a dignidade humana como fundamentos do Estado brasileiro (art. 1º, II e III, CF/88), bem como a construção de uma

---

[10] Artigo 2º Estado de direito democrático "A República Portuguesa é um Estado de direito democrático, baseado na soberania popular, no pluralismo de expressão e organização política democráticas, no respeito e na garantia de efetivação dos direitos e liberdades fundamentais e na separação e interdependência de poderes, visando a realização da democracia económica, social e cultural e o aprofundamento da democracia participativa" (PORTUGAL, 1974, *online*).

[11] Artigo 9º Tarefas fundamentais do Estado "São tarefas fundamentais do Estado: (...) d) Promover o bem-estar e a qualidade de vida do povo e a igualdade real entre os portugueses, bem como a efetivação dos direitos económicos, sociais, culturais e ambientais, mediante a transformação e modernização das estruturas económicas e sociais". (PORTUGAL, 1974, *online*).

[12] Artigo 81 Incumbências prioritárias do Estado "Incumbe prioritariamente ao Estado no âmbito económico e social: a) Promover o aumento do bem-estar social e económico e da qualidade de vida das pessoas, em especial das mais desfavorecidas, no quadro de uma estratégia de desenvolvimento sustentável; b) Promover a justiça social, assegurar a igualdade de oportunidades e operar as necessárias correções das desigualdades na distribuição da riqueza e do rendimento, nomeadamente através da política fiscal (...)" (PORTUGAL, 1974, *online*).

sociedade justa, a erradicação da pobreza e a redução das desigualdades injustas como objetivos fundamentais desse mesmo Estado (art. 3º, I e III, CF/88). Ademais, enuncia exemplificativamente diversos direitos sociais (art. 6º, CF/88) e delineia as estruturas das ordens econômica e social (art. 170 e seguintes, CF/88, e 193 e seguintes, CF/88, respectivamente).

Nesse sentido, a fixação da redução das desigualdades injustas como objetivo do Estado visa precisamente à promoção da igualdade real, que se materializa com atuação estatal positiva, voltada à diminuição de situações fáticas de vulnerabilidade de indivíduos e grupos sociais. A redução das desigualdades injustas, sob essa perspectiva, constitui um elemento essencial de interpretação constitucional, condicionando o exercício da discricionariedade dos poderes políticos — daí por que consideramos ser este o principal fundamento da instituição do princípio da democracia econômica e social no Brasil.

Se assim é, o Estado brasileiro, a exemplo do Estado português, está obrigado a desempenhar um papel relevante no que tange à implementação dos direitos sociais. Como anota Canotilho (2000), isso não implica na aniquilação da autorresponsabilidade dos cidadãos. Significa, apenas, que a atividade social do Estado é uma atividade *necessária* e *pública*, decorrente de imposição constitucional, que o obriga a adotar "medidas existenciais para indivíduos e grupos que, em virtude de condicionalismos particulares ou de condições sociais, encontram dificuldades no desenvolvimento da personalidade em termos econômicos, sociais e culturais" (CANOTILHO, 2000, p. 342).

Destarte, a adoção do princípio da democracia social, pelo Brasil, enseja o reconhecimento da existência de situações fáticas que retiram ou reduzem drasticamente a capacidade de determinados indivíduos ou grupos sociais de garantirem, por si próprios, uma vida digna.

Ao mesmo tempo, acarreta a redução da margem de discricionariedade dos poderes políticos, já que, muito embora estejam, em princípio, autorizados a definir o momento e o modo de implementação dos direitos sociais, os legisladores e administradores públicos devem atuar orientados pelo objetivo constitucional de redução das desigualdades e promoção da igualdade material entre os cidadãos. Afinal, o fato de os legisladores regulamentarem os direitos sociais e de os administradores públicos viabilizarem as condições materiais necessárias ao respectivo exercício não lhes permite que disponham desses direitos humanos e fundamentais. Ao contrário, há um dever estatal de proporcionar a melhoria das condições de vida dos indivíduos e grupos vulneráveis (WEIS, 2014).

À vista disso, observa-se que a mera criação de políticas públicas voltadas à satisfação de direitos sociais constitucionalmente previstos não necessariamente basta para que o Estado se desincumba de seus deveres fundamentais. Caso tais políticas se mostrem inadequadas ou insuficientes para reduzir as desigualdades injustas e resgatar a humanidade de cidadãos em situação de vulnerabilidade, o Estado permanece omisso, ainda que parcialmente.

Portanto, o objetivo constitucional de redução das desigualdades e o princípio da democracia social que dele decorre impõem ao Estado uma obrigação de resultado. A efetividade dos direitos sociais, por isso, depende não apenas da sua regulamentação em nível infraconstitucional — isto é, da ampliação da sua aplicabilidade — e da viabilização de condições materiais para seu exercício, mas também — e talvez principalmente — de que ambos, regulamentação e condições materiais, concorram para a redução da hierarquização de seres humanos, restituindo-lhes a humanidade e concretizando o objetivo constitucional da redução das desigualdades injustas.

Capítulo 3

O PRINCÍPIO DA VEDAÇÃO DO RETROCESSO SOCIAL COMO ELEMENTO VINCULANTE DA ATUAÇÃO DO ESTADO

3.1 Fundamentos do princípio da vedação do retrocesso social: a redução das desigualdades injustas e a indisponibilidade dos direitos sociais pelos poderes políticos

Da obrigação de resultado imposta ao Estado, consistente na efetiva redução das desigualdades injustas, antes referida, decorrente do princípio da democracia social (art. 3º, III, CF/88) e da indisponibilidade dos direitos sociais por parte do Poder Público, advém, ainda, mais um limite à discricionariedade dos poderes políticos, qual seja, o princípio da vedação do retrocesso social.

Considerando que a redução das desigualdades sociais injustas é o vetor que deve orientar toda a atuação estatal, qualquer medida que vá de encontro a esse objetivo constitucional, ampliando ou aprofundando as desigualdades injustas por meio da redução do grau de proteção a direitos anteriormente alcançado, passa a ser vedada ao Estado.

E é precisamente nisso que consiste o princípio da vedação do retrocesso social: um limite à atuação dos poderes políticos, que os impede de reduzir ou eliminar o grau de proteção já alcançado relativamente a um direito.

Conquanto entendamos que tal princípio decorre diretamente do objetivo constitucional de redução das desigualdades injustas e da democracia social brasileira, são vários os fundamentos elencados pela doutrina como balizadores da vedação do retrocesso social. São eles a dignidade da pessoa humana (art. 1º, III, CF/88), a aplicabilidade imediata dos direitos fundamentais (art. 5º, § 1º, CF/88), a proteção constitucional ao direito adquirido (art. 5º, XXXVI, CF/88) e a previsão constitucional das cláusulas pétreas (art. 60, § 4º, IV, CF/88) (RAMOS, A. C, 2017); o incentivo à progressiva ampliação dos direitos fundamentais (art. 5º, § 2º, e art. 7º, *caput*, CF/88), o compromisso com a progressiva redução das desigualdades regionais e sociais (art. 3º, I e III, e art. 170, *caput* e incisos VII e VIII, CF/88) e a máxima efetividade dos direitos fundamentais (art. 5º, § 1º, CF/88) (WEIS, 2014); a segurança jurídica (arts. 5º, *caput*, e 6º, CF/88) e a proteção da confiança (SARLET, 2016d).

Bem-observados os fundamentos listados pela doutrina, é possível verificar a inexistência de divergências significativas. Isso porque, além de reconhecerem que o princípio da vedação do retrocesso social é uma garantia constitucional implícita no direito brasileiro, ao invocarem a aplicabilidade imediata dos direitos fundamentais, todos os autores citados reconhecem a existência de um regime jurídico geral aplicável a todos os direitos fundamentais, inclusive os sociais, e, principalmente, a existência de uma obrigação estatal de zelar pela eficácia normativa da Constituição e pela efetividade (eficácia social) desses direitos (SOUZA; MIRRA, A. B., 2021) — efetividade esta que, como visto e segundo entendemos, depende da realização do objetivo constitucional da redução das desigualdades injustas.

Nesta senda, observa-se que as fundamentações anteriormente mencionadas, baseadas nas cláusulas pétreas, na proteção constitucional ao direito adquirido e nos princípios da segurança jurídica e da proteção da confiança, traduzem, a bem dizer, o compromisso do Estado com a estabilidade da ordem jurídica e, sobretudo, com a estabilidade da proteção conferida aos cidadãos (SOUZA; MIRRA, A. B., 2021), compromissos estes que confluem para a indisponibilidade dos direitos sociais pelos poderes estatais.

Como tivemos oportunidade de apontar no capítulo anterior, o fato de a implementação de tais direitos estar, via de regra, atrelada a um agir do Estado, não autoriza que os poderes políticos deles disponham. Como visto, o princípio da democracia social vincula a atuação estatal, que deve sempre se dar no sentido da redução das desigualdades. Bem por isso, diz-se que:

> O modo e a intensidade pela qual os entes federados cumprem as obrigações decorrentes das normas definidoras de direitos econômicos, sociais e culturais não podem ser confundidos com a eventual opção do administrador público [e do legislador] de buscar a elevação das condições de vida dos grupos sociais marginalizados ou excluídos (WEIS, 2014, p. 63).

Assim, já que a obrigação do Estado é agir e promover resultados que reduzam as desigualdades injustas, qualquer atuação em sentido diverso passa a ser vedada. O princípio da vedação do retrocesso social, nesse sentido, constitui um limite jurídico à discricionariedade dos poderes políticos, bem como uma "obrigação de prossecução de uma política congruente com os direitos concretos e as expectativas subjetivamente alicerçadas" (CANOTILHO, 2000, p. 339), sob pena de haver violação do núcleo essencial dos direitos sociais já efetivados.

Nessa ordem de ideias, vale recordar que, em matéria de direitos sociais, é a atuação do legislador e do administrador público que promove a ampliação da eficácia jurídica das normas constitucionais e internacionais de direitos humanos que os veiculam. No limite, portanto, a atuação dos Poderes Legislativo e Executivo em matéria de direitos sociais amplia a eficácia do próprio Texto Constitucional e dos tratados internacionais de direitos humanos, compondo, no dizer de Novais, um arcabouço normativo de natureza material jusfundamental (NOVAIS, 2004).

Consequentemente, quaisquer alterações legislativas e administrativas levadas a cabo pelos poderes políticos devem caminhar sempre no sentido da ampliação e jamais da restrição da aplicabilidade da Constituição Federal e dos tratados internacionais de direitos humanos, sob pena de reduzir sua efetividade, retirando-lhes seu próprio caráter normativo.

Daí, também, a razão de as normas que regulamentam e concretizam os direitos sociais serem retiradas da esfera de disponibilidade dos detentores de poder político (NOVAIS, 2004), passando a incorporar o patrimônio jurídico da cidadania (BARROSO, 2001).

O princípio da vedação do retrocesso social, nesse sentido, constitui, "simultaneamente, uma garantia institucional e um direito subjetivo"

(CANOTILHO, 2000, p. 338-339), tornando o grau de realização dos direitos sociais já obtido verdadeiro direito adquirido dos cidadãos.

Tal princípio desempenha, por isso, uma função de proteção da situação normativa das normas infraconstitucionais integradoras (SOUZA; MIRRA, A. B., 2021), garantindo, por conseguinte, e ao lado do princípio da democracia social e do objetivo de redução das desigualdades, a vinculação dos poderes públicos à Constituição Federal e aos tratados internacionais de direitos humanos, bem como à eficácia jurídica e à efetividade dos direitos sociais — efetividade esta que se consubstancia, nunca é demais lembrar, na real redução das desigualdades injustas.

Mais do que a estabilidade da ordem jurídica, portanto, o princípio da vedação do retrocesso social protege os cidadãos contra eventuais arbítrios do Estado que venham a restringir os seus direitos humanos e fundamentais de caráter social e a ampliar as situações de desigualdades injustas.

3.2 O princípio da vedação do retrocesso social e a vinculação da atividade estatal

Como mencionado, o princípio da vedação do retrocesso social é, concomitantemente, uma garantia institucional e um direito subjetivo dos cidadãos, que os protege do arbítrio estatal, impedindo os poderes políticos de disporem de seus direitos sociais. Pode ser definido como a determinação, dirigida ao Estado, de não redução do grau de proteção já assegurado aos direitos básicos dos cidadãos.

Trata-se, como já tivemos oportunidade de anotar, de um princípio que interfere diretamente na discricionariedade dos poderes políticos, isto é, na margem de liberdade que a lei confere ao legislador e ao administrador público para que, dentro dos limites legais, promovam a integração da norma jurídica segundo critérios subjetivos (conveniência e oportunidade), buscando sempre os objetivos do ordenamento jurídico (MELLO, 1993).

Em vista dessa definição, é de se destacar que não haveria ato propriamente discricionário, "mas apenas discricionariedade por ocasião da prática de certos atos" (MELLO, 1993, p. 203), pois os poderes públicos estariam sempre vinculados ao menos à finalidade e à competência para prática do ato em questão (MELLO, 1993).

É possível verificar, desse modo, que, em matéria de implementação de direitos sociais, os poderes políticos, que já não possuem total discricionariedade para a prática dos atos que lhes cabem, têm essa margem de atuação ainda mais limitada (SOUZA; MIRRA, A. B., 2021). Isso porque devem se conformar não apenas com a finalidade e competência que lhes é indicada e conferida pela lei (aqui considerada em sentido lato), mas também com o objetivo constitucional de redução das desigualdades injustas (analisado no capítulo anterior), com o princípio da vedação do retrocesso (que estamos examinando aqui), e com o dever de implementação progressiva dos direitos sociais (que examinaremos no capítulo subsequente).

No processo gradual e progressivo de concretização dos direitos sociais, portanto, o Estado somente poderá optar pelas medidas que concorram para a redução das desigualdades injustas e que concomitantemente não impliquem na restrição ou aniquilação da proteção atualmente garantida aos direitos sociais.

No ponto, cabe destacar que aquilo que se protege é o núcleo essencial do direito social em questão, e não a política pública em si. Nesse sentido, o princípio da vedação do retrocesso social não impede que sejam feitas alterações significativas nas políticas públicas, uma vez que, em função da discricionariedade dos poderes políticos, ao legislador e ao administrador público é dado definir *como* serão implementados os direitos sociais. A questão central é que qualquer alteração, significativa ou não, nas políticas públicas já regulamentadas e/ou efetivamente implementadas deve preservar o núcleo essencial do direito social em tela, que é direito adquirido de todos os cidadãos.

Daí o porquê de Cristina Queiroz (2006) definir o princípio da vedação do retrocesso considerando as alternativas e compensações que podem ser levadas a cabo pelos poderes políticos. Nas palavras da autora, "[c]oncretamente, a 'proibição do retrocesso social' determina (...) que, uma vez consagradas legalmente as 'prestações sociais', o legislador não pode depois eliminá-las sem alternativas ou compensações" (QUEIROZ, 2006, p. 69).

Assim, havendo alterações nas prestações públicas, ainda que bastante radicais e que alterem o seu âmbito de incidência ou o seu público-alvo, somente estará configurado o retrocesso social caso o Poder Público não crie, ao lado de tais alterações, alternativas ou compensações que garantam que, considerado todo o conjunto legislativo e de políticas públicas elaboradas e executadas pelo Estado, não haja redução, na prática, do grau de proteção anteriormente conferido aos direitos sociais implicados.

Observa-se, assim, que o princípio da vedação do retrocesso social não elimina por completo a discricionariedade da atuação dos poderes políticos, que continuam autorizados a definir o modo como se dará a concretização dos direitos sociais. O que há é a sua restrição, mediante a criação de zonas de não intervenção restritiva do Estado — isto é, zonas que impedem qualquer atuação estatal que venha a reduzir a aplicabilidade jurídica dos direitos sociais —, a fim de que a liberdade de atuação habitualmente conferida ao Poder Público não se converta, ao fim, em restrição arbitrária dos direitos e da dignidade humana dos cidadãos.

É possível verificar, desse modo, que, à medida que os direitos sociais são concretizados, o dever estatal, que inicialmente era de ordem prestacional — dever de agir positivamente para viabilizar as condições materiais necessárias à efetividade de tais direitos —, converte-se em dever de abstenção quanto aos elementos que compõem o núcleo essencial já implementado daqueles direitos — exceto para ampliar a sua aplicabilidade jurídica e/ou a sua efetividade, conforme já apontado.

> Verifica-se, assim, que a ampliação da proteção legal e administrativa dos direitos sociais é inversamente proporcional à margem de discricionariedade do administrador público. E não poderia ser diferente, afinal, quanto mais se amplia a eficácia jurídica e social desses direitos, mais o Estado se aproxima de seus objetivos, quais sejam, a máxima e efetiva concretização dos direitos sociais e da dignidade humana, e a redução das desigualdades. Não há, assim, em princípio, motivo para a adoção de medidas legislativas ou administrativas que andem em sentido inverso, afastando o Estado dos seus objetivos (SOUZA; MIRRA, A. B., 2021).

No julgamento do Agravo Regimental no Agravo em Recurso Extraordinário nº 727.864, referente à implementação do direito social à saúde, o Supremo Tribunal Federal assentou o entendimento de que o princípio da proibição do retrocesso é um parâmetro constitucional de validade dos atos e omissões estatais, a ser sempre observado:

> Na realidade, a cláusula que proíbe o retrocesso em matéria social traduz, no processo de sua concretização, verdadeira dimensão negativa pertinente aos direitos sociais de natureza prestacional (como o direito à saúde), impedindo, em consequência, que os níveis de concretização dessas prerrogativas, uma vez atingidos, venham a ser reduzidos ou suprimidos, exceto na hipótese — de todo inocorrente na espécie — em que políticas compensatórias venham a ser implementadas pelas instâncias governamentais (BRASIL, 2014, ***online***).

Observa-se, assim, que não apenas a doutrina, mas também o STF identifica no princípio da vedação do retrocesso social um limite à discricionariedade dos Poderes Legislativo e Executivo, vinculando-os à máxima realização dos direitos sociais e à manutenção do grau de proteção já alcançado. Bem por isso, à medida que os direitos sociais são concretizados, o dever estatal, que inicialmente se consubstanciava em um *fazer*, converte-se em um dever de *abster-se*.

Não por outro motivo, a Corte considera que o retrocesso social traduz verdadeira dimensão negativa, como consta do trecho de acórdão supracitado. É que, como vimos desenvolvendo ao longo deste capítulo, à medida em que o Estado cumpre seu dever prestacional de atuar positivamente para viabilizar a implementação e o exercício dos direitos sociais, "ele passa a, progressivamente, ter o dever de se abster de praticar atos ou omissões que reduzam a proteção que a legislação e as políticas públicas implementadas garantem aos direitos sociais" (SOUZA; MIRRA, A. B., 2021).

Essa estrutura bifronte apresentada pelos direitos sociais, que são concomitantemente direito de defesa e direito prestacional, cria deveres estatais de abstenção e de prestação, os quais se prestam à "obtenção de um *status* previamente definido na Constituição Federal" (MIRRA, Á. L., 2020, p. 479), qual seja, a redução das desigualdades injustas. Daí o caráter relativo da liberdade de conformação do legislador e do administrador público no que toca à regulamentação desses direitos.

Para o STF, o caráter programático das normas constitucionais que os veiculam, como é o caso do direito à moradia — nosso objeto de pesquisa —, não autoriza as instituições públicas a fraudarem as justas expectativas da coletividade de que lhe serão garantidas as condições materiais mínimas de sobrevivência (BRASIL, 2014). E, se assim é, o espaço de discricionariedade para atuação dos Poderes Legislativo e Executivo fica reduzido, ao menos naquilo que toca aos direitos sociais.

É possível concluir, assim, que o princípio da vedação do retrocesso social reforça a existência de um arcabouço normativo de natureza jusfundamental indisponível pelos poderes políticos, composto por todas as normas — internacionais, constitucionais e infraconstitucionais — que visam à implementação dos direitos sociais, vinculando a atuação do Estado, que fica proibido de praticar atos que venham a reduzir ou retirar aplicabilidade (eficácia jurídica) ou efetividade (eficácia social) de tais direitos.

Verifica-se, assim, que o princípio da vedação do retrocesso social promove a limitação do *como* da atuação estatal. Em que pese à competência do legislador e do administrador público para regulamentar os direitos sociais, estarão obrigados a observar não apenas o programa fixado pelo constituinte e pelos tratados internacionais de direitos humanos, mas também as diretrizes e objetivos que eles próprios adicionam por meio da edição de leis e demais atos regulamentares infraconstitucionais.

No exercício da sua competência discricionária, os poderes políticos devem assegurar que o núcleo essencial já implementado dos direitos sociais permanecerá garantido e passível de ser exercido pelos cidadãos, seja por meio da manutenção e aperfeiçoamento das medidas já adotadas, seja por meio de modificações significativas acompanhadas de medidas alternativas ou compensatórias, sob pena de inconstitucionalidade, inconvencionalidade e ilegalidade.

3.3 Retrocesso social e reversibilidade fática

Importante destacar, ainda no âmbito dos estudos sobre a vedação do retrocesso social, que este princípio não se confunde com a reversibilidade fática dos direitos sociais (CANOTILHO, 2000; QUEIROZ, 2006). Enquanto o primeiro se refere, como visto, à redução ou eliminação do grau de proteção já alcançado em matéria de direitos sociais, o segundo está relacionado à escassez dos meios necessários à realização da prestação positiva pelo Estado (QUEIROZ, 2006).

A reversibilidade fática, nesta senda, diz respeito à hipótese de o Estado se ver impedido de garantir integralmente o núcleo essencial já implementado dos direitos sociais por circunstâncias fáticas absolutamente excepcionais e temporárias.

Como exemplo podemos citar a reversibilidade fática do direito social à saúde, ocorrida no início da pandemia de Covid-19, quando o Estado brasileiro, apesar de estar obrigado a resguardar de modo eficaz a saúde dos cidadãos, inclusive de modo preventivo, não dispunha ainda de vacinas eficazes contra a doença, pois estas ainda não haviam sido desenvolvidas (SOUZA; MIRRA, A. B., 2021). Tal situação, claramente dotada de excepcionalidade, momentaneamente justificou a redução da proteção do núcleo essencial do direito à saúde de todos os brasileiros em função de uma circunstância fática, qual seja, o surgimento de uma nova doença para a qual ainda não havia vacina ou tratamento adequado.

Circunstâncias dessa natureza, contudo, não desobrigam o Estado de agir positivamente para garantir, na medida do possível, os direitos sociais dos cidadãos em face da nova situação fática excepcional. Segundo entendemos, cabe aos agentes, órgãos e instituições estatais agirem a fim de (i) impedir que os direitos básicos dos cidadãos sejam negativamente impactados além daquilo que lhes é diretamente imposto pela circunstância excepcional em questão, e (ii) impedir que esse novo cenário acabe por ampliar as desigualdades sociais injustas existentes.

Afinal, os direitos sociais são indisponíveis, o que torna permanente e incondicionado o compromisso do Estado com a proteção dos direitos sociais básicos dos indivíduos e a redução das desigualdades injustas, devendo ser cumprido independentemente da existência das condições fáticas ideais para tanto.

À luz do valor político-jurídico supremo da dignidade humana, o Estado deve estar empenhado no cumprimento desses deveres, sobretudo em tempos de crise e de circunstâncias excepcionais (ONU, 1990) — nos quais se torna reduzida a capacidade dos indivíduos de, por conta própria, fazerem frente aos riscos sociais que se impõem, ampliando, assim, a sua vulnerabilidade —, sob pena de perpetuar situações de incerteza e de violações à sua humanidade (MIRRA, Á. L.; MIRRA, A. B., 2021), por meio da disposição dos direitos que se prestam, justamente, a proteger a dignidade humana.

Bem por isso, a validade da adoção de medidas que provoquem a redução ou a eliminação da proteção social já alcançada depende da comprovação de que o Estado lançou mão de todos os recursos e medidas possíveis para manter o grau de proteção, em geral já bastante deficitário, daquele direito (SOUZA; MIRRA, A. B., 2021) e de que, mesmo assim, as medidas que os restringem continuam a ser absolutamente necessárias — o que caracteriza a excepcionalidade da situação.

É precisamente nesse sentido que entendemos deva ser interpretado e aplicado o art. 22, *caput* e § 1º, da Lei de Introdução às Normas do Direito Brasileiro, segundo o qual a interpretação das normas sobre gestão pública, bem como da validade dos atos da Administração, será feita à luz dos reais obstáculos enfrentados pelo gestor no desenvolvimento de suas atividades, sem prejuízo dos direitos dos administrados. As complexidades e dificuldades inerentes ao processo de efetivação dos direitos sociais não são justificativas cabíveis para que haja redução no seu grau de proteção e realização.

No caso do enfrentamento à Covid-19, até que as vacinas fossem desenvolvidas, medidas como decretação de *lockdown*, obrigatoriedade de uso de máscaras, criação de hospitais de campanha e contratação emergencial de profissionais da saúde se mostraram eficientes para compensar a ausência de outros meios de prevenção e tratamento da nova doença, buscando fazer retornar o direito à saúde ao patamar de proteção anterior à pandemia — muito embora, não podemos deixar de anotar, não tenham tais medidas sido implementadas de modo suficiente, haja vista os mais de 600 mil mortos pela doença e cerca de 22 milhões de infectados.

No entanto, em função do princípio da democracia social, tais medidas sanitárias deveriam vir acompanhadas de outras de naturezas diversas, a fim de impedir o aprofundamento e a ampliação das desigualdades injustas, como a instituição de renda básica de cidadania e auxílio emergencial, ampliação das políticas habitacionais, garantia de programas de alimentação para a população de baixa renda, garantia de acesso a equipamentos de informática e internet para os alunos do ensino básico e superior, dentre outras. A ausência de tais medidas, bem como a insuficiência das poucas que foram efetivamente tomadas, contribuíram, como se sabe, para o aprofundamento das desigualdades injustas no país, e para a redução da proteção dos direitos garantidores da dignidade humana de grande parte da população brasileira (OEA, 2021b).

Observa-se, assim, que uma circunstância excepcional que provocou uma momentânea situação de reversibilidade fática do direito à saúde (o início da pandemia, quando da ausência de conhecimento acerca da Covid-19 e da inexistência de vacinas eficazes contra a doença), em razão de omissões e da insuficiência das atuações do Estado brasileiro acabou por provocar retrocessos sociais não apenas na área da saúde, mas também da moradia, da educação, do trabalho e emprego, da segurança pública, dentre outros, e que perduram e se aprofundam cada vez mais, a despeito de a circunstância que deu início à reversibilidade fática do direito à saúde — a falta de conhecimento sobre a doença e inexistência de vacinas eficazes — não mais subsistir.

Verifica-se, assim, que, em virtude dos fundamentos que, segundo entendemos, o embasam, quais sejam, a indisponibilidade dos direitos sociais pelo Estado e o princípio da democracia social que decorre do objetivo constitucional de redução das desigualdades injustas, o princípio da vedação de retrocesso, como regra, prevalece sobre a discricionariedade dos poderes políticos, de modo que o reconhecimento da existência de uma situação de reversibilidade fática, que pode vir a ampliar, em alguma medida, a dita discricionariedade, é absolutamente excepcional e temporário.

3.4 Retrocesso social e a reserva do possível

A regra da prevalência do princípio da vedação do retrocesso social se aplica, ainda, às situações fáticas de restrição orçamentária nas quais se alega necessidade de observância à reserva do possível.

Conforme apontado anteriormente, os direitos sociais possuem estrutura bifronte, porquanto se apresentam concomitantemente como direitos de defesa e direitos prestacionais (MIRRA, Á. L., 2020). Nesse sentido, a sua efetividade está intimamente atrelada à obrigação de comportamento do Estado, cujo cumprimento se dá, invariavelmente, conforme aponta

Álvaro Luiz Valery Mirra (2020), por meio da elaboração e implementação de políticas públicas.

A atividade de concretização dos direitos sociais, por isso, demanda recursos orçamentários, afinal, a criação e movimentação dos aparelhos estatais é sempre custosa. O orçamento, contudo, é finito, de modo que cabe ao Estado definir as suas prioridades de investimento (ONU, 1990).

Isso não significa, no entanto, que a definição da agenda de prioridades estatais possa ser definida livremente. Como visto, a vinculação do Estado às normas de direitos sociais de quaisquer níveis hierárquicos cria para o Poder Público uma série de obrigações, de resultado e de comportamento, que orientam e limitam, respectivamente, a aplicação dos recursos disponíveis para a concretização dos direitos nelas enunciados.

Nesse sentido, enfatiza o CDESC que a obrigação do Estado é de atuar para viabilizar, *na maior medida possível*, o gozo dos direitos sociais pelos seus titulares, de modo que a insuficiência comprovada de recursos não autoriza a redução da proteção já alcançada (ONU, 1990). Nessa hipótese, cabe ao Estado se utilizar do máximo de recursos disponíveis para garantir a continuidade do atual grau de proteção desses direitos e ampliá-lo paulatinamente (ONU, 1990), ainda que em velocidade menor do que a pretendida.

Observa-se, assim, que, se de um lado a limitação dos recursos orçamentários justifica, em parte, a progressividade da efetividade dos direitos sociais, de outro vincula o Estado a se utilizar do máximo de recursos imediatamente disponíveis para implementá-los e preservar o grau de proteção já alcançado — o qual, como visto, passa a incorporar o patrimônio jurídico dos cidadãos e a integrar a zona de não intervenção ou de abstenção estatal.

Em outras palavras, em função do princípio da vedação do retrocesso social, do objetivo constitucional de redução das desigualdades injustas e da vinculação do Estado à ampliação da aplicabilidade e promoção da efetividade dos direitos sociais, os poderes Executivo e Legislativo devem ter sempre como prioridade orçamentária no mínimo a manutenção do padrão atual de proteção e concretização dos direitos sociais, sob pena de configuração de retrocesso.

Não por outro motivo, decidiu o Supremo Tribunal Federal, em diversos julgados, dentre eles o da medida cautelar na ADPF 45, pela não oponibilidade do argumento da reserva do possível nas hipóteses em que se verifica indevida manipulação do orçamento (BRASIL, 2004), ou quando se omite, total ou parcialmente, na promoção de direitos garantidos aos cidadãos pela Constituição Federal (BRASIL, 2020), a indicar dolo no descumprimento de seus deveres fundamentais, sobretudo quando, em decorrência desses comportamentos, sobrevier nulificação ou aniquilação dos direitos que compõem o mínimo existencial.

Já no julgamento do Agravo Regimental no Agravo em Recurso Extraordinário nº 727.864, a Corte destacou que não se pode premiar o administrador público que gerencia mal o orçamento, ou que deixa de dar aos direitos sociais a prioridade que lhes é devida, com a sua desresponsabilização (SOUZA; MIRRA, A. B., 2021), por meio do acolhimento do argumento da reserva do possível e da consequente redução da proteção de um direito fundamental, em detrimento da preservação do núcleo essencial já efetivado de tal direito:

> considerada a indiscutível primazia constitucional reconhecida à assistência à saúde, que a ineficiência administrativa, o descaso governamental com direitos básicos do cidadão, a incapacidade de gerir os recursos públicos, a incompetência na adequada implementação da programação orçamentária em tema de saúde pública, a falta de visão política na justa percepção, pelo administrador, do enorme significado social de que se reveste a saúde dos cidadãos, a inoperância funcional dos gestores públicos na concretização das imposições constitucionais estabelecidas em favor das pessoas carentes não podem nem devem representar obstáculos à execução, pelo Poder Público, notadamente pelo Estado, das normas inscritas nos arts. 196 e 197 da Constituição da República, que traduzem e impõem, ao próprio Estado, um inafastável dever de cumprimento obrigacional, sob pena de a ilegitimidade dessa inaceitável omissão governamental importar em grave vulneração a direitos fundamentais da cidadania e que são, no contexto que ora se examina, o direito à saúde e o direito à vida (BRASIL, 2014, *online*).

E não poderia ser diferente. Afinal, as políticas públicas são sempre estruturadas de forma a compreenderem "um regramento (leis, decretos e outros atos normativos), uma organização de pessoal (funcionários públicos ou instituições, públicas ou privadas, concessionárias de serviço público) e uma previsão orçamentária específica" (COMPARATO, 2013c, p. 137). Em outras palavras, inexiste implementação de políticas públicas e, portanto, efetividade de direitos sociais, sem um orçamento que lhe seja correspondente.

Em assim sendo, cabe aos Poderes Executivo e Legislativo dar a devida prioridade à implementação dos direitos sociais e, no âmbito de sua discricionariedade, alocarem os recursos necessários à manutenção das políticas públicas já existentes nas suas respectivas pastas, a fim de que não haja retrocessos sociais.

Destarte, quaisquer restrições orçamentárias e alegações de necessidade de observância da reserva do possível devem ser consideradas à luz da excepcionalidade que lhes caracteriza, sendo ônus do Poder Público que as alega comprová-las de modo inequívoco, sob pena de se caracterizar o retrocesso social, já que não justificado pela reversibilidade fática admissível em caráter extraordinário.

Parte 2

Limitações à Discricionariedade do Estado em Matéria Habitacional: Identificação dos Deveres Estatais na Elaboração e Implementação de Políticas Públicas para Efetivação do Direito à Moradia Adequada

Capítulo 4

O TRATAMENTO JURÍDICO DO DIREITO À MORADIA ADEQUADA NO SISTEMA GLOBAL DE PROTEÇÃO DOS DIREITOS HUMANOS

Considerações iniciais

Após a Segunda Guerra Mundial, inaugurou-se uma nova ordem internacional, voltada à promoção da cooperação internacional, à promoção e manutenção da paz e à proteção dos direitos humanos (PIOVESAN, 2015), cuja concretização se deu, fundamentalmente, a partir de organizações intergovernamentais (SAULE JUNIOR, 2004) — as quais, no período pós-guerra, passaram por um processo de maciça expansão e consolidação (PIOVESAN, 2015).

Dentre essas organizações intergovernamentais, as que nos interessam mais de perto, em função de nosso objeto de pesquisa, são aquelas integradas pelo Brasil e que têm atuação voltada diretamente à concretização do objetivo de proteção dos direitos humanos. São elas a Organização dos Estados Americanos, que examinaremos no capítulo 5, e a Organização das Nações Unidas, que passaremos a examinar agora.

A ONU foi criada em 1945 por um tratado internacional denominado Carta de São Francisco (também conhecido como Carta da ONU), documento responsável por inaugurar a nova ordem internacional do pós-guerra

(PIOVESAN, 2015). No artigo 1, item 3, do referido documento, a promoção e o respeito aos direitos humanos são mencionados expressamente como objetivos da organização:

> Artigo 1
> Os propósitos das Nações Unidas são:
> (...)
> 3. **Conseguir uma cooperação internacional** para resolver os problemas internacionais de caráter econômico, social, cultural ou humanitário, e **para promover e estimular o respeito aos direitos humanos** e às liberdades fundamentais para todos, sem distinção de raça, sexo, língua ou religião (...) (ONU, 1945, ***online***, grifo nosso).

Assim, e para concretizar esse objetivo de promoção e respeito aos direitos humanos, criou-se, no âmbito da ONU, o chamado Sistema Global de Proteção dos Direitos Humanos, composto por normas, órgãos e mecanismos de proteção que viabilizam a tutela e o monitoramento internacionais dos direitos relacionados à dignidade humana.

Dos elementos que compõem esse Sistema Global, possuem especial relevância para o estudo que aqui desenvolvemos as normas que tutelam os direitos humanos. Ao enunciarem direitos dos cidadãos e imporem deveres e vedações aos Estados, inclusive ao Brasil, essas normas jurídicas contribuem para a juridificação do poder ao produzirem limitações à discricionariedade estatal em matéria de formulação e execução de políticas públicas de direitos humanos, sedimentando, desse modo, obrigações de resultado e de comportamento comuns a todos eles, como veremos.

Flávia Piovesan (2000) identifica o conjunto normativo formado no âmbito do Sistema Global de Proteção dos Direitos Humanos como sendo o padrão mínimo comum a toda a humanidade, cabendo aos sistemas regionais — e, segundo entendemos, também aos sistemas nacionais de proteção dos direitos humanos —, que examinaremos oportunamente, ampliar e aperfeiçoar essa proteção comum global, à luz das peculiaridades regionais e locais.

No que se refere especificamente ao direito à moradia, é possível verificar que a sua relevância é tamanha, que foi objeto das mais diversas normas no âmbito do Sistema Global. Trata-se de um direito humano enunciado já no primeiro documento voltado especificamente à enunciação de direitos humanos — a Declaração Universal de Direitos Humanos de 1948 — e que, ao longo dos anos, veio ganhando novos contornos e enfoques, em razão tanto do aprofundamento dos problemas habitacionais em todo o mundo, quanto de mudanças de concepções da própria comunidade internacional no que se refere ao tratamento a ser dado aos direitos sociais em geral e ao direito à moradia em especial.

Os documentos internacionais do Sistema Global que versam sobre o direito à moradia de modo significativo seguem a seguinte cronologia:

1948	Declaração Universal dos Direitos Humanos
1966	Pacto Internacional dos Direitos Econômicos, Sociais e Culturais
1976	Declaração de Vancouver
1986	Resolução 1986/36 da Comissão de Direitos Humanos da Assembleia Geral da ONU
1987	Resolução 1987/22 da Assembleia Geral da ONU e Resoluções 1987/37 e 1987/62 do Conselho de Direitos Econômicos e Sociais da ONU
1988	Estratégia Mundial para Moradia até o ano 2000 (Resolução 43/181 da Assembleia Geral da ONU)
1991	Comentário Geral nº 4 do Comitê de Direitos Econômicos, Sociais e Culturais
1996	Declaração de Istambul e Agenda Habitat
2015	Objetivos do Desenvolvimento Sustentável
2016	Nova Agenda Urbana (Declaração de Quito)

Percebe-se que o direito humano em questão consta de uma ampla gama de documentos internacionais do Sistema Global, tanto daqueles voltados à enunciação de diversos direitos humanos, como daqueles que têm por fulcro cuidar especificamente da questão habitacional. Ainda, verifica-se serem tais documentos internacionais das mais variadas espécies, incluindo desde tratados até resoluções.

No ponto, vale destacar que as Resoluções 1986/36 da Comissão de Direitos Humanos da Assembleia Geral da ONU, 1987/22 da Assembleia Geral da ONU, e 1987/37 e 1987/62 do Conselho de Direitos Econômicos e Sociais da ONU, embora tenham como objeto o direito à moradia, não vinculam juridicamente os Estados. Não obstante, são relevantes para os objetivos da presente pesquisa na medida em que ilustram a evolução da abordagem do direito à moradia pelo Sistema Global — que, como veremos, deixou de considerá-lo mero instrumento de desenvolvimento econômico e passou a concebê-lo como um efetivo direito, indispensável à concretização da dignidade humana —, e cujos reflexos na regulamentação jurídica desse direito, pelos demais documentos internacionais, são significativos.

À exceção dessas resoluções, todas as demais normas do Sistema Global que analisaremos vinculam os Estados-partes ao adimplemento de obrigações de resultado ou de meio referentes à temática habitacional: a DUDH, por traduzir as exigências mínimas de respeito à dignidade humana (COMPARATO, 2013a) e já ter alcançado o *status* de costume internacional (PIOVESAN, 2015); o PIDESC, por ser um tratado internacional cuja força jurídica é indiscutível (PIOVESAN, 2015); e o Comentário Geral nº 4 do CDESC, por ser a interpretação oficial do teor do PIDESC.

Já as Declarações de Vancouver, Istambul e Quito (Nova Agenda Urbana), a Estratégia Mundial para Moradia até o ano 2000 e os Objetivos do Desenvolvimento Sustentável vinculam juridicamente os Estados signatários, pois, apesar de tradicionalmente serem considerados documentos de *soft law*, consistem na tradução dos consensos alcançados à época pela comunidade internacional em matéria de direito à moradia, produzindo impactos contínuos nas normas elaboradas subsequentemente pelo Sistema Global em matéria de tutela do direito à moradia.

Nesta senda, considerando que o *status* de costume internacional atribuído à DUDH decorre tanto do seu caráter consensual, como do fato de que ela embasa toda a produção normativa internacional que lhe é posterior, entendemos que também se deve reconhecer o *status* de costume internacional às Declarações de Vancouver, Istambul e Quito (Nova Agenda Urbana), à Estratégia Mundial para Moradia até o ano 2000 e aos Objetivos do Desenvolvimento Sustentável.

Ademais, ainda que se considere que tais documentos são exemplos de *soft law*, não se pode negar que possuem o que Paulo Pinto de Albuquerque (2016) chama de *fatores de endurecimento*. Tais fatores, não cumulativos, nada mais são do que elementos formais integrantes dos documentos internacionais de *soft law* que, a despeito de tradicionalmente não possuírem força jurídica, revelam que o intuito dos Estados ao elaborá-los extrapola o âmbito da mera recomendação, pretendendo que operem, na prática, efeitos vinculantes no que se refere aos compromissos internacionais ali assumidos.

Paulo Pinto de Albuquerque (2016) elenca os seguintes fatores de endurecimento: (i) linguagem prescritiva, (ii) linguagem precisa, (iii) existência de trabalhos preparatórios, relatórios explicativos e comentários que indiquem ter havido discussão rigorosa sobre a elaboração do documento e que aumentem sua densidade normativa, (iv) complexidade dos procedimentos de deliberação, (v) grande publicidade do texto normativo, que garanta amplo conhecimento de seu teor e respeito efetivo pelos seus signatários, (vi) existência de mecanismos de controle do cumprimento das normas, e (vii) confirmação do seu caráter normativo pela sua implementação prática.

Nesse sentido, destacamos que tanto as Declarações de Vancouver, Istambul e Quito quanto a Estratégia Mundial para Moradia e os Objetivos do Desenvolvimento Sustentável adotam, em alguma medida, linguagem prescritiva e precisa. Além disso, foram, todos, precedidos de trabalhos preparatórios e, em alguns casos, até mesmo de relatórios elaborados pelos Estados-partes, prévia e posteriormente à sua assinatura. Ainda, todos contaram com processos complexos de deliberação — alguns abertos, inclusive, à participação da sociedade civil organizada — e foram amplamente conhecidos e adotados pela comunidade internacional. Veremos, também, que em todos esses documentos é evidente a preocupação da comunidade internacional com a viabilização da implementação prática das normas neles veiculadas, sendo o aprofundamento das carências habitacionais e o intuito de reversão dessa situação justificativas comuns a todas essas declarações e resoluções.

Entendemos, por isso, não haver dúvidas de que a esses documentos se pretendia atribuir força jurídica. Dessa forma, uma vez presentes os fatores de endurecimento indicados, entendemos que as Declarações de Vancouver e Istambul, a Nova Agenda Urbana, a Estratégia Mundial para Moradia e os Objetivos do Desenvolvimento Sustentável consistem, se não em costumes internacionais, em verdadeiros exemplos de *soft law* endurecida, vinculando, por isso, assim como a DUDH, o PIDESC e o Comentário Geral nº 4 do CDESC, os Estados-partes, o que inclui o Brasil, ao adimplemento de obrigações de resultado ou de meio decorrentes de tais declarações.

Dessa forma, e considerando que o objetivo da presente pesquisa é delimitar a margem de discricionariedade estatal em matéria de implementação do direito à moradia, passaremos a analisar cada um dos documentos supramencionados, a fim de compreendermos os deveres que deles advêm para o Estado brasileiro na concretização do direito humano em comento.

Para tanto, e no intuito de facilitar nossas análises, optamos por estruturar o capítulo não à luz da ordem cronológica de elaboração de cada um desses documentos, mas em vista da modalidade de vinculação estatal que cada um deles promove — isto é, de imposição ou acréscimo de elementos à obrigação de resultado atribuída aos Estados, ou da criação, a eles dirigidas, de obrigações de comportamento imediatas em matéria de direito à moradia.

4.1 A ampliação da aplicabilidade do direito à moradia adequada pelo Sistema Global de Proteção dos Direitos Humanos: definição da obrigação de resultado a ser alcançada pelos Estados

4.1.1 A definição do direito à moradia adequada na Declaração Universal dos Direitos Humanos e a obrigação de resultado por ela atribuída aos Estados

Após a Segunda Guerra Mundial, e com o intuito de manter a paz e a segurança internacionais, de fomentar a cooperação internacional nos âmbitos social e econômico, e de promover os direitos humanos, foi criada, em 1945, a Organização das Nações Unidas (PIOVESAN, 2015). O documento que deu origem a essa organização internacional, conforme mencionado anteriormente, é a Carta das Nações Unidas, elaborada no mesmo ano, que consiste em um tratado multilateral, por meio do qual os Estados-partes reconheceram, dentre outros aspectos, que os direitos humanos são objeto de preocupação e proteção internacionais, comprometendo-se, por conseguinte, com a sua realização interna e global (PIOVESAN, 2015). Trata-se, por isso, do documento jurídico que consolida o movimento de internacionalização dos direitos humanos (PIOVESAN, 2015).

A Carta da ONU, contudo, não definiu o que seriam esses direitos humanos, deixando em aberto o conteúdo e o alcance dessa expressão (PIOVESAN, 2015). Bem por isso, em maio de 1946, no encontro inaugural do Conselho Econômico e Social da ONU, decidiu-se que a Comissão de Direitos Humanos das Nações Unidas ficaria responsável por submeter à Assembleia Geral da entidade uma carta internacional de direitos (*international Bill of Rights*), que definiria o significado e a extensão da expressão *direitos humanos* mencionada nos artigos I, item 3, XIII, LV, LVI e LXII, da Carta de 1945 (CRANSTON, 1967).

Inicialmente pensada para ser juridicamente vinculante aos Estados-membros da ONU, essa carta internacional de direitos sofreu resistência, como aponta Maurice Cranston (1967), por parte dos Estados Unidos e da então União Soviética, que se posicionaram contrariamente à ideia de se submeterem a documentos internacionais vinculantes.

Dessa forma, a Comissão de Direitos Humanos da ONU optou por, primeiramente, produzir uma espécie de manifesto, em formato de declaração, que não vinculasse juridicamente os Estados (CRANSTON, 1967)[13]. Esse manifesto é a Declaração Universal dos Direitos Humanos de 1948, que enunciou tanto os chamados direitos de primeira dimensão, como os direitos de segunda dimensão (PIOVESAN, 2015), e que representa o grande consenso alcançado à época a respeito do que seja a dignidade humana (BOBBIO, 2004).

O teor básico dos direitos de segunda dimensão é exposto no item 1 do artigo XXV da DUDH, e consiste, em linhas gerais, na viabilização da saúde e bem-estar de todos. Nesse dispositivo, ainda, estão elencadas aquelas que foram consideradas, ao tempo da elaboração da DUDH, as condições materiais mínimas necessárias à garantia de um padrão de vida digno aos seres humanos:

---

[13] Não obstante, consideramos que a Declaração de 1948 possui, sim, força jurídica vinculante, conforme expusemos no capítulo 1 desta pesquisa. Sobre o tema, remetemos o leitor ao capítulo 1.1 do presente trabalho.

> ARTIGO XXV
> 1. **Toda pessoa tem direito a um padrão de vida capaz de assegurar a si e a sua família saúde e bem-estar, inclusive alimentação, vestuário, habitação**, cuidados médicos e os serviços sociais indispensáveis, e direito à segurança em caso de desemprego, doença, invalidez, viuvez, velhice ou outros casos de perda dos meios de subsistência fora de seu controle (BRASIL, 2013, p. 23, grifo nosso).

Como se vê, a habitação já figurava dentre as tais condições materiais mínimas. Não há dúvidas, portanto, de que o alcance da dignidade humana esteve sempre intimamente relacionado ao acesso dos indivíduos à habitação (SAULE JUNIOR, 2004), a qual integra, por isso, o mínimo existencial.

Considera-se, assim, que, desde a inauguração do Sistema Global de Proteção dos Direitos Humanos, o direito à moradia nele encontra guarida, sendo expressamente referenciado, ainda que de forma genérica, no artigo XXV, item 1, da DUDH.

A despeito da pouca especificação do dispositivo em questão, a doutrina hoje tende a reconhecer que, mesmo em 1948, já era possível extrair o entendimento de que a habitação ali enunciada deveria ser, como hoje se reconhece, adequada (MONTEIRO, 2019).

Isso porque considerar que o acesso a uma habitação qualquer implica automaticamente na realização do padrão de vida mínimo estabelecido pela DUDH esvazia o conteúdo do direito à moradia ali previsto (SARLET, 2008). Afinal, se o sentido e a finalidade da enunciação e proteção dos direitos humanos são a concretização da dignidade humana, a qual, de acordo com o artigo XXV, item 1, da DUDH, somente se efetiva com o estabelecimento de um padrão de vida que viabilize saúde e bem-estar aos seres humanos, apenas uma habitação adequada, que de fato proporcione condições dignas de vida, está apta a concretizar o direito à moradia.

De todo modo, e ainda que não se considere possível extrair diretamente do texto da Declaração de 1948 que o direito à moradia titularizado pelos cidadãos é o direito a uma moradia adequada, fato é que, desde a inauguração da nova ordem mundial e do Direito Internacional dos Direitos Humanos, não há dúvidas de que o direito à moradia é um direito humano integrante do mínimo existencial, expressamente reconhecido como tal pelo documento que representa o consenso global no que se refere ao conteúdo jurídico da dignidade humana.

4.1.2 A definição do direito à moradia adequada no Pacto Internacional dos Direitos Econômicos, Sociais e Culturais e a obrigação de resultado por ele atribuída aos Estados

Se a DUDH foi responsável por alçar o direito à moradia expressamente ao patamar de direito humano, foi com a edição do Pacto Internacional dos Direitos Econômicos, Sociais e Culturais (PIDESC) que se iniciou o processo de especificação do conteúdo dos direitos de segunda dimensão em geral, e do direito à moradia em especial (SAULE JUNIOR, 2004).

Diferentemente da DUDH, o PIDESC foi elaborado com o intuito de vincular juridicamente os Estados-partes (CRANSTON, 1967). De fato, conforme expusemos no capítulo 1 desta pesquisa, não há dúvidas de que o PIDESC vinculou a atuação dos Estados signatários ao adotar uma linguagem de direitos, atribuindo-lhes obrigações passíveis de responsabilização internacional (MONTEIRO, 2019), além de reduzir-lhes o âmbito de discricionariedade no que toca ao *quando* e ao *como* da implementação dos direitos sociais, por meio da previsão contida no seu artigo 2º:

> ARTIGO 2º
> 1. **Cada Estado Parte do presente Pacto compromete-se a adotar medidas**, tanto por esforço próprio como pela assistência e cooperação internacionais, principalmente nos planos econômico e técnico, **até o máximo de seus recursos disponíveis, que visem a assegurar, progressivamente, por todos os meios apropriados, o pleno exercício dos direitos reconhecidos no presente Pacto, incluindo, em particular, a adoção de medidas legislativas. 2. Os Estados Partes do presente Pacto comprometem-se a garantir que os direitos nele enunciados se exercerão sem discriminação alguma** por motivo de raça, cor, sexo, língua, religião, opinião política ou de outra natureza, origem nacional ou social, situação econômica, nascimento ou qualquer outra situação. 3. Os países em desenvolvimento, levando devidamente em consideração os direitos humanos e a situação econômica nacional, poderão determinar em que garantirão os direitos econômicos reconhecidos no presente Pacto àqueles que não sejam seus nacionais (BRASIL, 2013, p. 144-145, grifo nosso).

Essa previsão genérica é esmiuçada ao longo do texto do tratado internacional, que elenca uma série de direitos econômicos, sociais e culturais que devem ser garantidos aos cidadãos, bem como as medidas a serem adotadas pelos Estados para o alcance dessa finalidade. Em matéria de direito à moradia, o artigo 2º do PIDESC é complementado pelo item 1 do artigo 11, que assim dispõe:

> ARTIGO 11
> 1. **Os Estados Partes do presente Pacto reconhecem o direito de toda pessoa a um nível de vida adequado para si próprio e sua família, inclusive à** alimentação, vestimenta e **moradia adequadas, assim como a uma melhoria contínua de suas condições de vida. Os Estados Partes tomarão medidas apropriadas para assegurar a consecução desse direito**, reconhecendo, nesse sentido, a importância essencial da cooperação internacional fundada no livre consentimento (BRASIL, 2013, p. 146-147, grifo nosso).

Assim como a DUDH, o PIDESC vincula o direito à moradia à satisfação de um nível de vida adequado, integrando-o, portanto, ao mínimo existencial. Não obstante, o Pacto avançou na proteção jurídica conferida ao direito à moradia ao qualificá-lo expressamente. Como se pode observar, por meio do PIDESC, os Estados signatários — dentre eles o Brasil, importante destacar — reconhecem o direito dos cidadãos à moradia *adequada*. Em outras palavras, não é a viabilização de qualquer moradia que corresponderá à concretização do direito à moradia. Somente uma moradia *adequada* poderá implicar na real efetividade desse direito humano.

Assim, desde o PIDESC, todas as pessoas humanas são titulares não do direito à moradia, mas sim do *direito à moradia adequada*. Cuida-se, assim, de direito humano cujo conteúdo jurídico é composto, de um lado, por um aspecto material, correspondente ao imóvel que serve de abrigo aos cidadãos, e, de outro, por um aspecto existencial, atrelado à aptidão do local para contribuir ao alcance do bem-estar e do adequado nível de vida daqueles que o habitam — isto é, atrelado ao predicado da adequação.

Ademais, ao dispor expressamente que é direito dos cidadãos a melhoria contínua de suas condições de vida, o item 1 do art. 11 do PIDESC reforça o teor do seu art. 2º, que dispõe sobre a necessária progressividade da implementação dos direitos de segunda dimensão, tornando explícita a existência da obrigação estatal de atuar sempre no sentido da ampliação da implementação e da proteção dos direitos sociais, sendo as situações de reversibilidade fática e de retrocesso social absolutamente excepcionais e temporárias, como apontamos anteriormente no capítulo 2.

O item 1 do art. 11 do PIDESC reforça, ainda, o dever estatal de adotar medidas positivas para efetivar o direito à moradia, que já havia sido genericamente referenciado no artigo 2º do Pacto.

É possível observar, assim, que, seja pela previsão genérica do art. 2º, seja pela previsão específica do art. 11, item 1, o direito à moradia adequada vincula duplamente os Estados ao adimplemento de duas obrigações, uma de resultado e outra de comportamento.

A obrigação de resultado, assim como em relação a todos os demais direitos de segunda dimensão, por força do artigo 2º do PIDESC, consiste na viabilização do seu pleno exercício por todos, indiscriminadamente. Mas não só. Dado que o artigo 11, item 1, do PIDESC elenca como direito humano o direito à moradia *adequada*, o adimplemento da obrigação de resultado especificamente no que se refere a esse direito se tornou indissociável do predicado da adequação.

O direito à moradia, por isso, não se resume apenas a "direito a um teto". O direito à moradia adequada significa não só o direito dos cidadãos a terem local para se abrigarem e habitarem, mas também de se abrigarem em local adequado e digno, que contribua para a obtenção de um nível de vida satisfatório (MONTEIRO, 2019). Dessa forma, a mera disponibilização de moradia a todos não é suficiente para que se considere como adimplida a obrigação de resultado. A efetividade do direito à moradia, desde o PIDESC, depende, necessariamente, da viabilização de moradia adequada a todos, indiscriminadamente.

Daí considerarmos ser possível dizer que foi com a edição desse tratado internacional que teve início o processo de especificação do conteúdo jurídico do direito à moradia: a sua qualificação pelo adjetivo *adequada* produz impacto direto sobre a sua efetividade e, consequentemente, sobre os deveres do Estado na sua concretização, que passa a ter balizas mínimas mais claras, associadas aos seus aspectos material e existencial, as quais devem ser respeitadas e realizadas, sob pena de violação a referido direito humano.

4.1.3 As resoluções do Sistema Global de Proteção dos Direitos Humanos sobre direito à moradia adequada e a obrigação de resultado por elas atribuída aos Estados

Muito embora, desde a Declaração Universal dos Direitos Humanos, o direito à moradia tenha sido veiculado como um direito humano estreitamente relacionado à satisfação das necessidades básicas dos indivíduos, Scott Leckie (1992) e Nelson Saule Junior (2004) apontam que foi somente a partir da segunda metade da década de 1980 que ele passou a ser objeto de regulamentação e discussão direta pelos órgãos de direitos humanos da ONU. Até então, o direito à moradia adequada havia sido objeto de debates apenas no âmbito dos órgãos vinculados às pautas do desenvolvimento econômico e progresso social (SAULE JUNIOR, 2004).

O redirecionamento do direito à moradia como tema de discussão pelos quadros de direitos humanos da ONU teve início com a edição da Resolução 1986/36 da Comissão de Direitos Humanos da Assembleia Geral. Intitulada "A realização do direito à moradia adequada", tal resolução, repetindo, em grande medida, aquilo que já constava da Declaração de 1948 e do PIDESC, reiterou o direito de todos os indivíduos a um padrão de vida adequado e a indispensabilidade da satisfação do direito à moradia adequada para o seu alcance, enfatizando, ainda, o dever dos Estados de atuarem positivamente para viabilizar a sua efetividade[14] (ONU, 1986). Ademais, por meio dessa resolução, a Comissão de Direitos Humanos convocou os Estados-partes da ONU a adotarem medidas internas, bem como a cooperarem internacionalmente para viabilizar o direito à moradia a todos, indiscriminadamente[15] (ONU, 1986) — sem, contudo, estabelecer ou indicar quais as medidas a serem adotadas, à semelhança do texto da DUDH.

No ano seguinte, 1987, o Ano Internacional de Abrigo para os Sem-Teto, a mesma comissão adotou a Resolução 1987/22, cujo teor, igual ao da Resolução 1986/36, reforçou o compromisso do órgão com a nova abordagem do direito à moradia adequada (ONU, 1987a).

O texto de ambas as resoluções foi, ainda, reproduzido nas Resoluções 1987/37 e 1987/62 do Conselho de Direitos Econômicos e Sociais da ONU, reforçando, genericamente, o caráter essencial do direito à moradia adequada e a indispensabilidade da atuação estatal (ONU, 1987b; ONU, 1987c)

[14] "A Assembleia Geral, (...) *Tendo em mente* que a Declaração Universal dos Direitos Humanos e o Pacto Internacional dos Direitos Econômicos, Sociais e Culturais dispõem que todas as pessoas têm direito a um nível adequado de vida para si e para a sua família, incluindo a moradia adequada, e que os Estados devem adotar as medidas apropriadas para assegurar a realização desse direito" (ONU, 1986, p. 198, tradução nossa).

[15] "A Assembleia Geral, (...) *Reitera* a necessidade de se adotarem, em níveis nacional e internacional, medidas que promovam o direito de todos os indivíduos a um nível adequado de vida para si e para sua família, incluindo a moradia adequada" (ONU, 1986, p. 198, tradução nossa).

— que deve se voltar, conforme apontamos em capítulos anteriores, não apenas à sua efetividade, mas também à ampliação da sua aplicabilidade, sem a qual o alcance da almejada efetividade resta prejudicado.

Embora as resoluções até agora mencionadas não possuam caráter vinculante, são relevantes para o presente estudo, visto que ilustram a mudança na compreensão do Sistema Global de Proteção dos Direitos Humanos acerca do papel desempenhado pelo direito à moradia adequada. Inicialmente concebido como um instrumento do desenvolvimento econômico, foi a partir da década de 1980 que o direito à moradia adequada passou a ser considerado e analisado na qualidade de um direito humano autônomo, indispensável à concretização da dignidade humana de todos os cidadãos — o que se refletiu nas Declarações de Vancouver (1976), Istambul (1996) e Quito (2016), analisadas na sequência deste capítulo, que regulamentaram as prestações estatais positivas em matéria habitacional.

Já em 1988, a Assembleia Geral da ONU adotou, por meio da Resolução 43/181, a Estratégia Mundial para Moradia até o ano 2000 (GSS – *Global Strategy for Shelter to the Year 2000*), de caráter juridicamente vinculante[16], com vistas à "criação de um ambiente legal, institucional e regulador, que facilitasse a construção e melhoria da moradia para todos os grupos sociais, mas especialmente para os mais pobres" (SAULE JUNIOR, 2004).

O intuito era que esse ambiente legal e institucional contribuísse para a integração das diversas estratégias nacionais de promoção do direito à moradia, à luz tanto da compreensão da integral magnitude e natureza dos problemas habitacionais, como dos recursos nacionais de que dispõem os Estados para lidar com eles (ONU, 1988a).

Nesse sentido, a Resolução 43/181 da Assembleia Geral da ONU e o seu Anexo são de extrema relevância, na medida em que traduzem os consensos alcançados entre os Estados, até aquele momento, no que se refere ao conteúdo jurídico do direito à moradia adequada e ao papel a ser desempenhado pelas instituições estatais na sua concretização, e os vincula ao cumprimento das obrigações daí decorrentes.

[16] No ponto, anotamos que o caráter vinculante da Estratégia Mundial para Moradia até o ano 2000 decorre, em nosso entendimento, tanto do *status* de costume internacional que deve ser a ela atribuído, como do preenchimento dos fatores de endurecimento do *soft law*. Sobre o assunto, remetemos o leitor às considerações iniciais do capítulo 4 da presente pesquisa.

Verifica-se, assim, que as resoluções 1986/36 do Conselho de Direitos Humanos da Assembleia Geral da ONU, 1987/22 da Assembleia Geral da ONU, 1987/37 e 1987/62 do Conselho de Direitos Econômicos e Sociais da ONU e a Estratégia Mundial para Moradia até o ano 2000 (Resolução 43/181 da Assembleia Geral da ONU), diante de um quadro de aprofundamento das desigualdades habitacionais em todo o mundo, tinham como objetivo principal reforçar o caráter essencial do direito à moradia adequada, bem como a sua interdependência para com o desenvolvimento dos países, e sublinhar o compromisso que os Estados assumiram com a sua realização.

Bem por isso, foi possível identificar uma grande preocupação com a repetição, no texto das resoluções, do conteúdo das normas referentes à moradia constantes da DUDH e do PIDESC, bem como com a ampliação do seu conteúdo jurídico, por meio da pormenorização daquilo que configuraria o predicado da adequação, trazida pelo Anexo da Estratégia Mundial para Moradia.

Entendemos, por essa razão, que todas essas resoluções seguem a tônica ditada até então pela DUDH e pelo PIDESC, no sentido de reforçar e esmiuçar a obrigação de resultado assumida pelos Estados no que concerne ao direito à moradia adequada.

4.1.4 O direito à moradia adequada segundo o Comitê de Direitos Econômicos, Sociais e Culturais (CDESC) e a obrigação de resultado por ele atribuída aos Estados

Conforme explicitado, o PIDESC avançou, em relação à DUDH, ao qualificar o direito humano à moradia titularizado por todos os cidadãos, vinculando a sua efetividade ao predicado da adequação. Entretanto, não cuidou o tratado em questão de definir em pormenores no que consiste, precisamente, a moradia adequada, atribuindo tal tarefa aos Estados signatários, os quais, internamente, deveriam definir o conceito de adequação em matéria habitacional à luz das suas peculiaridades locais.

Se, inicialmente, a discricionariedade dos Estados para definir o conceito de moradia adequada era ampla, a partir de 1991, ela se tornou mais restrita. Isso porque foi nesse ano que o Comitê de Direitos Econômicos, Sociais e Culturais, o CDESC, responsável por realizar a interpretação oficial do

Pacto Internacional de Direitos Econômicos, Sociais e Culturais, elaborou o Comentário Geral nº 4, no qual discorreu sobre o conteúdo jurídico do direito à moradia adequada, enunciado no art. 11 do PIDESC, definindo sete critérios aos quais as definições de adequação habitacional determinadas internamente pelos Estados devem se conformar.

Como apontamos anteriormente, referido dispositivo normativo vinculou a atuação dos Estados, promovendo, no que se refere especificamente ao direito à moradia, a ampliação da sua aplicabilidade, ao condicionar a sua efetividade ao predicado da adequação, isto é, à realização de seu aspecto existencial. Desde então, a definição do que seja o direito à moradia adequada veio sendo intensamente debatida no âmbito do Sistema Global de Proteção dos Direitos Humanos, tendo sido, inclusive, objeto da Estratégia Mundial do ano de 1988, fruto de um esforço dos órgãos da ONU em reafirmar a importância da concretização do direito à moradia adequada.

Não obstante, verificou-se que a situação habitacional dos países só se agravava, e que as medidas adotadas pelos Estados como parte do cumprimento da Estratégia Mundial se mostravam insatisfatórias para a mitigação do problema (ONU, 1991b).

Assim, e após intensas negociações entre o CDESC e as organizações internacionais *Habitat International Coalition* (HIC – Coalizão Internacional para o Habitat) e *Centre on Housing Rights and Evictions* (COHRE – Centro de Direito à Moradia e Despejos), foi elaborado o Comentário Geral nº 4, que refletiu as preocupações da comunidade internacional com o agravamento da situação habitacional mundial, com vistas a uniformizar a interpretação do art. 11 do PIDESC no tocante ao direito à moradia, definindo o seu conteúdo jurídico e os deveres que daí decorrem para os Estados (SAULE JUNIOR, 2004).

Além de reforçar que todos os indivíduos, sem discriminação, são titulares do direito à moradia adequada, o CDESC reforçou, por meio do Comentário Geral nº 4, a ideia — já veiculada expressamente em 1988 pela Estratégia Mundial de Moradia — de que o teor do direito humano em questão não se resume a simplesmente ter um teto, possuindo conteúdo mais amplo, abarcando também, além de espaço adequado, privacidade, segurança, iluminação, ventilação, infraestrutura básica e localização adequadas, a custo acessível.

Precisamente em função dessa complexidade de elementos que o compõem, o CDESC reconhece que o predicado da adequação é especialmente importante na definição dos contornos do direito à moradia (ONU, 1991b). Muito embora aponte que a determinação do que seja adequado possa variar em função de aspectos sociais, econômicos, culturais, ambientais, dentre outros, o CDESC entende que há sete critérios universais que devem e podem ser observados em quaisquer contextos (ONU, 1991b).

O primeiro deles é o da *segurança jurídica da posse*, o qual atribui a todas as formas pelas quais a posse pode se manifestar um grau mínimo de segurança jurídica, que proteja os seus ocupantes contra despejos forçados, perturbações e outras ameaças (ONU, 1991b). Dessa forma, a regulamentação legal dos locais utilizados pelos indivíduos para fins de moradia deve observar o critério da segurança jurídica, impedindo remoções forçadas e abruptas, sem tempo hábil para retirada dos seus pertences e restabelecimento em outro local digno, por exemplo.

O segundo critério, da *disponibilidade dos serviços, materiais, benefícios e infraestrutura*, vincula a efetividade do direito à moradia adequada à viabilização de condições mínimas para o exercício de outras necessidades básicas humanas (ONU, 1991b). Assim, a satisfação do direito humano à moradia adequada está condicionada ao acesso que a moradia em questão viabiliza a recursos naturais e comuns essenciais, como água potável, eletricidade, saneamento básico, serviços de emergência, dentre outros.

O terceiro critério constante do Comentário Geral nº 4 do CDESC, indispensável à caracterização de uma moradia adequada, é o dos *gastos suportáveis*, que se traduz no princípio da possibilidade de custear a moradia. Nesse sentido, adequada é a moradia cujos gastos associados à sua manutenção não ameacem ou comprometam a satisfação de outras necessidades básicas dos indivíduos que ali habitam (ONU, 1991b).

O quarto critério elencado pelo CDESC é o da *habitabilidade*, que se refere à necessidade de a moradia possuir espaço adequado e aptidão para proteção dos seus moradores contra o frio, a umidade, o calor, a chuva, o vento e outras ameaças à saúde, tais como vetores de doenças, para ser considerada adequada e, assim, ter-se como efetivado o direito humano à moradia, nos termos do art. 11 do PIDESC (ONU, 1991b).

O quinto critério adotado pelo CDESC é o da *localização adequada*, preenchido pela moradia que se encontra em local que viabilize o acesso a opções de emprego, transporte e serviços básicos como saúde e educação, longe de fontes de poluição e que não sobrecarregue o trabalhador com custos temporais e financeiros para ir e voltar do trabalho de modo demasiadamente oneroso (ONU, 1991b).

O sexto critério, da *adequação cultural*, se refere ao fato de que a moradia deve ser compreendida também como uma forma de expressão da identidade e da diversidade cultural dos povos, devendo-se assegurar aos seus moradores que a sua construção, desde os materiais nela empregados até o seu formato, respeite a diversidade cultural (ONU, 1991b).

O sétimo e último critério é o da *acessibilidade* (ONU, 1991b). Diferentemente de todos os demais, que podem ser diretamente aplicados em análises individuais de unidades habitacionais específicas, o critério da acessibilidade, segundo entendemos, não pode ser analisado senão a partir da política pública habitacional desenhada pelos Estados — isto é, do conjunto formado por normas, órgãos e orçamento destinados ao enfrentamento das questões habitacionais (ONU, 1991b).

Isso porque, ao defini-lo, no item 8e do seu Comentário Geral nº 4, o CDESC anota que a acessibilidade se refere à obrigatoriedade de que todos tenham acesso à moradia adequada, daí decorrendo, para os Estados, o dever de priorizar o atendimento de grupos desfavorecidos, como idosos, crianças, pessoas com deficiência e doenças físicas ou mentais severas, além de vítimas de desastres naturais:

> A moradia adequada deve ser acessível a quem tem direito a ela. Grupos desfavorecidos devem ter acesso total e sustentável a recursos habitacionais adequados. Assim, grupos desfavorecidos como idosos, crianças, deficientes físicos, doentes terminais, indivíduos HIV positivos, pessoas com problemas médicos persistentes, doentes mentais, vítimas de desastres naturais, pessoas que vivem em áreas propensas a desastres e outros grupos devem ser assegurado algum grau de consideração prioritária na esfera habitacional. Tanto a lei quanto a política habitacional devem levar em consideração as necessidades habitacionais especiais desses grupos. Em muitos Estados Partes, aumentar o acesso à terra por segmentos sem-terra ou empobrecidos da sociedade deve constituir um objetivo político central. Obrigações governamentais discerníveis precisam ser desenvolvidas com o objetivo de materializar o direito de todos a um lugar seguro para viver em paz e dignidade, incluindo o acesso à terra como um direito (ONU, 1991b, ***online***).

A acessibilidade, portanto, corresponde à capacidade do Estado de viabilizar acesso à moradia adequada a todos. Trata-se, assim, segundo entendemos, de um diálogo direto do CDESC com as políticas públicas dos Estados signatários do PIDESC.

Mais do que definir critérios empregáveis para avaliação da adequação da situação habitacional de indivíduos determinados, o CDESC vinculou a efetividade do direito à moradia adequada ao acesso a todos, reforçando o seu caráter universal, portanto. Desse modo, enquanto os Estados não possuírem políticas habitacionais capazes de garantir acesso à moradia adequada a todos, não se tem como efetivado o direito humano em questão.

Ao elaborar o Comentário Geral nº 4, o CDESC fixou os parâmetros mínimos que devem estar presentes para que uma moradia seja considerada adequada, quais sejam, segurança jurídica da posse, disponibilidade de serviços e infraestrutura, gastos suportáveis, habitabilidade, localização adequada, adequação cultural e acessibilidade. A efetividade do direito à moradia adequada e o adimplemento da obrigação estatal de resultado na matéria, dessa maneira, estão condicionados ao atendimento destes sete critérios, sem prejuízo de outros eventualmente fixados em nível nacional pelos Estados, à luz das suas peculiaridades locais.

4.2 Definição dos caminhos para a progressiva efetividade do direito à moradia adequada pelo Sistema Global de Proteção dos Direitos Humanos: estabelecimento dos meios de cumprimento com a obrigação imediata de comportamento dos Estados

4.2.1 Pacto Internacional dos Direitos Econômicos, Sociais e Culturais: definição das primeiras obrigações estatais de comportamento em matéria de moradia adequada

O PIDESC, como visto, foi o documento jurídico que inaugurou o processo de especificação do conteúdo jurídico do direito à moradia. Ao vincular a sua efetividade ao predicado da adequação, o PIDESC enuncia o direito de todos os seres humanos à moradia adequada — e que é composto por dois aspectos, um de ordem material e outro de ordem existencial, os quais devem necessariamente estar presentes para que se lhe tenha por realizado.

Surge, assim, para os Estados, o dever de atuarem positivamente para garantir que ambos os aspectos do direito à moradia adequada, o de ordem material e o de ordem existencial, sejam verificados na prática. Não basta, portanto, que o Estado viabilize a todos o acesso a unidades habitacionais (aspecto material). É indispensável que, concomitantemente, o Estado garanta que todas as unidades habitacionais — cujo acesso tenha sido ou não por ele viabilizado — sejam adequadas, isto é, possibilitem aos seus moradores privacidade, segurança e dignidade (aspecto existencial).

O PIDESC, assim, impõe para os Estados o dever de diversificarem os seus comportamentos positivos imediatos, de modo a viabilizar a integral efetividade do direito à moradia adequada, por meio da concretização tanto de seu aspecto material, como de seu aspecto existencial. O Pacto, contudo, não define de modo expresso e específico quais comportamentos devem ser imediatamente adotados pelos Estados para o alcance futuro e progressivo de sua obrigação de resultado. No que se refere ao adimplemento da obrigação estatal de comportamento, os seus artigos 2º e 11, item 1, trazem regramento genérico, bastante semelhante ao da DUDH.

De acordo com esses dispositivos, cumpre ao Estado a adoção de todas as medidas que se mostrem apropriadas para viabilizar o adimplemento futuro da obrigação de resultado — isto é, a efetividade do direito à moradia adequada —, as quais devem ser tomadas até o limite dos recursos estatais disponíveis para tanto.

Muito embora o PIDESC não fixe quais as medidas a serem tomadas pelos Estados para a progressiva implementação do direito à moradia adequada, prestigiando, no ponto, a soberania estatal dos seus signatários, é válido apontar o destaque dado pelo art. 2º do referido Pacto às medidas de cunho legislativo, as quais podem e devem ser adotadas imediatamente e são altamente relevantes para a futura efetividade do direito à moradia adequada, como já tivemos oportunidade de observar no capítulo 1 da presente pesquisa.

Em que pese a qualificação do direito à moradia trazida pelo art. 11, item 1, do PIDESC, que contribui para uma maior especificação do conteúdo jurídico desse direito humano, fato é que a ideia de adequação ainda continua vaga e carece de maior precisão. Nesse sentido, e considerando que, a partir desse tratado, a efetividade do direito à moradia depende, necessariamente, do alcance dessa adequação, a fim de que os Estados possam se orientar na adoção das medidas apropriadas ao adimplemento futuro da obrigação de resultado, torna-se imprescindível, primeiro, que se saiba no que consiste uma moradia adequada.

E, dado que o tratado internacional não trouxe esse delineamento, coube, inicialmente, a cada Estado, atuar internamente para definir o que seja a adequação em termos habitacionais, ampliando a aplicabilidade da norma do artigo 11, item 1, do PIDESC, a fim de que se saiba qual o teor do direito à moradia adequada e, assim, à luz dessa definição, se possa identificar quais os comportamentos apropriados que conduzem progressivamente à sua efetividade.

Verifica-se, assim, que, além de impactar na definição dos contornos da efetividade do direito à moradia, ao vinculá-la à ideia da adequação, o PIDESC também interferiu na tarefa atribuída aos Estados de definirem internamente os comportamentos imediatos a serem adotados para concretização do direito humano em questão.

Ao vincular sua efetividade ao predicado da adequação, o PIDESC impôs aos Estados o dever de diversificar os seus comportamentos, de modo a viabilizar a realização de ambos os aspectos que compõem o direito à moradia adequada, o material e o existencial.

Ademais, a partir de uma interpretação sistemática do teor do tratado em questão, mais especificamente da conjunção dos itens 1 e 2 de seu artigo 11, é possível identificar também a existência da exigência de que o primeiro comportamento a ser imediatamente adotado pelos Estados, com o fulcro de viabilizar o futuro adimplemento da obrigação de resultado, seja, necessariamente, a adoção de medidas legislativas que ampliem a aplicabilidade do direito à moradia adequada e, assim, possibilitem a adoção de outros comportamentos, de naturezas diversas, direcionados à sua satisfação na integralidade do seu conteúdo.

4.2.2 As resoluções do Sistema Global de Proteção dos Direitos Humanos sobre direito à moradia adequada e as obrigações de comportamento por elas atribuídas aos Estados

As resoluções da ONU referentes ao direito à moradia adequada, conforme apontamos anteriormente, traduzem os consensos alcançados no momento de sua elaboração no que toca aos contornos jurídicos do direito humano em tela. No caso específico da Resolução 43/181 (Estratégia Mundial para Moradia) e seu Anexo, houve, ainda, um esforço da comunidade internacional no sentido de orientar de modo mais pormenorizado o cumprimento, pelos Estados, da obrigação de comportamento de caráter imediato, inclusive como forma de reforçar os compromissos por eles assumidos anos antes, em 1976, por meio da Declaração de Vancouver, que analisaremos mais adiante.

A meta a ser atingida pela Estratégia Mundial para Moradia, até o ano 2000, era melhorar as condições habitacionais das pessoas pobres e em situação de vulnerabilidade (ONU, 1988a). Para tanto, estabeleceu-se como princípio da Estratégia Global a criação de políticas públicas que privilegiassem a integração de atores governamentais e não governamentais, bem como de seus respectivos recursos, voltadas à satisfação das necessidades habitacionais das pessoas vulneráveis, com especial destaque às mulheres — as quais, consideradas fundamentais para a solução dos problemas habitacionais, tiveram a sua participação no processo de construção das políticas públicas considerada imprescindível para o alcance da meta fixada:

> A Assembleia Geral,
> (...)
> 1. Adota a Estratégia Global de Abrigo até o Ano 2000;
> 2. Decide que o principal objetivo da Estratégia é facilitar moradia adequada para todos até o ano 2000, que o foco principal deve, portanto, ser a melhoria da situação dos desfavorecidos e pobres, e que os seguintes objetivos e princípios fundamentais devem formar a base da Estratégia:
> a. Políticas facilitadoras, pelas quais todo o potencial e recursos de todos os atores governamentais e não governamentais no campo dos assentamentos humanos são utilizados, devem estar no centro dos esforços nacionais e internacionais;
> b. As mulheres, como provedoras de renda, donas de casa e chefes de família, e as organizações de mulheres cumprem um papel crucial como contribuintes para a solução dos problemas dos assentamentos humanos, o que deve ser plenamente reconhecido e refletido na participação igualitária das mulheres na elaboração de políticas habitacionais, programas e projetos, e os interesses e capacidades específicos das mulheres devem ser adequadamente representados na formulação de políticas de assentamentos humanos e nos mecanismos governamentais empregados em todos os níveis para a implementação de políticas, programas e projetos habitacionais;

> c. Habitação e desenvolvimento se apoiam mutuamente e são interdependentes, e as políticas devem ser desenvolvidas em pleno reconhecimento dos importantes vínculos entre moradia e desenvolvimento econômico;
> d. O conceito de desenvolvimento sustentável implica que a provisão de abrigo e o desenvolvimento urbano devem ser conciliáveis com uma gestão sustentável do meio ambiente (ONU, 1988a, p. 2, tradução nossa).

Do trecho supracitado, é possível verificar, ainda, que a Resolução 43/181 não só deu continuidade à linha que vinha sendo adotada pela Assembleia Geral da ONU, ao vincular expressamente a temática do desenvolvimento à efetividade do direito à moradia, como também promoveu importante avanço, ao vincular o direito à moradia adequada a uma forma específica de desenvolvimento, o *desenvolvimento sustentável* (alínea *d* supratranscrita). Ao que nos consta, trata-se de documento pioneiro no que se refere ao estabelecimento de uma correlação entre o direito à moradia e o desenvolvimento sustentável — correlação esta que, nos anos subsequentes, ganhou ainda mais força, e segue orientando os debates internacionais afetos à matéria, como veremos mais adiante.

No que se refere à atuação estatal na concretização do direito à moradia adequada, merece ênfase o Anexo da Resolução 43/181, que traçou as diretrizes da Estratégia Mundial para Moradia, as quais deveriam ser seguidas pelos Estados no desenho e implementação das estratégias nacionais e subnacionais de viabilização do direito à moradia adequada (ONU, 1988a).

O primeiro ponto de destaque, a propósito, é a definição do termo *moradia adequada*. Conforme ressaltamos anteriormente, a concretização de quaisquer direitos sociais depende, primeiro, da ampliação da sua aplicabilidade, isto é, da definição, com maior minúcia, do seu conteúdo jurídico. Em relação ao direito à moradia, até a adoção da Estratégia Mundial para Moradia, sabia-se que a sua efetividade estava condicionada à garantia de moradia adequada a todos os cidadãos. No entanto, o teor do que seja moradia adequada ainda era bastante vago.

A partir da Resolução 43/181, a noção de *moradia adequada* ganhou contornos mais precisos. Isso porque no texto do seu Anexo consta expressamente que a realização do direito à moradia adequada implica não na mera disponibilização de um teto debaixo do qual os indivíduos possam se abrigar (aspecto material do direito em tela), mas sim na disponibilização de um teto que garanta, concomitante e adequadamente, abrigo, privacidade, espaço, segurança, iluminação, ventilação e infraestrutura básica, além de localização próxima ao trabalho e aos equipamentos básicos, a um custo razoável (aspecto existencial do direito em questão):

> O conceito de "moradia adequada" é o mesmo adotado pela Comissão no programa do Ano Internacional de Abrigo dos Sem-teto. Moradia adequada significa mais do que um teto sobre a cabeça. Significa privacidade adequada, espaço adequado, segurança adequada, iluminação e ventilação adequadas, infraestrutura básica adequada e localização adequada em relação ao trabalho e instalações básicas — tudo a um custo razoável (ONU, 1988a, p. 7, tradução nossa).

Além de trazer uma definição mais precisa quanto ao conteúdo jurídico do direito, o Anexo da Resolução 43/181 reforçou que a implementação do direito à moradia não é passível de realização imediata — não à toa, as metas foram estipuladas tendo como alvo o ano 2000 — e anotou que a definição concreta dos critérios que compõem esse predicado da adequação pode variar de país para país (ONU, 1988b), a depender do *status* hierárquico-normativo ocupado por esse direito no bojo de cada ordenamento jurídico (ONU, 1988b). Não por outro motivo, o Anexo atribuiu aos Estados a tarefa de desenharem, individualmente, as suas estratégias nacionais para implementação do direito à moradia adequada, à luz dos parâmetros e objetivos locais (ONU, 1988b).

Não obstante, o § 13 do Anexo da Resolução 43/181 aponta para o fato de que, independentemente das medidas tomadas internamente, todos os Estados se obrigam a algum tipo de prestação na seara habitacional, o que tornaria o direito à moradia adequada universal. Nesse sentido, todos os indivíduos teriam direito a exigir de seus respectivos Estados que atuem para proteger e melhorar suas condições habitacionais:

> 13. O direito à moradia adequada é universalmente reconhecido pela comunidade das nações. Foi recentemente reafirmado pela Assembleia Geral na sua resolução 42/146 de 7 de dezembro de 1987, intitulada "Realização do direito a uma habitação condigna". **Todas as nações, sem exceção, têm alguma forma de obrigação no setor da moradia**, como exemplificado pela criação de ministérios ou agências habitacionais, pela alocação de fundos para o setor habitacional e por suas políticas, programas e projetos. **Sem dúvida, diferentes sociedades interpretam suas**

> **obrigações de maneira diferente. (...) Cada nação pode prever uma forma diferente de cumprir a obrigação de assegurar moradia ao seu povo,** e algumas nações podem fornecer exemplos instrutivos dos saltos quantitativos e qualitativos nas condições de moradia que um compromisso sério com moradia adequada traz. **Seja como for, todos os cidadãos de todos os Estados, por mais pobres que sejam, têm o direito de esperar que seus governos se preocupem com suas necessidades associadas à moradia e de aceitar a obrigação fundamental de proteger e melhorar casas e bairros, em vez de danificá-los ou destruí-los** (ONU, 1988b, p. 10-11, tradução nossa, grifo nosso).

Ao atribuir a todos os Estados, indistintamente, o dever de atuar para proteger e melhorar as condições habitacionais dos seus cidadãos por meio da adoção das medidas adequadas e possíveis, à luz, dentre outros aspectos, das suas atuais possibilidades financeiras, a Assembleia Geral da ONU reforçou, por meio da Resolução 43/181, o teor do art. 11 do PIDESC.

Conforme já tivemos oportunidade de analisar, o referido dispositivo imputou aos Estados uma obrigação progressiva de resultado no que diz respeito à efetividade dos direitos sociais, além de uma obrigação imediata de agir a fim de que sejam criadas as condições necessárias à efetiva implementação desses direitos. Assim, ao estipular que todos os Estados, sem exceção, e independentemente do *status* hierárquico-normativo conferido ao direito à moradia, têm o dever de agir para implementá-lo, o que o Anexo da Resolução 43/181 da Assembleia Geral da ONU fez foi direcionar o teor das obrigações decorrentes do art. 11 do PIDESC especificamente para o âmbito habitacional.

Dessa forma, em matéria de direito à moradia adequada, antes mesmo da elaboração, em 1990, do Comentário Geral nº 3 pelo CDESC — o qual promoveu a interpretação oficial do art. 2º do PIDESC e que analisamos no capítulo 1 —, a ONU já reconhecia expressamente a dupla vinculação do Estado, tanto à obrigação progressiva de efetivá-lo, como à obrigação imediata de agir para ampliar a sua aplicabilidade e adotar medidas orientadas à sua paulatina implementação. Já reconhecia, portanto, a aplicabilidade imediata do direito humano em questão, que independe de o Estado-parte ter iniciado o cumprimento das obrigações de comportamento.

Mas não foi só isso. O Anexo da Resolução 43/181 também inovou no âmbito dos deveres estatais ao estabelecer, no final do § 13, supratranscrito, que os Estados devem proteger e melhorar a moradia dos cidadãos, e não agir para danificá-las ou destruí-las (ONU, 1988b). Trata-se, aqui, de uma primeira menção ao princípio da vedação do retrocesso social, hoje amplamente reconhecido e aplicável no âmbito do direito internacional dos direitos humanos, conforme analisamos no capítulo 3 da presente pesquisa.

Além de reconhecer e explicitar a essencialidade do direito à moradia adequada, contribuir para melhor delinear o seu teor jurídico e reforçar a obrigação e o papel estatais na solução das questões habitacionais, o Anexo em questão ainda traçou algumas diretrizes a serem seguidas internamente pelos Estados na elaboração e implementação de políticas públicas habitacionais.

No que se refere aos objetivos dessas políticas públicas, o Anexo destaca que o principal deles deve ser a melhoria da situação habitacional daqueles cujas condições atuais são inferiores à média nacional, em especial daqueles que se encontram em situação de extrema vulnerabilidade (ONU, 1988a). Nesse sentido, não apenas os recursos públicos, mas também os recursos privados eventualmente disponíveis para investimento em matéria de moradia devem ser direcionados prioritariamente à satisfação e melhoria das necessidades habitacionais desses grupos (ONU, 1988a).

O Anexo ainda indica a necessidade de se otimizar o uso dos espaços rurais e urbanos (ONU, 1988b), de se promover a integração das políticas habitacionais aos processos e à infraestrutura urbanos (ONU, 1988b), de se reconhecer a importância prática dos mercados informais de terra e de se viabilizar a regularização e a segurança da posse de imóveis pelos grupos menos favorecidos (ONU, 1988b), concluindo que a implementação satisfatória de uma política pública habitacional voltada às pessoas em situação de vulnerabilidade requer novos arranjos institucionais (ONU, 1988b).

Ao mesmo tempo em que parece acenar para a necessidade de alteração da lógica que constitui, hoje, a sociedade urbana — adotada, aqui, a definição de Henri Lefèbvre (1972)[17] —, o Anexo, a partir de abordagem conciliatória de interesses, alinhada com a noção de desenvolvimento sustentável, indica

[17] Sociedade urbana é, para Henri Lefèbvre, a sociedade desenhada pela expansão do processo de urbanização iniciado na Europa do século XIX, que, conduzido sob a lógica da acumulação e da ampliação da mais-valia, provocou a generalização do valor de troca — isto é, valorizou o valor de troca dos bens de consumo em detrimento de seu valor de uso —, transformando bens materiais e imateriais em mercadoria. Na sociedade urbana, a própria cidade se torna mercadoria, de modo que a sua organização, porque orientada pela generalização do valor de troca, produz uma intensa segregação socioespacial (LEFÈBVRE, Henri. "Espace et politique". *In*: LEFÈBVRE, Henri. **Le droit à la ville – suivi de Espace et Politique.** Paris: Anthropos, 1972. pp. 151-281).

a imprescindibilidade da participação dos setores econômicos privados para a efetiva implementação das medidas voltadas à satisfação do direito à moradia adequada (ONU, 1988b), recomendando que os Estados adotem medidas que aliem a satisfação do direito à moradia com a dimensão de empregos e impulsionamento do desenvolvimento econômico (ONU, 1988b).

4.2.3 O Comitê de Direitos Econômicos, Sociais e Culturais (CDESC) e as obrigações de comportamento por ele atribuídas aos Estados em matéria de moradia adequada

O Comitê de Direitos Econômicos, Sociais e Culturais, órgão responsável pela interpretação oficial do PIDESC, elaborou, no ano de 1991, o Comentário Geral nº 4, no qual esmiuçou alguns aspectos que compõem a adequação da moradia em qualquer contexto geográfico, político ou social, conforme analisado anteriormente (ONU, 1991b).

Ao identificar esses elementos que devem estar necessariamente presentes para que se tenha o direito à moradia adequada por efetivado, o CDESC atribuiu aos Estados não apenas parâmetros mais específicos para o cumprimento de sua obrigação de resultado, mas também alguns deveres de comportamento a serem imediatamente adimplidos em matéria habitacional.

O critério da *segurança jurídica da posse*, indispensável à adequação da moradia, impõe aos Estados o dever de adotar, de imediato, todas as medidas aptas a garantir a segurança da posse àqueles que atualmente dela carecem e se encontram desprotegidos contra despejos forçados, perturbações e outras ameaças, as quais são, em princípio, absolutamente incompatíveis com o direito à moradia adequada (ONU, 1991b).

Isso inclui a adoção de medidas de prevenção e mitigação dos efeitos negativos dos despejos forçados, assim entendidos, segundo o Comentário Geral nº 7 do CDESC, como a remoção contra a vontade dos cidadãos, famílias e/ou comunidades dos locais que ocupam, sem a previsão e o alcance devido de meios de proteção legal ou de outra natureza, o que compreende o emprego de métodos alternativos de resolução de conflitos antes da realização de despejos forçados, e, em caso da sua ocorrência, a disponibilização de atendimento habitacional àqueles em situação de vulnerabilidade (ONU, 1997). Inclui, também, a criação de instrumentos jurídicos que viabilizem a defesa judicial, coletiva e individual, do direito à moradia adequada em casos de despejos forçados, bem como a previsão de indenização para as vítimas dessas práticas de desocupação.

Os critérios da *disponibilidade dos serviços, materiais, benefícios e infraestrutura* e da *localização adequada* exigem dos Estados que adotem postura proativa na promoção, regulamentação e fiscalização da ocupação de seu território, bem como na distribuição de serviços e infraestrutura básica, de modo que todos possam acessá-los, independentemente do local onde moram (ONU, 1991b).

O critério dos *gastos suportáveis* exige dos Estados a criação de subsídios, de formas alternativas de financiamento e da regulamentação do reajuste dos aluguéis, dentre outros, para garantir que os gastos das famílias com as respectivas moradias sejam proporcionais à sua renda (ONU, 1991b).

O critério da *habitabilidade* exige que os Estados apliquem os Princípios da Higiene da Moradia, elaborados pela Organização Mundial da Saúde (ONU, 1991b), e adotem medidas preventivas e corretivas de política sanitária, de modo a garantir moradia em condições mínimas de salubridade a todos os indivíduos.

O critério da *adequação cultural* exige dos Estados que disponibilizem meios de acesso e unidades habitacionais adequadas às necessidades dos seus cidadãos e que respeitem a sua identidade, diversidade cultural e formas de auto-organização (ONU, 1991b).

Por fim, o critério da *acessibilidade* exige, conforme apontamos anteriormente, que os Estados elaborem e executem efetivas políticas públicas habitacionais. Uma vez estando a acessibilidade relacionada à obrigatoriedade de que todos, indistintamente, tenham acesso à moradia adequada, temos que a efetividade do direito humano à moradia adequada não será alcançada por meio do emprego de medidas pontuais, aptas a solucionar local e/ou temporariamente a situação habitacional de um grupo de indivíduos, por maior que seja o número de cidadãos beneficiados.

O critério da acessibilidade, por isso, vincula os Estados a mais do que à adoção de medidas positivas, de fazeres orientados a proporcionar melhorias habitacionais: vincula os Estados à adoção de verdadeiras políticas públicas, isto é, de um conjunto amplo e variado de medidas integradas que possibilitem o acesso de todos à moradia adequada, em especial aqueles pertencentes a grupos vulneráveis, como é o caso de idosos, crianças, pessoas com deficiência e doenças físicas ou mentais severas e vítimas de desastres naturais (ONU, 1991b).

Nesse sentido, é indispensável, segundo o CDESC, a adoção de uma estratégia nacional de habitação com ampla participação popular — em especial dos grupos sem teto, ocupantes de assentamentos ilegais, sujeitos a despejos forçados e de baixa renda —, que defina as condições materiais que necessitam ser proporcionadas para o alcance, em seu território, da efetividade do direito à moradia adequada, bem como identifique os recursos disponíveis para tanto, trace um cronograma para implementação das medidas necessárias, fixe e distribua as responsabilidades na sua execução e monitore atentamente os resultados obtidos (ONU, 1991b).

Verifica-se, assim, que o CDESC, além de vincular o adimplemento da obrigação de resultado dos Estados aos parâmetros elencados no seu Comentário Geral nº 4, que definem o que seja a adequação para que se tenha como efetivado o direito à moradia, também vincula a forma de adimplemento da obrigação imediata de comportamento pelos Estados.

Ao fixar a acessibilidade como critério de observância necessária para que seja alcançada a efetividade do direito à moradia adequada, e defini-la como a capacidade estatal de garantir o exercício do direito à moradia adequada para todos, inclusive aqueles em situação de vulnerabilidade, o CDESC acaba por condicionar a efetividade do direito à moradia à elaboração e implementação de políticas públicas, ainda que o faça de modo genérico e implícito.

Assim, para além de medidas pontuais de readequação da situação habitacional de seus cidadãos, os Estados se tornam obrigados a adotar, também em caráter imediato, medidas de ordem complexa e sistêmica, que viabilizem o acesso indiscriminado de todos à moradia adequada, de modo que as situações de vulnerabilidade experimentadas por determinados grupos deixem, paulatinamente, de ser obstáculos à efetividade e ao exercício do direito humano em tela.

4.2.4 Declaração de Vancouver: o enfoque econômico-social da obrigação estatal de comportamento em matéria de direito à moradia adequada

Em razão da obtenção de resultados considerados positivos pela ONU após a Conferência das Nações Unidas sobre Meio Ambiente Humano, realizada em Estocolmo em 1972, o Programa das Nações Unidas para Assentamentos Urbanos, conhecido como UN-Habitat, decidiu realizar uma conferência similar, quatro anos depois, para discutir questões afetas aos assentamentos humanos (LECKIE, 1992).

A Primeira Conferência das Nações Unidas sobre Povoamentos Humanos, conhecida como Habitat I, foi realizada no ano de 1976, em Vancouver, oportunidade na qual se debateu a necessidade de maior empenho dos Estados na organização dos assentamentos humanos (ONU, 1976). Reconhecendo que são as condições de moradia que determinam a qualidade de vida dos indivíduos e que a sua melhoria é pré-requisito para a satisfação integral das necessidades humanas básicas, a Declaração de Vancouver foi o primeiro documento internacional especialmente dedicado à temática habitacional a delinear com maior precisão as questões legais relativas ao direito à moradia (LECKIE, 1992).

No ponto, vale destacar que as resoluções examinadas no subcapítulo antecedente ainda não haviam sido elaboradas em 1976 e que, até aquela data, o direito à moradia somente havia sido objeto de normas no bojo de tratados internacionais que não se dedicavam exclusivamente à temática habitacional.

A Declaração de Vancouver de 1976 entende como indispensável que os Estados atuem de modo consciente e responsável, voltados à mobilização de recursos econômicos, à realização de mudanças institucionais e ao comprometimento com a solidariedade internacional para a mitigação dos problemas habitacionais enfrentados por todo o mundo (ONU, 1976). Nesse sentido, institui como premissa a ideia de que os assentamentos humanos devem ser vislumbrados concomitantemente como instrumento e objeto do desenvolvimento, de modo que os objetivos fixados em matéria habitacional são inseparáveis daqueles fixados pelos demais setores sociais e econômicos[18] (ONU, 1976).

Na seção intitulada "Princípios Gerais", a Declaração de Vancouver elenca alguns elementos que devem ser considerados por todos os Estados ao lidarem com a questão habitacional. Esses elementos, segundo entendemos, podem ser divididos em quatro grupos. O primeiro deles

[18] "Para enfrentar este desafio, os assentamentos humanos devem ser vistos como um instrumento e objeto de desenvolvimento. (...) As soluções para os problemas dos assentamentos humanos devem, portanto, ser concebidas como parte integrante do processo de desenvolvimento das nações individuais e da comunidade mundial" (ONU, 1976, p. 3, tradução nossa).

se refere às obrigações estatais decorrentes de direitos titularizados pelos indivíduos, e compreende (i) o direito à melhoria da qualidade de vida — o qual, em razão da premissa fixada na própria Declaração, não pode ser efetivado senão considerando a necessidade de se garantir o desenvolvimento dos países —, (ii) o direito de se movimentar livremente nos territórios e de escolher onde estabelecerão moradia, e (iii) o direito a participar dos processos de elaboração e implementação das políticas públicas habitacionais (ONU, 1976).

É possível observar, no ponto, que, em relação à definição do direito à moradia adequada, a Declaração de Vancouver se limitou, em grande medida, a reiterar aquilo que já havia sido enunciado na DUDH e no PIDESC, a exemplo da sua estreita relação com o direito mais amplo à qualidade de vida — e portanto, com o mínimo existencial —, destacando que da conjunção do direito à moradia adequada com os princípios da isonomia e da liberdade decorre o direito de todos a escolher livremente onde vão fixar moradia.

A grande inovação trazida pela Declaração de Vancouver, segundo entendemos, diz respeito à necessidade de participação popular nos debates públicos sobre temas habitacionais. Isso porque esta foi a primeira vez, ao menos no âmbito do Sistema Global de Proteção dos Direitos Humanos, que se reconheceu expressamente a existência de um direito instrumental à realização do direito à moradia[19].

Esse direito instrumental à participação popular, que também é apresentado pela Declaração de Vancouver como um dever dos cidadãos, reduziu a margem de liberdade dos Estados, tanto no que se refere à definição do que seja moradia adequada, como na determinação de quais as medidas concretas a serem tomadas para sua implementação e quais os grupos cujo atendimento deverá ser priorizado, na medida em que a validade destes processos passa a estar condicionada ao debate amplo e aberto com a sociedade.

---

[19] "É necessário sensibilizar e responsabilizar-se por uma maior atuação dos Governos nacionais e da comunidade internacional, visando a mobilização de recursos económicos, mudanças institucionais e solidariedade internacional através de: (...) (c) Criar possibilidades de participação efectiva de todas as pessoas no planejamento, construção e gestão de seus assentamentos humanos" (ONU, 1976, p. 2, tradução nossa). Além disso, no tópico referente aos princípios gerais constantes: "13. Todas as pessoas têm o direito e o dever de participar, individual e coletivamente, da elaboração e implementação de políticas e programas de seus assentamentos humanos" (ONU, 1976, p. 4, tradução nossa).

O direito e dever dos cidadãos à participação, nesse sentido, adiciona a necessidade de o Estado agir prontamente para viabilizar canais de participação social nos processos decisórios referentes ao tema, sob pena de violação, por via reflexa, do direito à moradia adequada. Observa-se, assim, que, ao lado da necessidade de adoção de medidas legislativas em matéria habitacional, decorrente, conforme analisamos, da conjugação dos artigos 11, item 1, e 2º do PIDESC, a viabilização da participação social é medida de adoção imediata obrigatória pelos Estados.

Nesta senda, destaca-se que a doutrina, ao se debruçar sobre a Declaração de Vancouver, indica como uma das suas grandes contribuições o reforço do dever dos Estados signatários de implementar o direito à moradia adequada, bem como a atribuição da tarefa de fazê-lo por meio da criação de comunidades social e racialmente integradas, bem como da retirada de todos os obstáculos identificados como impeditivos do alcance desses objetivos (LECKIE, 1992; MONTEIRO, 2019). Assim, inclusive no momento de tomada de medidas imediatas, os Estados devem estar atentos à integração social e racial que estão promovendo, bem como aos impactos futuros que elas provocarão.

E, de fato, esse ponto é de extrema relevância, sobretudo quando se considera que as declarações elaboradas no âmbito das Conferências Habitat subsequentes — Istambul, em 1996, e Quito, em 2016 — não destacaram, ao menos não de forma incisiva, como fez a Declaração de Vancouver[20], a questão racial como elemento que influi diretamente na viabilização do exercício do direito à moradia adequada em todo o mundo e que, portanto, compõe a vulnerabilidade habitacional, devendo ser encarada pela comunidade internacional, bem como internamente pelos Estados.

O segundo grupo de princípios que vislumbramos na Declaração de Vancouver se volta de modo mais direto à orientação do cumprimento imediato da obrigação de comportamento pelos Estados, que devem adotar as seguintes medidas concretas para efetivar o direito à moradia

---

[20] Conforme o item 4 dos Princípios Gerais, "A dignidade humana e o exercício da livre escolha compatível com o bem-estar público geral são direitos básicos que devem ser garantidos em todas as sociedades. É, portanto, dever de todos os povos e governos unir-se à luta contra qualquer forma de colonialismo, agressão e ocupação estrangeira, dominação, *apartheid* e todas as formas de racismo e discriminação racial referidas nas resoluções aprovadas pela Assembleia Geral das Nações Unidas" (ONU, 1976, p. 3, tradução nossa).

adequada: (i) priorizar o atendimento das pessoas mais desfavorecidas e o combate a quaisquer formas de colonialismo, segregação racial e dominações, (ii) adotar medidas preventivas contra a ocupação ilegal de imóveis, (iii) viabilizar a participação das minorias, principalmente das mulheres, no debate sobre políticas habitacionais — o que reforça o dever estatal de viabilizar a participação popular anteriormente analisado —, e (iv) promover a proteção do meio ambiente (ONU, 1976).

O terceiro grupo de princípios adotado na Declaração de Vancouver, segundo interpretamos, é formado pelos poderes atribuídos aos Estados. Tais poderes são enunciados no documento como direitos dos Estados. No entanto, considerando que, diferentemente do Direito Internacional Público, no Direito Internacional dos Direitos Humanos os sujeitos de direito são os seres humanos, entendemos que atribuir direitos aos Estados em um documento referente a direitos humanos consiste em uma utilização atécnica do termo *direitos* — daí porque os denominaremos poderes. São eles (i) o poder de escolher o seu regime político e econômico, (ii) o poder de definir o modo como organizará e gerirá os seus recursos, atividades econômicas e heranças culturais, e (iii) o poder de controlar o uso, a posse, o domínio da terra, bem como de planejar e regular seu uso e ocupação (ONU, 1976).

Segundo entendemos, tais princípios, ao atribuírem poderes aos Estados, reservam-lhes, expressamente, no âmbito do Sistema Global de Proteção dos Direitos Humanos, uma margem de discricionariedade para definir o emprego dos recursos disponíveis e ordenar o uso e ocupação do seu território. No entanto, e considerando que tais poderes são garantidos pela normativa internacional exclusivamente aos Estados, estes se vinculam ao seu exercício, tornando-se responsáveis, por conseguinte, pela execução das atividades que lhes são inerentes.

Tornam-se inadmissíveis, consequentemente, violações do direito à moradia adequada que tenham origem na omissão estatal em relação ao exercício de quaisquer dos poderes que lhes foram designados pela Declaração de Vancouver.

Bem por isso, entendemos que a margem discricionária dos Estados no que tange à definição dos comportamentos a serem praticados com o fito de concretizar o direito à moradia adequada encontra limites não apenas na edição de medidas legislativas, na participação popular, na integração social e racial, na prioridade de atendimento aos grupos vulneráveis, na criação de medidas protetivas contra ocupação ilegal e na proteção do meio ambiente, mas também na obrigatoriedade do emprego imediato de todos os meios necessários e disponíveis para organizar e gerir os seus recursos, bem como para promover o controle do uso, da posse e da ocupação de seu território.

Por fim, a última categoria de princípios trazida pela Declaração de Vancouver se confunde com aquela que seria a premissa da efetividade do direito à moradia, segundo o próprio documento internacional. Trata-se da ideia de que a efetividade do direito humano em tela dependeria do desenvolvimento econômico, o que, por consequência, demandaria da comunidade internacional especial atenção aos países em desenvolvimento, sobretudo àqueles em processo de industrialização (ONU, 1976).

Esses princípios e a premissa sobre a qual se assenta a Declaração de Vancouver revelam, segundo entendemos, que o enfoque empregado pela comunidade internacional no enfrentamento das questões habitacionais não foi de ordem eminentemente social e voltada à efetividade pura e simples dos direitos humanos, mas sim de ordem econômico-social, sendo o direito à moradia adequada um instrumento do desenvolvimento econômico posto à disposição dos Estados — e que deveria ser melhor aproveitado. Nesse sentido, a redução dos problemas habitacionais seria resultado da melhoria no desenvolvimento de cada país.

Faz-se oportuno recordar, no ponto, a observação de Nelson Saule Junior (2004) de que foi somente com a edição da Resolução 1986/36 da Assembleia Geral da ONU, em 1986, que o direito à moradia passou a ser discutido no âmbito dos órgãos de direitos humanos da ONU.

Assim, em 1976, ano de elaboração da Declaração de Vancouver, o direito em questão ainda era debatido e regulamentado pelos órgãos do Sistema Global vinculados ao tema do desenvolvimento. Daí, possivelmente, a ótica empregada na orientação das medidas imediatas a serem tomadas para implementação do direito à moradia ter sido econômico-social, condicionando a sua efetividade ao alcance dos objetivos econômicos dos Estados — ótica essa que foi sendo progressivamente alterada, como veremos mais adiante.

Além de reconhecer a gravidade e extensão dos problemas habitacionais então enfrentados pelo mundo e fixar princípios orientadores da atividade estatal, a Declaração de 1976 ainda elencou algumas diretrizes de atuação a serem observadas pelos Estados na implementação do direito à moradia, de modo a integrar, na prática, os princípios anteriormente indicados.

Tais medidas incluem a elaboração e adoção de planos estratégicos que organizem e regulamentem a ocupação dos espaços urbano e rural, a implementação de estratégias que reduzam as desigualdades entre campo e cidade, a elaboração de políticas habitacionais que promovam a integração e coordenação de infraestrutura e serviços e que definam qualitativa e quantitativamente padrões mínimos de qualidade de vida, a viabilização da participação popular e das autoridades locais na elaboração de políticas públicas habitacionais. Ainda estabelece de forma expressa que é dever dos Estados iniciar a implementação das políticas públicas de moradia por meio da assistência direta às pessoas em situação de vulnerabilidade, bem como da remoção de todos os obstáculos que impeçam o alcance desse objetivo, incluindo a segregação social e racial.

Como se pode observar, o teor da Declaração de Vancouver, diferentemente dos documentos internacionais que analisamos anteriormente, está muito mais voltado à redução da discricionariedade estatal na definição dos meios de adimplemento da obrigação de comportamento do que ao estabelecimento de critérios para que se tenha por adimplida a obrigação de resultado.

Dessa forma, é possível concluir, segundo entendemos, que o fulcro da Declaração de Vancouver não era a regulamentação jurídica do art. 11 do PIDESC, mas sim a convocação dos Estados para que se empenhassem na implementação do direito humano em questão, por meio da adoção de medidas de caráter mais imediato, as quais devem envolver, necessariamente, além de (i) medidas legislativas, ao menos (ii) a viabilização da participação e integração social e racial, (iii) a priorização do atendimento dos grupos vulneráveis, (iv) a proteção do meio ambiente, (v) o emprego imediato de todos os meios necessários e disponíveis para organizar e gerir os seus recursos, (vi) o controle do uso, da posse e da ocupação de seu território, e (vii) o desenvolvimento econômico.

4.2.5 Declaração de Istambul e Agenda Habitat: o enfoque socioeconômico da obrigação estatal de comportamento em matéria de direito à moradia adequada

Vinte anos após a Conferência Habitat I, e já em um contexto de debates e regulamentação do direito à moradia no âmbito dos órgãos de direitos humanos da ONU, foi realizada a Segunda Conferência das Nações Unidas sobre Povoamentos Humanos, conhecida como Habitat II, da qual resultou a Declaração de Istambul sobre Assentamentos Humanos de 1996.

De acordo com o item 15 da Declaração de Istambul, a Conferência Habitat II, que lhe deu origem, pretendia ser o marco de uma nova era de cooperação e solidariedade entre os povos, com vistas à criação conjunta de um mundo onde todos possam viver em locais seguros e gozar de uma vida digna, de boa saúde, segurança, felicidade e esperança (ONU, 1996).

E, nesse sentido, a Declaração de Istambul é um documento altamente celebrado pelos especialistas, pois estabeleceu, sobretudo no seu anexo, intitulado "Agenda Habitat", uma série de compromissos, princípios e metas a serem efetivados nas duas primeiras décadas do século XXI, com o intuito de orientar os esforços internacionais e nacionais no que se refere à implementação do direito à moradia adequada (SAULE JUNIOR, 2004; MONTEIRO, 2019), e ao alcance do mundo solidário e digno pretendido.

O texto da Declaração de Istambul propriamente dito é bastante principiológico e orienta a atuação dos Estados em matéria habitacional, reforçando os compromissos por eles assumidos no âmbito da Organização das Nações Unidas em oportunidades anteriores (item 3 da Declaração de Istambul), atualizando os diagnósticos e preocupações internacionais com o direito à moradia adequada (item 2 da Declaração de Istambul) e inovando no tratamento do tema ao lançar luz sobre os aspectos ambientais que impactam a sua efetividade e que devem, por isso, ser observados pelos Estados (ONU, 1996).

Muito embora a temática ambiental só tenha alcançado protagonismo no bojo dos documentos da ONU sobre questões habitacionais no ano de 2016, com a elaboração da Nova Agenda Urbana, que examinaremos mais adiante, não se pode deixar de reconhecer que já na Declaração de Istambul emerge uma preocupação da comunidade internacional com a interdependência e indivisibilidade existente entre o direito ao meio ambiente sadio e a efetividade dos direitos sociais em geral, e do direito à moradia em especial.

Nesse sentido, a Declaração de 1996 destaca que os seres humanos são o centro das preocupações internacionais com o desenvolvimento sustentável e com a implementação do direito à moradia adequada[21], e afirma o compromisso assumido pelos Estados-partes com padrões sustentáveis de produção, consumo, transporte e desenvolvimento de assentamentos humanos, bem como com a preservação da saúde e a integridade dos ecossistemas[22] (ONU, 1996). Enfatiza, ainda, que todas essas ações devem ser adotadas de modo constante e ter não apenas viés corretivo, mas também preventivo[23] (ONU, 1996).

No que se refere especificamente à implementação do direito à moradia adequada, a Declaração de Istambul reforça o compromisso dos Estados com a sua integral e progressiva concretização[24] (ONU, 1996), fortalecendo a sua dupla vinculação ao adimplemento de uma obrigação de resultado, consistente em efetivar o direito à moradia adequada universalmente, e a uma obrigação de meio, consubstanciada na adoção de medidas imediatas orientadas à consecução futura da obrigação de resultado.

No ponto, destaca-se que o enfoque adotado pela Declaração de Istambul se volta não à delimitação da obrigação de resultado atribuída aos Estados, mas sim à indicação de algumas das medidas imediatas a serem por eles adotadas, como modo de contribuir para o pronto adimplemento das obrigações de meio.

Exemplo disso é a determinação de alguns dos grupos a serem priorizados pelos Estados quando da adoção das medidas imediatas, quais

---

[21] Segundo o item 7 da Declaração de Istambul, "Como os seres humanos estão no centro de nossa preocupação com o desenvolvimento sustentável, eles são a base de nossas ações como na implementação da Agenda Habitat" (ONU, 1996, p. 8, tradução nossa).

[22] De acordo com o item 10 da Declaração de Istambul, "Para sustentar nosso ambiente global e melhorar a qualidade de vida em nossos assentamentos humanos, nos comprometemos com padrões sustentáveis de produção, consumo, transporte e desenvolvimento de assentamentos; prevenção de poluição; respeito pela capacidade de suporte dos ecossistemas; e a preservação de oportunidades para as gerações futuras. Nesse sentido, cooperaremos em um espírito de parceria global para conservar, proteger e restaurar a saúde e a integridade do ecossistema da Terra (...)" (ONU, 1996, p. 10-11, tradução nossa).

[23] Ainda no item 10 da Declaração de Istambul, consta "(...) Também reconhecemos que devemos tomar essas ações de maneira consistente com a abordagem do princípio da precaução, que deve ser amplamente aplicada de acordo com as capacidades dos países. Devemos também promover ambientes de vida saudáveis, especialmente através do fornecimento de quantidades adequadas de água potável e gestão eficaz de resíduos" (ONU, 1996, p. 8-9, tradução nossa).

[24] No item 8 da Declaração de Istambul, afirma-se "Reafirmamos nosso compromisso com a plena e progressiva realização do direito à moradia adequada conforme previsto nos instrumentos internacionais (...)" (ONU, 1996, p. 8, tradução nossa).

sejam, as mulheres, as crianças e jovens, e as pessoas com deficiência[25] (ONU, 1996). Outro exemplo é a indicação de que os recursos a serem empregados para viabilizar a efetividade do direito à moradia adequada tenham origem mista, pública e privada, e sejam geridos por atores dos setores públicos, privados e não governamentais[26] (ONU, 1996). No mesmo sentido vai o apontamento da necessidade de participação e integração do mercado nas soluções habitacionais — viabilizando, assim, a redução das desigualdades sociais na matéria via inclusão dos grupos vulneráveis no mercado habitacional, bem como por meio da facilitação do acesso à terra e ao crédito, e da viabilização da atividade eficiente do mercado, de modo social e ambientalmente responsável[27] (ONU, 1996).

Examinando as propostas de medidas imediatas voltadas à implementação do direito à moradia adequada às quais os Estados subscreveram, é possível observar que o enfoque adotado pela comunidade internacional em 1996 se modificou em relação àquele empregado 20 anos antes.

Na elaboração da Declaração de Istambul, o direito à moradia adequada deixou de ser um mero instrumento do desenvolvimento econômico — cuja efetividade está condicionada ao alcance dos objetivos puramente econômicos dos países —, e passou a ser considerado um direito autônomo, fundamental para a garantia de um padrão de qualidade de vida digno a todos os indivíduos.

---

[25] Segundo o item 7 da Declaração de Istambul, "(...) Reconhecemos as necessidades específicas de mulheres, crianças e jovens por condições de vida seguras, saudáveis e protegidas. (...) Asseguraremos também a plena e igual participação de todas as mulheres e homens, e a efetiva participação dos jovens, na vida política, econômica e social. Devemos promover a acessibilidade total para pessoas com deficiência, bem como a igualdade de gênero em políticas, programas e projetos de abrigo e desenvolvimento sustentável de assentamentos humanos" (ONU, 1996, p. 8, tradução nossa).

[26] Segundo o item 8 da Declaração de Istambul, "(...) devemos buscar a participação ativa de nossos parceiros públicos, privados e não governamentais em todos os níveis para garantir a segurança legal da posse, proteção contra a discriminação e acesso igualitário à moradia adequada e acessível para todas as pessoas e suas famílias" (ONU, 1996, p. 8, tradução nossa). De forma semelhante, o item 13 da mesma Declaração dispõe: "devemos mobilizar recursos financeiros nos níveis nacional e internacional, incluindo recursos novos e adicionais de todas as fontes — multilaterais e bilaterais, públicas e privadas" (ONU, 1996, p. 9, tradução nossa).

[27] Aduz o item 9 da Declaração: "Devemos trabalhar para expandir a oferta de moradias populares, permitindo que os mercados funcionem de maneira eficiente e de maneira social e ambientalmente responsável, melhorando o acesso à terra e ao crédito e auxiliando aqueles que não podem participar dos mercados imobiliários" (ONU, 1996, p. 8, tradução nossa).

Isso não significa que o aspecto econômico tenha perdido importância. Ao contrário, ao incluir expressamente o mercado como um ator importante a ser mobilizado para o alcance da universalização da moradia digna (ONU, 1996), a Declaração de Istambul não só indica que não rompeu por completo com o paradigma econômico fixado pela Declaração de Vancouver, como também o intensifica, somando aos interesses econômicos dos Estados aqueles do mercado privado.

Não obstante, as preocupações eminentemente sociais, que decorrem diretamente da dignidade humana, integram o documento de modo mais explícito e destacado, sendo as políticas públicas habitacionais, sobretudo, meios de promoção da integração social dos cidadãos em situação de vulnerabilidade. Daí vem a compreensão de que, diferentemente do enfoque econômico-social empregado pela Declaração de Vancouver, o adotado pela Declaração de Istambul é de ordem socioeconômica e busca a concretização da dignidade humana por intermédio da conciliação dos interesses econômicos com a realização dos objetivos sociais — sem condicionar estes à realização daqueles.

O caráter socioeconômico da Declaração de Istambul fica especialmente visível, segundo entendemos, quando se analisa a Agenda Habitat. Considerada a grande contribuição da Conferência Habitat II para a construção jurídica do direito à moradia (SAULE JUNIOR, 2004; MONTEIRO, 2019), a Agenda Habitat consiste em um documento anexo à Declaração de Istambul que fixa uma verdadeira agenda internacional na forma de plano de ação global, orientado pelos princípios e regras da Declaração de 1996, com estratégias concretas para a implementação do direito à moradia adequada, a serem adotadas indistintamente por todos os Estados até 2020 (ONU, 1996).

Essas metas de ações concretas são divididas em cinco grandes temas, a saber, (i) moradia adequada para todos, (ii) assentamentos humanos sustentáveis no mundo urbanizado, (iii) capacitação e desenvolvimento institucional, (iv) cooperação e coordenação internacionais, e (v) implementação e monitoramento da Agenda Habitat (ONU, 1996).

No âmbito do tema da moradia adequada para todos, vale destacar, primeiramente, que a responsabilidade estatal no que se refere à resolução das questões habitacionais é expressamente enfatizada. De acordo com o item 61 da Agenda Habitat:

> Desde a adoção da Declaração Universal dos Direitos Humanos em 1948, o direito à moradia adequada foi reconhecido como um componente importante do direito a um padrão de vida adequado. Todos os governos, sem exceção, têm responsabilidade no setor de habitação, conforme exemplificado pela criação de ministérios ou agências de habitação, pela alocação de fundos para o setor de habitação e por suas políticas, programas e projetos. A provisão de moradia adequada para todos requer ação não apenas dos governos, mas de todos os setores da sociedade, incluindo o setor privado, organizações não governamentais, comunidades e autoridades locais, bem como organizações parceiras e entidades da comunidade internacional. No contexto geral de uma abordagem facilitadora, os governos devem tomar as medidas apropriadas para promover, proteger e assegurar a plena e progressiva realização do direito à moradia adequada (ONU, 1996, p. 34, tradução nossa).

Verifica-se, assim, que, de acordo com a comunidade internacional, é dever de todos os Estados, sem exceção, promover e universalizar o direito à moradia adequada. Não obstante, considera que esta tarefa não lhes é exclusiva, cabendo a todos os setores sociais atuar para implementá-lo. Nesse sentido, cabe aos Estados não apenas promover e garantir o direito à moradia diretamente aos cidadãos, mas também viabilizar as condições necessárias para que os demais atores sociais mencionados no fragmento supratranscrito possam, de fato, contribuir para o alcance do objetivo almejado.

Para tanto, a Agenda Habitat elenca, em rol exemplificativo, algumas medidas a serem adotadas pelos Estados, como (i) a adoção de parâmetros legais que proíbam quaisquer formas de discriminação, (ii) a proteção da segurança da posse e universalização do acesso à terra — incluindo, aqui, a proteção contra despejos forçados e a proteção da dignidade das pessoas sem teto, que não devem ser penalizadas pela situação em que se encontram —, (iii) a ampliação do mercado habitacional acessível a todos, por meio de incentivos ao mercado e criação de marcos regulatórios voltados a essa finalidade, bem como de concessão de subsídios, aluguéis e outras formas de assistência habitacional às pessoas em situação de pobreza, mobilização de recursos de origens distintas e criação de padrões de desenvolvimento espacial sustentáveis, integrando as pessoas às cidades, facilitando seu acesso a bens, serviços, lazer e emprego, e (iv) o monitoramento e avaliação das condições habitacionais locais, devendo ser incluídas na análise as pessoas sem teto e aquelas em situação de inadequação habitacional, além de formulação de políticas públicas com a participação das populações que serão suas destinatárias (ONU, 1996).

No que se refere especificamente ao terceiro grupo de medidas, a Agenda Habitat destaca que o objetivo fundamental a ser alcançado é permitir que os mercados sejam o mecanismo principal de obtenção de moradia adequada e que funcionem de modo eficiente (ONU, 1996). Por isso, em relação a esse ponto, o foco da atuação estatal deve estar na promoção de incentivos ao mercado habitacional formal, na forma de compensações, por exemplo, para permitir que ele alcance pessoas que, por ora, não conseguem acessá-lo (ONU, 1996).

Esse destaque, expressamente realizado pela Agenda Habitat, reforça, segundo entendemos, a observação que fizemos sobre o enfoque adotado pela comunidade internacional no tratamento do direito à moradia adequada no ano de 1996. Não apenas os interesses econômicos não deixaram de ser contemplados, como foram ampliados, passando a incluir os mercados privados como atores essenciais para a solução dos problemas habitacionais e destinatários privilegiados da atuação estatal, que passa a ter por fulcro contemplá-los.

Não obstante, ao prever, concomitantemente, a vedação de tratamento discriminatório, a proteção da segurança da posse, a proibição de despejos forçados, a inclusão mandatória de pessoas sem teto na avaliação, monitoramento e elaboração de políticas públicas, bem como a indispensável diversificação das formas de provimento de moradia — ponto que analisaremos em seguida —, a Agenda Habitat demonstra ter na concretização da igualdade e na redução das vulnerabilidades um pilar fundamental, o que corrobora a ideia de que o tratamento por ela dispensado ao direito à moradia adequada não é o de relegar a sua concretização ao patamar de mera consequência do desenvolvimento econômico, mas sim de conciliar interesses sociais e econômicos com o fulcro de garantir dignidade humana a todos os cidadãos — sendo, portanto, não mais de caráter econômico-social, mas sim de ordem socioeconômica.

No âmbito do segundo grande campo de metas da Agenda Habitat, denominado *assentamentos humanos sustentáveis no mundo urbanizado*, a comunidade internacional definiu que a reorganização do uso da terra, da infraestrutura e da economia, de modo a incorporar os princípios da

Declaração do Rio sobre Meio Ambiente e Desenvolvimento no planejamento de assentamentos humanos, deve se dar por meio da atividade das autoridades municipais, as quais têm papel relevante na viabilização da efetividade do direito à moradia adequada (ONU, 1996). De acordo com o item 102 da Agenda Habitat, por estarem mais próximas da população, as autoridades municipais teriam meios mais precisos de identificação das principais necessidades a serem supridas por cada localidade em matéria habitacional, bem como de viabilização da participação popular na elaboração e implementação de políticas públicas sobre o tema (ONU, 1996).

Nesse sentido, anota a Agenda Habitat que o engajamento da população, sobretudo daquela que será diretamente impactada pelas políticas públicas voltadas à garantia do direito à moradia, é essencial para que os assentamentos humanos possuam habitabilidade (ONU, 1996). No ponto, importante explicar que o conceito de habitabilidade adotado pelo documento a define como o conjunto de características espaciais, sociais e ambientais que contribuem para o senso de pertencimento do indivíduo a uma coletividade, as quais podem variar de lugar para lugar[28] (ONU, 1996).

Bem-observada essa definição de habitabilidade, é possível identificar sua equivalência com o conceito de adequação cultural empregado pelo CDESC alguns anos antes, no Comentário Geral nº 4 ao PIDESC, e com cuja observância e cumprimento os Estados mais uma vez se comprometeram, agora por meio da Declaração de Istambul e da Agenda Habitat. Ao mesmo tempo, e considerando que a ideia de habitabilidade nestes documentos internacionais foi associada à participação popular, verifica-se um reforço também à ideia implementada pela Declaração de Vancouver, no sentido de o direito dos cidadãos à participação nos processos decisórios públicos ser instrumental à realização do direito à moradia, exigindo dos Estados, desde logo, atuação positiva na criação e aperfeiçoamento dos meios formais participativos.

---

[28] De acordo com o item 135 da Agenda Habitat, "(...) A habitabilidade refere-se às características e qualidades espaciais, sociais e ambientais que contribuem exclusivamente para a sensação de bem-estar pessoal e coletivo das pessoas e para a sua sensação de satisfação em serem residentes de um determinado assentamento. As aspirações de habitabilidade variam de lugar para lugar, e evoluem e mudam com o tempo; também diferem entre as diversas populações que compõem as comunidades. Portanto, condições para assentamentos humanos habitáveis pressupõem uma democracia funcional na qual os processos de participação, engajamento cívico e mecanismos de capacitação são institucionalizados" (ONU, 1996, p. 69, tradução nossa).

Outro ponto que merece destaque é o compromisso assumido pelos Estados com a diversificação das modalidades de moradia, compreendida pela Agenda Habitat, em seus itens 106 e 113, como fundamental para a criação de sociedades justas e sustentáveis (ONU, 1996). Isso porque, se um dos objetivos da Agenda Habitat é promover a integração das pessoas mais vulneráveis ao mercado imobiliário formal, a manutenção das mesmas modalidades de acesso à terra e à moradia por esse mercado significa a subsistência das barreiras que impedem o alcance da integração pretendida[29]. É fundamental, por isso, que o desenho das políticas habitacionais considere as diversas camadas de vulnerabilidades que concorrem para a inefetividade do direito à moradia, a fim de que a sua universalização efetiva possa ser alcançada.

No âmbito da capacitação e desenvolvimento institucional, as metas fixadas pela Agenda Habitat envolvem a adoção de medidas, em especial de caráter legislativo, que descentralizem os processos decisórios, fortalecendo as autoridades locais e os espaços de participação popular (itens 180, alínea *h*, e 182, alíneas *f*, *g* e *h*), de capacitação dos funcionários públicos para lidarem com questões financeiras, de gestão e territoriais afetas aos processos urbanos e municipais (item 180, alínea *e*), bem como de avaliação e estabelecimento de padrões sólidos para o desenvolvimento da infraestrutura e economia locais (item 180, alínea *i*), e a criação de sistemas de monitoramento integrados e transparentes (item 184, alínea *e*) que viabilizem uma adequada avaliação e troca de informações e experiências entre os diversos níveis de governo no que toca à implementação do direito à moradia (item 184, alínea *d*) (ONU, 1996).

Por fim, no que tange à cooperação e à coordenação internacionais, os compromissos fixados pelos Estados na Agenda Habitat envolvem o estabelecimento de um ambiente econômico internacional benéfico para todos, ampliando a estabilidade dos mercados, com redução dos riscos de crises financeiras e menores taxas de juros (item 201, alínea *c*), bem como a facilitação do acesso dos países em desenvolvimento a recursos financeiros de modo a permitir que se tornem mais atrativos para investimentos em matéria habitacional, em conformidade com

[29] Sobre a necessidade de diversificação das formas de acesso à moradia para a efetividade do direito em questão, ver MARICATO, Erminia. **Para entender a crise urbana.** São Paulo: Expressão Popular, 2015.

os parâmetros do desenvolvimento sustentável (item 202, alínea *c*) e a cooperação técnica (item 208, alíneas *b* e *c*) (ONU, 1996).

Observa-se, assim, que a Declaração de Istambul e, principalmente, a Agenda Habitat, que lhe é anexa, não apenas orientaram o cumprimento das obrigações imediatas em matéria de direito à moradia pelos Estados, como fez a Declaração de Vancouver, como também fixaram listas de medidas mais específicas e detalhadas, a serem desde logo por eles adotadas — afinal, como visto, o intuito da elaboração desses documentos era garantir a todos, nas duas primeiras décadas do século XXI, melhoria das condições habitacionais.

Em linguagem eminentemente prescritiva — com emprego constante do verbo *dever* — assentando o compromisso de todos os Estados signatários com a sua realização, a Agenda Habitat fixou um extenso rol de ações positivas a serem realizadas de modo imediato, como forma de viabilizar, progressivamente, a efetividade do direito à moradia e, assim, o adimplemento futuro da obrigação de resultado. Apesar de o rol em questão ser de caráter exemplificativo, o conjunto de medidas ali listado é o mínimo obrigatório a ser realizado pelos Estados. Evidência disso é que o texto da Agenda Habitat conta com o uso frequente da expressão "essas ações incluem, mas não se limitam a: (...)" antes de listar algumas das medidas que devem ser tomadas pelos Estados.

É possível observar, desse modo, que, a despeito de o teor das Declarações de Vancouver e de Istambul ser fundamentalmente o mesmo, na medida em que ambas reduzem a discricionariedade dos Estados no que se refere à determinação das ações positivas a serem adotadas com o fito de concretizar o direito à moradia adequada, a Declaração de Vancouver os vincula por meio de orientações de atuação, ao passo que a Declaração de Istambul, sobretudo na Agenda Habitat que lhe é anexa, os vincula por meio da definição de medidas específicas e pormenorizadas a serem tomadas.

Exemplo disso é o fato de que, enquanto a Declaração de Vancouver atribui aos Estados o dever de viabilizar a participação popular, de controlar o uso, a posse e a ocupação do seu território, e de garantir moradia adequada a todos os vulneráveis, a Agenda Habitat indica que os meios participativos deverão ser consultivos e manejados por autoridades locais, que os despejos forçados não são expedientes passíveis de utilização na atividade de controle da ocupação dos territórios, e que o acesso das pessoas vulneráveis à moradia adequada exige a diversificação das modalidades de integração ao mercado formal e a criação de sistemas de informações integrados que possibilitem o monitoramento da situação habitacional de cada localidade.

Ainda, ambas as declarações se distinguem em razão das premissas e, por conseguinte, do enfoque adotados. Como visto, na Declaração de Vancouver, a realização do direito à moradia adequada estava expressamente condicionada à satisfação dos interesses econômicos dos Estados, sendo, portanto, um mero instrumento de desenvolvimento econômico. Vinte anos mais tarde, quando da elaboração da Declaração de Istambul, o direito à moradia certamente não foi desvinculado dos aspectos econômicos. No entanto, como aponta Nelson Saule Junior (2004), a dignidade humana foi alçada à posição de centralidade dos debates que deram origem à Agenda Habitat.

Como reflexo dessa nova ótica empregada, houve a elaboração de normas pormenorizadas voltadas à promoção da integração social, à redução das desigualdades e à convocação do mercado para atuar de modo a contribuir com a solução dos problemas habitacionais, retirando as pessoas em situação de vulnerabilidade do mercado imobiliário informal.

Daí considerarmos que a perspectiva da comunidade internacional em relação às ações positivas a serem adotadas para efetivar o direito à moradia adequada passou de econômico-social para socioeconômica. E, nesse sentido, os Estados, a partir de 1996, passaram a ter o adimplemento de sua obrigação imediata de comportamento condicionado não apenas à lista de medidas constante da Agenda Habitat, mas também ao novo enfoque vigente, de sorte que todas as demais ações eventualmente por eles tomadas e que não constassem do Anexo da Declaração de Istambul somente seriam válidas se em conformidade com a visão socioeconômica do direito à moradia adequada.

4.2.6 Os Objetivos do Desenvolvimento Sustentável (ODS) e a Nova Agenda Urbana: o enfoque socioambiental das obrigações estatais de comportamento em matéria de direito à moradia adequada

No capítulo 4.1.3, destacamos que, em 1988, a Resolução 43/181 da Assembleia Geral da ONU, que estabeleceu a Estratégia Global para Moradia até o ano 2000, declarou, de forma expressa, que a realização do desenvolvimento sustentável está intimamente relacionada com a concretização do direito à moradia adequada (ONU, 1988a).

Na oportunidade, antecipamos que essa abordagem do direito à moradia ganhou força nos últimos anos. Isso se deu, sobretudo, a partir de 2015, quando foram definidos os Objetivos do Desenvolvimento Sustentável (ODSs), os quais atribuíram aos Estados novas obrigações e metas, tanto no que se refere à implementação dos direitos humanos, como à adoção de um novo modelo desenvolvimentista.

Tradicionalmente definido como "aquele que atende às necessidades do presente sem comprometer a possibilidade de as gerações futuras atenderem as suas próprias necessidades" (ONU, 1991a), o desenvolvimento sustentável, pautado nos pilares econômico, social e ambiental (ONU, 1991a) — além do pilar cultural, acrescentado recentemente ao seu bojo (MIRRA, Á. L., 2018a) —, consiste em um compromisso intergeracional firmado em âmbito global após a constatação de que o desenvolvimento baseado apenas na acumulação necessitava de algumas "correções de rumos" (BALERA, 2016), sob pena de se extinguirem permanentemente as condições indispensáveis à vida humana no planeta Terra.

Esse compromisso intergeracional, além de um programa de ação a ser implementado pelos países nas próximas décadas, consiste, como aponta Álvaro Luiz Valery Mirra (2018a), em um autêntico princípio jurídico, que exige do operador do direito postura atenta e comprometida com o não esvaziamento do conteúdo essencial do direito à preservação do meio ambiente. Segundo o autor,

> o princípio do desenvolvimento sustentável é acima de tudo um princípio de integração da questão ambiental nas estratégias e políticas de ordem social e econômica (...), e não, propriamente, um princípio de conciliação entre meio ambiente e economia. (...) [O] desenvolvimento só pode ser sustentável se ele integrar, na devida medida, a variável ambiental. Nesse contexto, ***a proteção do meio ambiente é a base do desenvolvimento sustentável*** (MIRRA, Á. L., 2018a, p. 29).

Assim, em se tratando de princípio que exige a integração da questão ambiental na realização de avanços econômicos e sociais — e não mera conciliação de interesses —, a proteção do conteúdo essencial do direito à preservação do meio ambiente constitui vetor de orientação a ser obrigatoriamente observado tanto na interpretação e aplicação do direito, quanto na elaboração legislativa e na criação e implementação de políticas públicas.

E é precisamente nesse sentido que devem ser interpretados os Objetivos do Desenvolvimento Sustentável (ODSs). Adotados por meio do Anexo da Resolução 55/2 da Assembleia Geral da ONU, são um conjunto de metas pormenorizadas e distribuídas em 17 objetivos-chave, voltadas à efetiva implementação do desenvolvimento sustentável até 2030 (ONU, 2015).

Segundo apontam Juliana Melo Tsuruda e Rafaela Caldeira Gonçalves (2018), a comunidade internacional identificou que a mera elaboração de tratados, convenções e declarações internacionais, sem o correspondente estabelecimento de metas de curto e médio prazo a serem atingidas, é insuficiente para garantir a efetividade dos direitos humanos neles enunciados.

De igual maneira, teria contribuído para essa percepção a compreensão das intensas transformações ocorridas na relação do homem com o meio ambiente, em razão do avanço e intensificação dos processos de industrialização e urbanização, bem como das notáveis repercussões negativas, em termos sociais e ambientais, que o modelo de desenvolvimento econômico então vigente vinha causando (FERREIRA, 2016).

Nunca é demais recordar que o alcance da efetividade dos direitos humanos, em especial daqueles de caráter social, como é o caso da moradia, não pode ocorrer senão progressivamente. Assim, cabe aos Estados atuar positivamente desde logo, na medida do possível, para viabilizar paulatinamente as condições indispensáveis ao alcance da efetividade desses direitos.

Assim, durante a Cúpula das Nações Unidas para o Desenvolvimento Sustentável, realizada em Nova Iorque no ano de 2015, foi adotado um programa mais concreto, na forma de metas a serem observadas pelos Estados no interregno de 2015 a 2030. São 17 objetivos, cada qual destrinchado individualmente em metas mais específicas, das quais cerca de 65% estão ligadas ao desenvolvimento territorial e urbano (BLANCO JR., 2021), o que torna a cidade o *lócus* por excelência de realização dos ODSs. Isso se deve, em grande medida, à imprescindibilidade de se regular os processos urbanos, dado que, como aponta João Sette Whitaker Ferreira (2016),

> a regra geral (...) foi de um crescimento da população urbana marcado por uma matriz segregadora em sua origem. Destarte, a precariedade e a informalidade se tornaram a regra, e não exceções de uma urbanização, a princípio, boa, mas que não é capaz de dar conta da demanda (...). (FERREIRA 2016, p. 69).

Nesse sentido, e também em função da indivisibilidade e interdependência dos direitos humanos, verifica-se que todos os ODSs se relacionam, em alguma medida, com o nosso objeto de estudo. No entanto, aquele que nos interessa mais de perto, porque conversa de modo mais direto com o direito à moradia adequada, é o de número 11, referente às cidades e comunidades sustentáveis:

> Objetivo 11. Tornar as cidades e os assentamentos humanos inclusivos, seguros, resilientes e sustentáveis
> 11.1 Até 2030, **garantir o acesso de todos à habitação segura, adequada e a preço acessível, e aos serviços básicos e urbanizar as favelas**
> 11.2 Até 2030, **proporcionar o acesso a sistemas de transporte seguros, acessíveis, sustentáveis e a preço acessível para todos**, melhorando a segurança rodoviária por meio da expansão dos transportes públicos, **com especial atenção para as necessidades das pessoas em situação de vulnerabilidade, mulheres, crianças, pessoas com deficiência e idosos**
> 11.3 Até 2030, **aumentar a urbanização inclusiva e sustentável,** e as capacidades para o **planejamento e gestão de assentamentos humanos participativos, integrados e sustentáveis**, em todos os países
> 11.4 Fortalecer esforços para **proteger e salvaguardar o patrimônio cultural e natural do mundo**
> 11.5 Até 2030, **reduzir significativamente o número de mortes e o número de pessoas afetadas por catástrofes e substancialmente diminuir as perdas econômicas diretas causadas por elas** em relação ao produto interno bruto global, incluindo os desastres relacionados à água, **com o foco em proteger os pobres e as pessoas em situação de vulnerabilidade**
> 11.6 Até 2030, reduzir o impacto ambiental negativo per capita das cidades, inclusive prestando especial atenção à qualidade do ar, gestão de resíduos municipais e outros
> 11.7 Até 2030, proporcionar o acesso universal a espaços públicos seguros, inclusivos, acessíveis e verdes, particularmente para as mulheres e crianças, pessoas idosas e pessoas com deficiência
> 11.a Apoiar relações econômicas, sociais e ambientais positivas entre áreas urbanas, periurbanas e rurais, **reforçando o planejamento nacional e regional de desenvolvimento**

> 11.b Até 2020, **aumentar substancialmente o número de cidades e assentamentos humanos adotando e implementando políticas e planos integrados para a inclusão, a eficiência dos recursos, mitigação e adaptação às mudanças climáticas, a resiliência a desastres;** e desenvolver e implementar, de acordo com o Marco de Sendai para a Redução do Risco de Desastres 2015-2030, o gerenciamento holístico do risco de desastres em todos os níveis
> 11.c **Apoiar os países menos desenvolvidos**, inclusive por meio de assistência técnica e financeira, **para construções sustentáveis e resilientes,** utilizando materiais locais (ONU, 2015, ***online***, grifo nosso).

Como se vê, as metas fixadas pelo ODS 11 estão bem-alinhadas com a acepção de direito à moradia adequada que pudemos extrair do conjunto de normas do Sistema Global de Proteção dos Direitos Humanos até agora analisado, que vincula a obrigação de resultado dos Estados.

Ao fixar, no item 11.1, a garantia de habitação segura, adequada e a preço acessível a todos como objetivo a ser alcançado, os Estados celebraram um compromisso com a viabilização, aos seus cidadãos, de moradia que atenda aos critérios da habitabilidade, da adequação, do custo acessível e da acessibilidade, mencionados pelo CDESC e presentes também no PIDESC, na Estratégia Mundial para Moradia até o ano 2000 e na Declaração de Istambul.

Ainda, ao fixarem como meta a viabilização do acesso de todos a sistemas de transporte adequados e a assentamentos integrados, assim como a elaboração de um planejamento territorial e urbano participativo, nos itens 11.2 e 11.3, os Estados reforçaram objetivos que já se encontravam nas Declarações de Vancouver, de 1976, e de Istambul, de 1996, bem como na Agenda Habitat, e também prestigiaram os critérios da disponibilidade de serviços, infraestrutura e equipamentos públicos, e da adequação cultural, os quais também são essenciais à efetividade do direito à moradia adequada, tal como compreendido pelo CDESC.

Percebe-se, assim, que parte do teor do ODS 11 é composta por verdadeiros desmembramentos dos principais critérios (já reconhecidos pela normativa internacional) a serem preenchidos para que se garanta a efetividade do direito à moradia adequada, e que, agora, possuem um prazo correspondente para sua implementação.

Já ao estabelecer, nos itens 11.5 e 11.7.b, a meta de redução de catástrofes e desastres, bem como de mitigação e adaptação dos assentamentos humanos às mudanças climáticas, com foco nas pessoas em situação de vulnerabilidade — as quais, via de regra, são mais severamente afetadas por esses eventos (MIRRA, Á. L.; MIRRA, A. B., 2021) —, o ODS 11 não apenas obrigou os Estados a propiciarem moradia habitável e em locais adequados aos cidadãos, como acabou por acrescentar novas condicionantes para que se tenha por efetivado o direito humano em tela.

Isso porque, ao determinar que os assentamentos humanos devem estar adaptados a catástrofes e eventos climáticos, garantindo, assim, a segurança de seus habitantes, o ODS 11 avançou na definição do teor da habitabilidade e da localização adequada, para que se considere efetivado o direito humano à moradia adequada, atualizando-a à situação de emergência climática atual.

Até 2015, por força do teor das normas do Sistema Global que regulamentavam o direito à moradia adequada, analisadas no capítulo 4.1, a habitabilidade dizia respeito à capacidade da moradia de promover proteção aos indivíduos contra frio, umidade, calor, chuva, riscos estruturais e de doença, enquanto a localização adequada estava relacionada à viabilização do acesso a facilidades sociais, tais como trabalho, equipamentos de saúde e escolares, e à distância de fontes de poluição.

Com a adoção do ODS 11, sobretudo a partir das metas 11.5 e 11.7.b, reconheceu-se, de forma implícita, a necessidade de acrescentar-se ao critério da habitabilidade a capacidade do espaço utilizado como habitação de permanecer íntegro na eventual ocorrência de eventos climáticos adversos. Já ao critério da localização adequada acrescentou-se, implicitamente, a necessidade de a habitação estar não apenas próxima de equipamentos básicos, como também de não estar situada em área de risco de catástrofes climáticas e ambientais. E, nesse sentido, verifica-se que a comunidade internacional passou a integrar a questão ambiental à solução dos problemas habitacionais.

Corrobora essa afirmação o teor da Nova Agenda Urbana, declaração elaborada no ano seguinte, em 2016, como produto da terceira Conferência das Nações Unidas sobre Povoamentos Humanos, conhecida como Habitat III, realizada em Quito. Sua função precípua, de acordo com os considerandos do documento, é viabilizar a implementação e a localização dos Objetivos do Desenvolvimento Sustentável estabelecidos em 2015, especialmente do ODS 11 (ONU, 2019), por meio do estabelecimento de marcos principiológicos que possam orientar a atuação positiva dos Estados em vista do alcance das metas fixadas nos Objetivos mencionados.

Trata-se de documento altamente relevante, sobretudo porque traduz e reforça a atual abordagem empregada pela comunidade internacional em matéria de desenvolvimento urbano, e integra efetiva e explicitamente a questão ambiental à abordagem jurídica da temática habitacional. Está, desse modo, em absoluta consonância com o princípio do desenvolvimento sustentável que, como vimos anteriormente, deve nortear a implementação de todos os direitos humanos, inclusive os de caráter social e, em especial, o direito à moradia adequada.

Assim como os ODSs, a Nova Agenda Urbana também tem a cidade como o *lócus* por excelência de implementação do desenvolvimento sustentável e dos direitos humanos[30] (ONU, 2019). Pautada na visão do direito à cidade, que compreende a garantia, às presentes e futuras gerações, de aglomerados urbanos inclusivos, justos, seguros, saudáveis, acessíveis, resilientes, sustentáveis, prósperos e que permitam qualidade de vida a todos (ONU, 2019), um dos principais objetivos da Nova Agenda Urbana é precisamente a plena concretização do direito à moradia adequada, a ser obtida progressivamente por meio da implementação de uma série de políticas públicas e ações voltadas à viabilização do acesso universal a esse direito humano básico:

> 12. Nosso objetivo é alcançar cidades e assentamentos humanos onde todas as pessoas possam desfrutar de direitos e oportunidades iguais, assim como de liberdades fundamentais, orientadas pelos propósitos e princípios da Carta das Nações Unidas, incluindo o pleno respeito ao direito internacional.
> (...)
> 13. Vislumbramos **cidades e assentamentos humanos que**:
> (a) cumpram sua função social, inclusive **a função social e ecológica da terra, com vistas a alcançar, progressivamente, a plena concretização do direito à moradia adequada** como um componente do direito a um padrão de vida adequado, sem discriminação, com acesso universal a sistemas de abastecimento de água potável e saneamento seguros e acessíveis, assim como acesso igualitário para todos a bens e serviços públicos de qualidade em áreas como segurança

[30] "4. Ainda estamos longe de lidar adequadamente com estes e outros desafios existentes e emergentes e há a necessidade de se aproveitar as oportunidades ensejadas pela urbanização, como um motor do crescimento econômico sustentado e inclusivo, do desenvolvimento social e cultural e da proteção ambiental, bem como suas contribuições potenciais para se alcançar um desenvolvimento transformador e sustentável" (ONU, 2019, p. 15).

> alimentar e nutrição, saúde, educação, infraestrutura, mobilidade e transporte, energia, qualidade do ar e subsistência (ONU, 2019, p. 5, grifo nosso).

Como se observa no trecho supratranscrito, diferentemente de todos os documentos internacionais do Sistema Global que a precederam cronologicamente, que focalizaram os aspectos econômico-sociais e socioeconômicos atrelados à concretização do direito à moradia adequada, conforme apontamos nos capítulos 4.2.1 e 4.2.2, a Nova Agenda Urbana, de 2016, apontou, definitiva e contundentemente, a variável ambiental como critério a ser necessariamente observado para a efetividade do direito à moradia adequada, adotando, por isso, em nossa compreensão, uma perspectiva eminentemente socioambiental do direito humano em questão.

Além da obrigatória observância da função social da terra — e, portanto, da propriedade —, a Declaração de Quito indicou ser indispensável que o uso do solo nas cidades atenda à chamada função ecológica da terra. Em outras palavras, atualmente, a concretização do direito à moradia adequada não só depende da preservação da qualidade ambiental e dos processos ecológicos essenciais, como também não pode ser promovida em detrimento desses aspectos.

Bem por isso, a Nova Agenda Urbana adotou, dentre outros objetivos, a implementação de políticas de redução de desastres e riscos de desastres, de redução das vulnerabilidades e adaptação às mudanças climáticas (item 13, alínea *g* do documento) e a proteção, conservação e restauração do meio ambiente, minimização dos impactos ambientais e alteração dos padrões de consumo da sociedade (item 13, alínea *h* do documento) (ONU, 2019).

Como princípios, a Declaração de Quito sobre Cidades e Assentamentos Urbanos para Todos elencou a eliminação da pobreza em todas as suas formas, de modo a "não deixar ninguém para trás" (ONU, 2019, p. 7) e garantir a integração de todos no espaço urbano, inclusive por meio de acesso seguro e igualitário às infraestruturas básicas, bem como à moradia adequada e acessível economicamente (item 14 do documento) (ONU, 2019).

Estipulou, também, o princípio das economias sustentáveis e inclusivas, a serem alcançadas por meio do aproveitamento dos benefícios da aglomeração da urbanização planejada para promoção do pleno emprego, do impedimento da especulação fundiária, da promoção da segurança da posse das terras e propriedades e do gerenciamento da perda de densidade urbana (item 14, alínea *b*) (ONU, 2019). Além disso, estabeleceu o princípio da garantia da sustentabilidade ambiental, dentre outras formas, alcançada por meio do uso sustentável da terra, da alteração dos padrões de consumo e produção, do fortalecimento da resiliência urbana, da redução de riscos de desastres e da mitigação e adaptação às mudanças climáticas (item 14, alínea *c*) (ONU, 2019).

Além desses objetivos e princípios, a Nova Agenda Urbana ainda trouxe um plano de implementação que prevê, dentre outras medidas, que a concretização progressiva do direito humano em questão será realizada sem discriminação, sem violência e sem desocupações forçadas (item 31), com foco na população mais vulnerável — com especial destaque para as mulheres, pessoas com deficiência, crianças, idosos, indígenas e migrantes (item 34) — e com participação popular nas tomadas de decisões pelos respectivos poderes públicos (ONU, 2019).

Prevê, ainda, que deverá haver um esforço por parte dos Estados na oferta de diferentes modalidades de moradia adequada (item 33), seguras e economicamente acessíveis, na promoção de financiamentos habitacionais aos menos favorecidos (item 46), no fortalecimento da segurança da posse, reconhecendo as suas diversas modalidades (item 35), bem como na elaboração de estratégias de ordenação do território, de forma a evitar a marginalização e dispersão urbana (item 52), preservar a função social e ecológica da terra (item 69), fortalecer a resiliência das cidades e assentamentos humanos em geral, gerindo e reduzindo tanto a ocorrência de riscos como as vulnerabilidades (item 77), e na construção de um arcabouço jurídico-institucional fundado nos princípios da igualdade e da não discriminação para fortalecer a capacidade dos governos de implementar as políticas públicas (item 89) necessárias à concretização do direito à moradia adequada tal como compreendido na atualidade (ONU, 2019).

Em vista dos objetivos, princípios e plano de ação traçados pela Nova Agenda Urbana, todos à luz do ODS 11 e, portanto, do princípio jurídico do desenvolvimento sustentável, com destaque para a função social e ecológica da terra, e em face da imprescindibilidade de preservação ambiental e proteção da população, especialmente da mais vulnerável, contra eventos climáticos adversos, tudo indica que, de fato, atualmente, o enfoque adotado pelo Sistema Global de Proteção dos Direitos Humanos em matéria de direito à moradia deixou de ter caráter econômico, passando a ser de ordem socioambiental.

Embora essa nova abordagem não desconsidere o âmbito econômico — ao contrário, são feitas, como apontamos, referências à implementação de uma economia sustentável e à importância das políticas habitacionais para a dimensão de empregos —, a Nova Agenda Urbana traz para o centro dos deveres estatais as questões ambientais e sociais.

Nesse sentido, é possível verificar que, a despeito de o foco dos ODSs e da Nova Agenda Urbana ser a limitação da discricionariedade estatal na definição das ações imediatas para viabilizar a futura efetividade do direito à moradia adequada, ambos os documentos promoveram, reflexamente, a atualização e ampliação do conteúdo jurídico do direito humano em questão.

Ao enunciarem o dever dos Estados de garantir aos cidadãos imóveis que não estejam situados em locais com maiores riscos de serem atingidos por eventos climáticos adversos e que, concomitantemente, tenham capacidade de resistir em caso de sua eventual ocorrência, os documentos do Sistema Global em questão atualizaram o significado dos critérios da localização adequada e da habitabilidade, essenciais para que se tenha por efetivado o direito à moradia adequada.

Ademais, ao vincularem os princípios do desenvolvimento sustentável e da função ecológica da terra ao direito à moradia adequada, os ODSs e a Nova Agenda Urbana acrescentaram novas condicionantes à efetividade do direito humano em questão, promovendo, assim, implicitamente, a ampliação da sua aplicabilidade.

Ainda, e considerando a amplitude das metas abarcadas pelos ODSs e a indivisibilidade e interdependência dos direitos humanos, é possível extrair tanto dos ODSs quanto da Nova Agenda Urbana que, no atual cenário de emergência climática, que ameaça as possibilidades de vida de toda a humanidade e já começa a impactar negativamente de modo mais intenso as populações historicamente vulneráveis (DAMACENA, 2019; MIRRA, Á. L., MIRRA, A. B., 2021), não há como se conceber a efetividade dos direitos sociais em geral e do direito à moradia em especial sem que sejam consideradas as variáveis ambientais que impactam direta ou indiretamente a sua realização.

Nesse sentido, vale destacar o relatório elaborado em 2022 pelo Relator Especial da ONU para o direito à moradia adequada, Balakrishnan Rajagopal, o qual recomendou a inclusão da sustentabilidade como o oitavo critério de adequação da moradia. Isso porque, de acordo com o documento, "a crise climática é uma crise habitacional" (ONU, 2022, p. 3, tradução nossa), seja porque os processos de urbanização, de adensamento populacional e de construção de moradia implicam em desmatamentos, poluição, ocupação de áreas ambientalmente sensíveis e produção de dejetos de difícil decomposição, seja porque os eventos climáticos extremos, cada vez mais recorrentes, produzem impactos diretos sobre as possibilidades de exercício do direito à moradia adequada em sua integralidade, em especial no que tange aos aspectos da habitabilidade e da localização adequada, que conformam a sua adequação (ONU, 2022).

Bem por isso, afirma o relatório que "o direito à moradia adequada deve ser interpretado em consonância com o direito ao meio ambiente limpo, saudável e sustentável" (ONU, 2022, p. 4, tradução nossa), cabendo, por isso, aos Estados o dever de empregar, na maior medida possível, os recursos disponíveis na adoção de estratégias nacionais de habitação, com ampla participação popular, bem como de outras medidas legislativas e administrativas para prevenção de danos decorrentes da crise climática e viabilização da sua célere superação, em caso de ocorrência, priorizando sempre o atendimento dos grupos em situação de maior vulnerabilidade (ONU, 2022).

Assim, considerando que a efetividade de todos os direitos de segunda dimensão, como anotamos no capítulo 2, depende da progressiva redução das desigualdades injustas e que, hoje, essa efetividade não pode ser alcançada por meio de políticas públicas que desconsiderem a promoção e proteção ambientais, torna-se necessário reformular a própria concepção do que seja a desigualdade injusta, de modo a abarcar a preservação e promoção do meio ambiente ecologicamente equilibrado. Como aponta Fernanda Dalla Libera Damacena (2019), "[a] desigualdade é injusta na medida em que se torna fonte de vulnerabilidade social e ambiental. Desconsiderar essa relação é a melhor receita para o desastre" (DAMACENA, 2019, p. 460).

Dessa forma, temos que, na atualidade, e por força dos ODSs e da Nova Agenda Urbana, os deveres jurídicos do Estado em matéria de direito à moradia adequada envolvem, além das prestações positivas que já vinham sendo enunciadas e pormenorizadas pelas Declarações de Vancouver e de Istambul, a elaboração de políticas públicas habitacionais alinhadas à redução dos riscos climático-ambientais aos quais os indivíduos estejam submetidos, à não ampliação desses riscos e à não intensificação dos fatores que contribuam, ainda que indiretamente, com o agravamento da situação climática local e mundial.

4.3 Definição do público-alvo das políticas públicas de moradia adequada pelo Sistema Global de Proteção dos Direitos Humanos

Conforme apontamos no capítulo 2 do presente trabalho, a superação das desigualdades injustas — e, consequentemente, a consagração da dimensão positiva da igualdade — demanda, além do reconhecimento e enunciação de direitos de segunda dimensão, a especificação dos seus sujeitos de direito. Afinal, somente considerando os seres humanos de forma contextualizada e concreta se torna possível identificar quais desigualdades injustas estão presentes e quais grupos de indivíduos são por elas negativa e especificamente afetados. O adequado desenvolvimento de políticas públicas reparadoras e transformadoras, por isso, depende da identificação e reconhecimento jurídico daqueles que figuram como grupos faticamente vulneráveis.

Como consequência, os sistemas internacionais de proteção dos direitos humanos, identificando grupos que sofrem, historicamente, discriminações injustas, passaram a elaborar documentos juridicamente vinculantes voltados a protegê-los. Criou-se, assim, um microssistema de proteção internacional dedicado especificamente a garantir aos indivíduos pertencentes a esses grupos o exercício dos direitos afetos à dignidade humana em condições de igualdade para com os demais grupos sociais, sobre os quais os efeitos das desigualdades injustas não incidem.

No contexto do Sistema Global, foram elaboradas, por exemplo, a Convenção Internacional sobre a Eliminação de Todas as Formas de Discriminação Racial, a Convenção sobre a Eliminação de Todas as Formas de Discriminação contra a Mulher, a Convenção sobre os Direitos da Criança, a Convenção sobre os Direitos das Pessoas com Deficiência e a Convenção Internacional sobre a Proteção dos Direitos de Todos os Trabalhadores Migrantes e dos Membros de suas Famílias (PIOVESAN, 2015). Nesse sentido, ante o reconhecimento de que os grupos protegidos por tais convenções — quais sejam, as minorias étnicas, as mulheres, as crianças, as pessoas com deficiência e as pessoas em situação de migração — têm, historicamente, a totalidade de seus direitos humanos violados com frequência, é dever dos Estados alçá-los à posição de público-alvo de todas as políticas públicas a serem elaboradas.

No que toca especificamente à questão habitacional, verifica-se que, em todas as convenções supramencionadas, o direito à moradia adequada dos sujeitos nelas especificados é expressamente reconhecido, donde decorre, segundo entendemos, tratar-se de grupos de indivíduos cujo atendimento prioritário pelas políticas públicas habitacionais é imperioso.

Ademais, diversos documentos do Sistema Global já analisados no presente capítulo, e que tratam especificamente do direito à moradia adequada, indicaram expressamente aqueles cujo atendimento habitacional pelas políticas públicas estatais deve ser prioritário.

A Estratégia Mundial para Moradia até o ano 2000, datada de 1988, por exemplo, destacou, conforme apontamos anteriormente, a necessidade de satisfação das necessidades habitacionais dos grupos vulneráveis de cada Estado, atribuindo especial destaque às mulheres (ONU, 1988a).

Ainda, o Anexo da Estratégia Mundial para Moradia trouxe um critério objetivo para a determinação dos alvos prioritários das políticas públicas dos Estados, ao impor como objetivo global a melhoria da situação habitacional daqueles cujas condições atuais são inferiores à média dos países em que habitam (ONU, 1988b). Assim, cabe aos Estados mapear, internamente, a situação da moradia de seus cidadãos, identificar a média nacional em termos de grau de implementação do direito à moradia adequada e promover esforços no sentido de atender, primeiramente, aqueles que, dentro do respectivo território, contam com um menor grau de efetividade do direito humano em questão.

A Declaração de Vancouver de 1976, elaborada durante a Habitat I, por sua vez, destaca a necessidade de elaboração de políticas públicas habitacionais que priorizem o atendimento das pessoas menos favorecidas, enfatizando aqueles afetados por práticas de segregação racial, de colonialismo ou de outras formas de dominação e subjugação (ONU, 1976). Já a Agenda Habitat de 1996, elaborada durante a Habitat II, acrescenta aos elementos trazidos pela Declaração de Vancouver a necessidade de os Estados incluírem pessoas em situação de pobreza e sem casa, idosos, mulheres, jovens e crianças, pessoas com deficiência, migrantes e demais vítimas de deslocamentos forçados, bem como pessoas afetadas por desastres ambientais ou tecnológicos, ou que se encontrem excluídas do acesso ao mercado imobiliário formal no rol de sujeitos a serem atendidos com prioridade pelas suas respectivas políticas públicas de moradia adequada (ONU, 1996).

Por seu turno, o Objetivo de Desenvolvimento Sustentável nº 11, como visto, indicou que vítimas ou pessoas sujeitas a serem diretamente atingidas por catástrofes e desastres ambientais devem ser público-alvo de políticas públicas habitacionais (ONU, 2015). A Nova Agenda Urbana de 2016, por sua vez, apontou, ao lado desse grupo, a necessidade de se garantir especial atenção à população mais vulnerável, sobretudo aquela composta por mulheres, pessoas com deficiência, crianças, idosos, indígenas e migrantes (ONU, 2019).

Em suma, para o Sistema Global de Direitos Humanos, os grupos vulneráveis, que historicamente experimentam situações de desigualdades injustas no que se refere ao grau de efetividade do seu direito à moradia adequada e que, portanto, devem ser alvos prioritários de políticas públicas habitacionais são (i) pessoas em situação de pobreza, sem teto e com dificuldades de acesso ao mercado imobiliário formal, (ii) idosos, (iii) mulheres, (iv) jovens e crianças, (v) pessoas com deficiência, (vi) migrantes e pessoas em situação de deslocamento forçado, (vii) pessoas vítimas ou sujeitas a serem atingidas por catástrofes ambientais ou tecnológicas e (viii) minorias étnicas — com destaque para as pessoas negras e indígenas.

Capítulo 5

O TRATAMENTO JURÍDICO DO DIREITO À MORADIA ADEQUADA NO SISTEMA INTERAMERICANO DE PROTEÇÃO DOS DIREITOS HUMANOS

Considerações iniciais

Como visto no capítulo anterior, o direito internacional dos direitos humanos se concretizou primordialmente a partir de organizações intergovernamentais após o fim da Segunda Guerra Mundial, no âmbito das quais foram criados sistemas de proteção dos direitos humanos. Se, no contexto da ONU, criou-se o Sistema Global, no plano da Organização dos Estados Americanos, da qual o Brasil também é membro, se desenvolveu o Sistema Interamericano de Proteção dos Direitos Humanos.

A criação de um sistema normativo e institucional compartilhado pelos Estados do continente americano era um objetivo há muito almejado. Entre 1889 e 1948, os Estados da região realizaram reuniões periódicas, por meio das chamadas Conferências Internacionais Americanas, a fim de estabelecer mecanismos de solução de conflitos comuns e introduzir melhorias no intercâmbio comercial e nos meios de comunicação interestatais (OEA, [s.d.]). No ano de 1948, durante a 9ª Conferência Internacional Americana, realizada entre 30 de março e 2 de maio — alguns meses antes da aprovação da DUDH, portanto —, foram aprovados dois documentos de suma importância (OEA, 2021a). O primeiro foi a Carta da Organização dos Estados Americanos, responsável pela criação e estruturação da OEA, bem como pelo estabelecimento do diálogo dessa nova organização intergovernamental com a ONU e o Sistema Global de Direitos Humanos que começava a se consolidar[31] (OEA, 2021a). O segundo foi a Declaração Americana de Direitos e Deveres do Homem, a qual, assim como fez a DUDH no Sistema Global, esmiuçou o significado da expressão *direitos humanos*, mencionada na Carta da OEA, e reforçou o compromisso dos Estados signatários com a realização e proteção desses direitos (OEA, 2021a).

Como forma de adimplir esse compromisso, além da produção normativa voltada à enunciação dos direitos dos cidadãos e à atribuição de deveres aos Estados, foram criados, no âmbito da OEA, órgãos para o monitoramento da implementação dos direitos humanos no continente americano e a condenação dos Estados-partes em razão de violações contra eles perpetradas.

Dentre esses órgãos, destacamos a Comissão Interamericana de Direitos Humanos (CIDH) e a Corte Interamericana de Direitos Humanos (Corte IDH), as quais têm, como veremos, o condão de reduzir a discricionariedade dos Estados-partes na definição das medidas a serem imediatamente adotadas para implementar progressivamente os direitos humanos tutelados pelo Sistema Regional.

A Comissão Interamericana de Direitos Humanos (CIDH) foi criada pela Resolução VIII da V Reunião de Consulta dos Ministros das Relações Exteriores, em 1960, estando voltada exclusivamente à promoção dos direitos humanos no Sistema Regional Interamericano, por meio da elaboração de relatórios (TRINDADE, 2000). Nos anos subsequentes, teve sua competência ampliada por outras resoluções, bem como pela atuação prática de seus membros durante conflitos armados na República Dominicana, em Honduras e El Salvador, passando a atuar não mais apenas por meio de relatórios, mas também por meio do exame de comunicações, de visitas *in loco* aos Estados e do preparo e realização de estudos e seminários (TRINDADE, 2000).

---

[31] No ponto, vale recordar que, muito embora a Declaração Universal dos Direitos Humanos date de 1948, a ONU foi fundada em 1945, ano em que a Carta de São Francisco foi elaborada e adotada pela comunidade internacional. Sobre o assunto, remetemos o leitor ao capítulo 4 da presente pesquisa.

A CIDH somente passou a possuir base convencional com a elaboração, em 1967, do Protocolo de Buenos Aires, que alterou a Carta da OEA, tornando-a um órgão permanente do Sistema Interamericano e consagrando definitivamente a ampliação das suas competências levadas a cabo pelas resoluções e pela sua atuação prática (TRINDADE, 2000).

Posteriormente, em razão da adoção da Convenção Americana de Direitos Humanos (CADH), em 1969, as competências da CIDH foram novamente alteradas, sobretudo em função da criação da Corte Interamericana de Direitos Humanos (Corte IDH), passando, assim, a desempenhar um duplo papel (TRINDADE, 2000; PIOVESAN, 2015).

O primeiro deles é o de monitoramento e proteção dos direitos humanos, efetuado por meio de (i) estudos e relatórios sobre a situação desses direitos na região, (ii) solicitação de informações aos governos, (iii) visitas *in loco*, (iv) solicitação, em caso de urgência, da suspensão de práticas governamentais que violem ou coloquem em risco os direitos humanos, (v) elaboração de recomendações aos Estados-partes sobre as medidas que devem adotar para implementar tais direitos (PIOVESAN, 2015) e (vi) determinação de medidas cautelares voltadas à cessação de violações a direitos humanos (RAMOS, A.C., 2017).

O segundo papel desempenhado pela CIDH é o de recebimento de denúncias de violações a direitos consagrados no Sistema Interamericano de Direitos Humanos (PIOVESAN, 2015). Tais comunicações podem ser encaminhadas por indivíduos, grupos ou entidades não governamentais (PIOVESAN, 2015) à CIDH, a qual tem atribuição para, inclusive, se necessário, submeter o caso informado à Corte IDH para julgamento (TRINDADE, 2000).

Seja no desempenho do primeiro grupo de atribuições, seja no exercício do segundo, a atuação da CIDH obriga todos os Estados integrantes da OEA. Isso porque o ingresso na organização interestatal em questão demanda, necessariamente, a adesão dos Estados à Carta da OEA e à Declaração Americana de 1948, cujas disposições acerca da Comissão Interamericana não são passíveis de denúncia (TRINDADE, 2000; PIOVESAN, 2015). Significa, portanto, que, em matéria de implementação de direitos humanos, os Estados-membros da OEA devem, necessariamente, observar as recomendações e relatórios elaborados pela CIDH.

A Corte Interamericana de Direitos Humanos, por sua vez, é o órgão jurisdicional do Sistema Interamericano, sendo composta por sete juízes nacionais de Estados-membros da OEA, eleitos a título pessoal — isto é, sem vínculo com o país de origem — pelos Estados signatários da Convenção Americana de Direitos Humanos (TRINDADE, 2000). Criada pela CADH, a Corte IDH também possui dupla competência, uma de ordem consultiva e outra de ordem contenciosa, ambas as quais, para serem exercidas em face de um Estado, exigem o reconhecimento expresso das suas competências.

A competência consultiva, de acordo com o artigo 64 da CADH, diz respeito (i) à atribuição conferida à Corte Interamericana para interpretar as disposições da CADH e dos demais tratados referentes à proteção dos direitos humanos que obrigam os Estados americanos, e (ii) à realização do controle de convencionalidade das normas internas dos Estados-membros, opinando sobre a compatibilidade das suas legislações domésticas com os instrumentos interamericanos. Em razão disso, qualquer membro da OEA, seja signatário da CADH ou não, pode solicitar o parecer da Corte sobre a interpretação de um documento internacional, tanto da sua integralidade, quanto de um dispositivo específico (PIOVESAN, 2000).

O exercício dessa competência, como bem alerta Flávia Piovesan (2000), não se dá de maneira estática, mas sim de modo dinâmico e evolutivo, à luz do contexto temporal da interpretação levada a efeito pela Corte, permitindo, por conseguinte, a atualização do conteúdo dos direitos humanos reconhecidos pelo Sistema Interamericano.

A competência contenciosa, por sua vez, consiste na tarefa de solucionar controvérsias que envolvam denúncia de violação de direitos humanos por parte de um Estado signatário da CADH (PIOVESAN, 2015). Aqui, diferentemente do exercício das atribuições consultivas, a competência da Corte IDH é, em princípio, limitada, alcançando apenas os Estados que aderiram à Convenção Americana de Direitos Humanos e que reconhecem a sua competência contenciosa (artigo 62, item 3, CADH). Ademais, somente podem provocar a Corte a atuar contenciosamente a Comissão Interamericana ou os Estados-partes (artigo 61, item 1, CADH).

Caso seja reconhecido pela Corte Interamericana que houve, de fato, violação a direitos humanos, ela determinará, conforme o artigo 63, item 1 da CADH, por meio de sentença, que o Estado em questão adote as medidas necessárias à restauração do direito violado, podendo fazê-lo tanto de modo genérico, como por meio da indicação expressa das ações que devem, obrigatoriamente, ser implementadas. Ainda de acordo com o mesmo dispositivo, a Corte IDH pode impor a adoção de medidas preventivas que evitem a ocorrência de novas violações semelhantes e, inclusive, determinar que o Estado em questão indenize a(s) vítima(s) pecuniariamente ou por meio de outros expedientes.

As decisões exaradas pela Corte IDH no exercício da sua competência contenciosa vinculam os Estados denunciados, cabendo a estes promover o seu imediato cumprimento. Havendo condenação pecuniária, a sentença da Corte valerá como título executivo, exigível perante o sistema de justiça interno dos Estados, observado o procedimento fixado pela legislação nacional em questão (PIOVESAN, 2015).

Embora não haja consenso quanto ao caráter vinculante dessas decisões em face dos demais Estados que não foram denunciados no procedimento que as originou, entendemos que as sentenças da Corte IDH possuem, no que toca aos seus respectivos dispositivos e razões de decidir, eficácia *erga omnes*.

A despeito de não terem, de fato, o condão de obrigar os Estados que não foram parte no processo a cumprirem de imediato com o seu teor, essas sentenças consistem em interpretações oficiais dos diplomas normativos interamericanos de direitos humanos. Dessa forma, vinculam todos os Estados-partes, na medida em que fixam o sentido e o alcance atuais dos direitos reconhecidos pelo Sistema Interamericano — isto é, indicam a amplitude da sua aplicabilidade.

Ademais, as sentenças da Corte IDH apontam concretamente as ações e omissões que violam direitos humanos e indicam medidas que podem ser adotadas pelos Estados para protegê-los e implementá-los. Nesse sentido, entendemos que, para os Estados que não são parte no procedimento contencioso, as sentenças da Corte Interamericana servem como documentos jurídicos orientadores da ação estatal, se assemelhando, no ponto, aos relatórios e recomendações da Comissão Interamericana, os quais, como visto, vinculam todos os membros da OEA.

Observa-se, assim, que, em função do caráter vinculante dos relatórios e recomendações da CIDH — os quais alcançam todos os Estados integrantes da OEA, sem exceção — e das interpretações, consultas e sentenças da Corte Interamericana — as quais, em nosso entendimento, também vinculam os Estados signatários, sejam eles parte no procedimento ou não —, no Sistema Regional de Proteção de Direitos Humanos, do qual o Brasil faz parte, a atuação de ambos os órgãos contribui, ao lado das declarações, tratados e convenções, para a consolidação da juridificação do poder e, consequentemente, para a redução da discricionariedade dos Estados no que toca à definição do conteúdo jurídico dos direitos humanos e à escolha das medidas adequadas a serem adotadas para viabilizar a sua implementação.

Assim, e com o fito de compreender o tratamento jurídico que o direito à moradia recebe no Sistema Interamericano, examinaremos, nas páginas seguintes, não apenas os diplomas normativos (tratados, convenções e declarações), mas também os informes e recomendações da CIDH, bem como as sentenças da Corte IDH que tratam do tema.

Faz-se importante destacar, desde logo, a observação feita por Antônio Augusto Cançado Trindade (2000) no sentido de que os instrumentos regionais de proteção dos direitos humanos, inclusive aqueles elaborados no âmbito do Sistema Interamericano, possuem como fonte comum a Declaração Universal dos Direitos Humanos oriunda do Sistema Global.

À exceção da Carta da OEA e da Declaração Americana dos Direitos e Deveres do Homem, adotadas pelos Estados americanos pouco antes da elaboração da DUDH, todos os demais documentos internacionais que analisaremos possuem como ponto de partida expresso a Declaração onusiana de 1948. Não por outro motivo, Flávia Piovesan (2000; 2015) aponta que os Sistemas Global e Interamericano não são dicotômicos, mas complementares.

Enquanto o Sistema Global figura como um parâmetro normativo mínimo, o Sistema Interamericano "deve ir além, adicionando novos direitos, aperfeiçoando outros, levando em consideração as diferenças peculiares em uma mesma região ou entre uma região e outra" (PIOVESAN, 2015, p. 337).

Assim, veremos que são muitas as semelhanças no modo como os documentos dos Sistemas Global e Interamericano enunciam o direito à moradia e a obrigação de resultado a ser alcançada. Não obstante, algumas das obrigações de comportamento fixadas pelo Sistema Regional Interamericano são bastante específicas, e visam dar uma resposta adequada ao modo peculiar como as violações ao direito humano à moradia costumam se apresentar na região, a exemplo da ênfase dada pelos órgãos à questão dos deslocamentos forçados.

Os documentos interamericanos que trazem elementos relevantes para a conformação jurídica do direito à moradia seguem a seguinte cronologia:

1948	Carta da OEA
1948	Declaração Americana dos Direitos e Deveres do Homem
1967	Protocolo de Reformas da Carta da OEA (Protocolo de Buenos Aires)
1969	Convenção Americana de Direitos Humanos (Pacto de San José da Costa Rica)
1988	Protocolo de San Salvador
2001-2020	Decisões da Corte IDH
2012	Carta Social das Américas
2015-2021	Recomendações da CIDH

Dessa forma, e considerando que nosso objetivo com a presente pesquisa é delimitar a margem de discricionariedade estatal na implementação do direito à moradia, passaremos a analisar cada um dos documentos supramencionados, com o intuito de identificar os limites por eles impostos ao Estado brasileiro na tarefa de concretização do direito humano em questão.

Para tanto, e à semelhança do que fizemos no capítulo anterior, optamos por estruturar nossas análises não à luz da ordem cronológica de elaboração dos documentos internacionais, mas sim a partir da modalidade de vinculação estatal que promovem.

5.1 A ampliação da aplicabilidade do direito à moradia adequada pelo Sistema Interamericano de Proteção dos Direitos Humanos: definição da obrigação de resultado a ser alcançada pelos Estados

5.1.1 A definição do direito à moradia adequada nos documentos inaugurais do Sistema Interamericano — Carta da OEA (texto original e redação alterada pelo Protocolo de Buenos Aires) e Declaração Americana

dos Direitos e Deveres do Homem — e a obrigação de resultado por eles atribuída aos Estados

5.1.1.1 A concepção desenvolvimentista subjacente aos documentos inaugurais do Sistema Interamericano

Os documentos que inauguraram o Sistema Interamericano de Proteção dos Direitos Humanos foram a Carta da OEA e a Declaração Americana dos Direitos e Deveres do Homem, elaborados em 1948 por ocasião da 9ª Conferência Internacional Americana (OEA, 2021a). Ambos são instrumentos regionais dotados de força vinculante e obrigatória a todos os Estados-membros da OEA: a Carta da OEA, porque a adesão ao seu teor é pressuposto do ingresso de todo e qualquer Estado na Organização; a Declaração Americana, porque, à semelhança da DUDH, define o teor da expressão *direitos humanos* contida na Carta da OEA. Ademais, como aponta Antônio Augusto Cançado Trindade (2000), a própria Comissão Interamericana, órgão permanente da OEA ao qual todos os Estados-membros se submetem, afirmou, no caso 9.247, que, em razão dos artigos 3, alínea *j*, 16, 51, 112 e 150 da Carta da OEA, os dispositivos de outros instrumentos interamericanos de direitos humanos, a exemplo da Declaração Americana, adquiriram força obrigatória[32].

À Carta da OEA coube a criação e organização interna da Organização dos Estados Americanos, além da regulamentação das relações entre os Estados signatários, atribuindo-lhes direitos e deveres recíprocos. Já à Declaração Americana, principal base normativa regional em matéria de direitos humanos no período que precedeu a adoção da Convenção Americana de Direitos Humanos e instrumento aplicável aos Estados-membros da OEA que a ela não aderiram (TRINDADE, 2000), coube a

[32] Em nossas pesquisas, tentamos encontrar tal decisão mencionada por Antônio Augusto Cançado Trindade, no sítio eletrônico da CIDH, bem como em repositórios não oficiais. Entretanto, não obtivemos êxito na empreitada. Bem por isso, consignamos aqui que a menção feita pelo autor pode ser encontrada em TRINDADE, Antônio Augusto Cançado. "O Sistema Interamericano de Direitos Humanos no limiar do novo século: recomendações para o fortalecimento de seu mecanismo de proteção". *In*: GOMES, Luiz Flávio; PIOVESAN, Flávia (Orgs.). **O Sistema Interamericano de Proteção dos Direitos Humanos e o direito brasileiro.** São Paulo: Revista dos Tribunais, 2000. p. 121.

enunciação dos direitos humanos reconhecidos, protegidos e monitorados pelos órgãos que compõem a OEA.

Trata-se, por isso, de documentos que demandam análise conjunta, porquanto complementares, inclusive no que se refere ao direcionamento da atuação estatal em matéria de implementação dos direitos humanos dos cidadãos.

O artigo 30 da Carta da OEA, por exemplo, assinala o compromisso dos Estados com um desenvolvimento integral, alinhado com a justiça social, e com a satisfação das necessidades básicas de toda a pessoa humana:

> Artigo 30
> Os Estados membros, inspirados nos princípios de solidariedade e cooperação interamericanas, comprometem-se a unir seus esforços no sentido de que impere a justiça social internacional em suas relações e de que seus povos alcancem um desenvolvimento integral, condições indispensáveis para a paz e a segurança. O desenvolvimento integral abrange os campos econômico, social, educacional, cultural, científico e tecnológico, nos quais devem ser atingidas as metas que cada país definir para alcançá-lo (OEA, 1948a, *online*).

De forma semelhante, o artigo 33 do texto original da Carta da OEA previa o desenvolvimento como um processo integral e continuado, voltado à criação de uma ordem econômica e social justa, que viabilize a plena realização da pessoa humana[33]. Verifica-se, nesse sentido, que a abordagem desenvolvimentista adotada pelo Sistema Interamericano tinha, desde o início, caráter social, tendo no desenvolvimento um instrumento de concretização dos direitos humanos.

Tal concepção — do desenvolvimento como instrumento de efetividade dos direitos humanos — é corroborada pelo preâmbulo da Declaração Americana, que afirma expressa e categoricamente que as instituições políticas e jurídicas dos Estados "têm como principal finalidade a **proteção dos direitos** essenciais do homem **e a criação de circunstâncias** que lhe permitam progredir espiritual e materialmente e alcançar a felicidade" (OEA, 1948b, *online*, grifo nosso). Afirma, portanto, que é dever dos Estados e de suas respectivas instituições não apenas enunciar e proteger

[33] Artigo 33 do texto original da Carta da OEA: "O desenvolvimento é responsabilidade primordial de cada país e deve constituir um processo integral e continuado para a criação de uma ordem econômica e social justa que permita a plena realização da pessoa humana e para isso contribua" (OEA, 1948a, *online*).

direitos, mas também atuar positivamente para criar as circunstâncias indispensáveis à satisfação desses direitos.

Observa-se, assim, que, desde o início — e antes do Sistema Global —, o Sistema Interamericano atribuía aos Estados o dever de criar as condições necessárias à fruição dos direitos humanos pelos seus titulares, sem fazer distinções entre direitos civis e políticos e direitos econômicos, sociais e culturais, sinalizando que o dever prestacional estatal se volta à concretização de todos eles. Talvez seja por isso, inclusive, que a abordagem desenvolvimentista do Sistema Interamericano já apresentasse, em 1948, caráter social — o que somente veio a ocorrer no âmbito do sistema da ONU em 1986, conforme analisado no capítulo 4.1.3 da presente pesquisa.

É bem verdade que, em 1967, em razão do Protocolo de Buenos Aires, internalizado pelo Brasil por meio do Decreto Legislativo nº 2/1968, que alterou o texto original da Carta da OEA, não apenas o texto do artigo 33 foi suprimido, como também o novo artigo 30 do tratado em questão passou a estabelecer que os esforços e recursos estatais são condições fundamentais para o desenvolvimento econômico e social, o qual, por sua vez, tem, agora, como objetivo alcançar uma cooperação regional eficaz[34]. Em função disso, o desenvolvimento, antes um instrumento a serviço da plena realização da pessoa humana e, portanto, da concretização dos direitos humanos, passaria a ser mera ferramenta de integração dos Estados americanos.

No entanto, entendemos que, apesar de essa alteração textual parecer sinalizar a ocorrência de uma modificação substancial na concepção desenvolvimentista empregada pelo Sistema Interamericano, uma análise sistemática demonstra que a tônica social e a ideia do desenvolvimento como meio de realização dos direitos humanos permaneceu vigente.

Exemplo disso é a nova redação do artigo 43 da Carta da OEA, dada pelo próprio Protocolo de Buenos Aires. Se, em seu texto original, o referido artigo tinha por escopo orientar a atuação dos Estados para viabilizar

[34] "Artigo 30 Os Estados Membros comprometem-se a mobilizar seus próprios recursos nacionais humanos e materiais, mediante programação adequada, e reconhecem que é importante agir dentro de uma estrutura interna eficiente, como condições fundamentais para seu progresso econômico e social e a fim de alcançar uma cooperação interamericana eficaz" (OEA, 1967, *online*).

a integração regional (OEA, 1948a)[35], após as alterações engendradas pelo Protocolo de Reformas, o artigo 43 deixou de integrar o capítulo do tratado referente ao desenvolvimento integral, passando a compor o capítulo intitulado "Normas Sociais", e a enunciar expressamente que a plena realização da pessoa humana pressupõe uma ordem social justa, acompanhada de desenvolvimento econômico e paz:

> Artigo 43
> **Os Estados Membros, convencidos de que o homem somente pode alcançar a plena realização de suas aspirações dentro de uma ordem social justa, acompanhada de desenvolvimento econômico e de verdadeira paz**, convêm em envidar os seus maiores esforços na aplicação dos seguintes **princípios e mecanismos:**
> (...)
> e) **o funcionamento dos sistemas de administração pública, bancário e de crédito, de emprêsa e de distribuição e vendas, de forma que,** em harmonia com o setor privado, **atendam às necessidades e interêsses da comunidade;**
> f) **a incorporação e crescente participação dos setores marginais da população tanto das zonas rurais como dos centros urbanos;** na vida econômica, social, cívica, cultural e política da nação, **a fim de conseguir a plena integração da comunidade nacional, o aceleramento do processo de mobilidade social e a consolidação do regime democrático. O estímulo a todo esforço de promoção e cooperação populares que tenha por fim o desenvolvimento e o progresso da comunidade** (OEA, 1967, *online*, grifo nosso).

Ao enunciar, no *caput*, a justiça social, o desenvolvimento econômico e a paz como instrumentos essenciais à plena realização da pessoa humana e, consequentemente, à efetiva concretização dos direitos humanos — afinal, de acordo com o preâmbulo da Declaração Americana, são eles os meios por excelência de garantia da satisfação das suas necessidades básicas —, além de prever como princípios centrais a primazia do interesse público e a função social da administração pública, dos bancos, empresas e setor privado em geral (alínea *e* supratranscrita), bem como a

[35] Texto original do artigo 43 da Carta da OEA: "Com o objetivo de fortalecer e acelerar a integração em todos os seus aspectos, os Estados membros comprometem-se a dar adequada prioridade à elaboração e execução de projetos multinacionais e a seu financiamento, bem como a estimular as instituições econômicas e financeiras do Sistema Interamericano a que continuem dando seu mais amplo apoio às instituições e aos programas de integração regional" (OEA, 1948a, *online*).

integração social dos setores periféricos (alínea *f* supratranscrita), dando especial ênfase à necessidade de se reforçar a cooperação popular para o desenvolvimento e progresso comunitários, o Protocolo de Buenos Aires reforça a concepção social de desenvolvimento adotada, desde 1948, pelo Sistema Interamericano, e que deve ser reproduzida pelos Estados-partes da OEA na criação e implementação de normas e políticas públicas.

Não parece haver dúvidas, portanto, de que a principal obrigação de resultado dos Estados americanos é a plena realização da dignidade humana de todos os seus cidadãos, a qual decorrerá da efetiva concretização de todo o catálogo de direitos humanos reconhecido pelo Sistema Interamericano. Para tanto, cabe aos Estados efetivar, dentre outros, o direito à moradia — nosso objeto de estudo —, o qual encontra previsão em ambos os documentos inaugurais do Sistema Interamericano de Proteção dos Direitos Humanos.

5.1.1.2 As obrigações de resultado em matéria de direito à moradia adequada atribuídas aos Estados pelos documentos inaugurais do Sistema Interamericano

A Carta da OEA, tratado regional voltado ao estabelecimento de direitos e deveres estatais, em seu artigo 31, estabeleceu como obrigação a ser adimplida pelos Estados signatários a garantia de habitação adequada a todos os setores da população:

> Artigo 31
> A fim de acelerar seu desenvolvimento econômico e social, de acôrdo com suas próprias peculiaridades e processos e dentro da estrutura dos princípios democráticos e das instituições do Sistema Interamericano, **os Estados Membros convêm em envidar seus maiores esforços no sentido de alcançar as seguintes metas básicas:**
> (...)
> k) **habitação adequada para todos os setores da população;**
> l) **condições urbanas que proporcionem** oportunidade de **vida sadia, produtiva e digna** (OEA, 1967, ***online***, grifo nosso).

Quando prevê, no *caput* do dispositivo em questão, que os Estados envidarão esforços no alcance da meta de garantir habitação adequada a todos os setores da população, a Carta da OEA não apenas atribui aos

Estados-partes o dever de atuarem positivamente para efetivar o direito à moradia, mas também impõe que a garantia desse direito alcance a todos, indistintamente. Em outras palavras, a meta de habitação adequada para todos os setores da população, além de vincular a atuação estatal à adoção de condutas positivas voltadas à implementação do direito à moradia, exige que tais medidas viabilizem a universalidade do acesso à habitação adequada, sob pena de não se efetivar tal direito humano.

Ademais, a alínea *k* do artigo 31 da Carta da OEA exige do Estado a garantia de habitação *adequada*. Assim, é também por força do ordenamento jurídico interamericano — e não apenas das normativas do Sistema Global, que examinamos no capítulo anterior — que a efetividade do direito à moradia adequada está atrelada não somente à satisfação de seu aspecto material, isto é, à disponibilização de um teto para todos os indivíduos, mas também à satisfação de seu aspecto existencial, ou seja, à garantia de um teto adequado, que possibilite condições dignas de vida aos seus habitantes.

No ponto, é importante destacar que o dispositivo supracitado, no texto original da Carta da OEA, constava de seu artigo 34, tendo o seu *caput* uma redação distinta[36]. Contudo, as alíneas que indicam as metas a serem alcançadas pelos Estados permanecem as mesmas desde 1948. Nesse sentido, verifica-se que o Sistema Interamericano se antecipou ao Sistema Global no que se refere à qualificação do direito à moradia com o predicado da adequação (alínea *k* supratranscrita).

Ainda, a moradia adequada, no contexto dos documentos inaugurais do Sistema Interamericano, possui estreita relação com a dignidade humana, como reforça a alínea *l* do artigo 31 da Carta da OEA, que impõe aos Estados a obrigação de viabilizar, em âmbito urbano, condições dignas para uma vida sadia e produtiva. Dessa forma, a efetividade de todos os direitos sociais — inclusive do direito à moradia, portanto —, mediante a disponibilização, pelo Estado, dos meios materiais mínimos necessários

[36] Texto original do artigo 34 da Carta da OEA: "Os Estados membros convêm em que a igualdade de oportunidades, a eliminação da pobreza crítica e a distribuição eqüitativa da riqueza e da renda, bem como a plena participação de seus povos nas decisões relativas a seu próprio desenvolvimento, são, entre outros, objetivos básicos do desenvolvimento integral. Para alcançá-los convêm, da mesma forma, em dedicar seus maiores esforços à consecução das seguintes metas básicas: (...) k) habitação adequada para todos os setores da população" (OEA, 1948a, *online*).

a uma vida digna, não pode se dar desassociada dos critérios de saúde e produtividade.

E, nesse aspecto, o teor da Carta da OEA em matéria de direito à moradia adequada muito se aproxima das disposições sobre o tema constantes da Declaração Americana de 1948, a qual, em seu artigo XI, enuncia a habitação como um pressuposto necessário para que seja garantido o direito à saúde dos cidadãos:

> ARTIGO XI
> **Toda pessoa tem direito a que sua saúde seja resguardada por medidas** sanitárias e **sociais relativas à** alimentação, vestuário, **habitação** e cuidados médicos **correspondentes ao nível permitido pelos recursos públicos e da coletividade** (OEA, 1948b, p. 25, grifo nosso).

Ao vincular a satisfação das necessidades habitacionais à concretização do direito à saúde, a Declaração Americana não apenas aponta a essencialidade da moradia para a plena realização da pessoa humana, que integra o mínimo existencial, como também destaca a interdependência entre os direitos humanos, característica a eles inerente, segundo a qual "um direito não alcança a eficácia plena sem a realização simultânea de alguns ou de todos os outros direitos humanos" (WEIS, 2014, p. 184).

Ainda, ao indicar que as medidas sociais indispensáveis à garantia da saúde dos cidadãos serão garantidas dentro dos limites permitidos pelos recursos públicos e da coletividade, a Declaração Americana de 1948 indica ser atribuição do Estado atuar para viabilizar as condições materiais necessárias à satisfação das necessidades básicas dos indivíduos, o que significa, no limite, ser dever estatal a promoção, dentre outros, do direito à moradia.

Nesse sentido, é importante destacar que o artigo XXIII da Declaração Americana dos Direitos e Deveres do Homem prevê o direito à moradia como um direito autônomo, fazendo-o nos seguintes termos:

> ARTIGO XXIII
> Toda pessoa tem **direito à propriedade particular correspondente às necessidades essenciais de uma vida decente, e que contribua para** manter **a dignidade da pessoa e do lar** (OEA, 1948b, p. 26, grifo nosso).

Aqui, é possível verificar que nem toda a propriedade é objeto de proteção por parte do ordenamento jurídico interamericano. Diferentemente da Declaração Universal dos Direitos Humanos da ONU, ou ainda da Constituição Federal brasileira, ambos documentos normativos que preveem o direito à propriedade de modo genérico e abrangente, o Sistema Interamericano restringiu a tutela jurídica da propriedade apenas àquela que serve às necessidades essenciais de uma vida decente, assim concebida a propriedade que contribui para manter a dignidade da pessoa e do lar.

Assim, em razão da menor abrangência da proteção conferida pelo Sistema Interamericano à propriedade, a qual, não obstante, abarca, segundo disposição expressa, a dignidade da pessoa e do lar, entendemos que o artigo XXIII da Declaração Americana está a enunciar não o direito à propriedade, mas o direito à moradia.

Nessa perspectiva, e partindo do pressuposto de que a *propriedade particular* mencionada no referido dispositivo é a *moradia*, verifica-se, aqui também, a presença do predicado da adequação como qualificador do direito humano titularizado pelos cidadãos dos Estados signatários da Declaração Americana. Desse modo, o direito à moradia enunciado no documento em questão envolve a satisfação de seus aspectos material e existencial, não consistindo apenas no mero direito a um teto, mas sim a um local adequado e digno, minimamente confortável — passível de ser denominado *lar* —, que contribua para a obtenção de um nível de vida satisfatório.

Da análise dos documentos inaugurais do Sistema Interamericano de Proteção dos Direitos Humanos é possível extrair, portanto, segundo entendemos, primeiramente, que os Estados-partes têm como principal obrigação de resultado a plena realização da pessoa humana. O adimplemento dessa obrigação será alcançado por meio da concretização de todo o catálogo de direitos humanos, a qual, por sua vez, tem no desenvolvimento um de seus instrumentos de realização.

O direito à moradia, enunciado pela Carta da OEA (artigo 31, *k*) e pela Declaração Americana (artigos XI e XXIII) como um direito humano, é, nesse contexto, reconhecido como indispensável à plena realização da pessoa humana, componente do mínimo existencial, cabendo aos Estados atuarem positivamente para viabilizar a sua concretização. Para tanto, é necessário que sejam alcançados alguns resultados na seara habitacional.

De acordo com os documentos inaugurais do Sistema Interamericano, tais resultados resumem-se ao acesso à habitação adequada a todos os setores da população, assim entendida a habitação caracterizada pela segurança da posse e pela aptidão de proporcionar condições sadias de vida aos indivíduos.

No ponto, destacamos que, embora a definição do que sejam condições sadias de vida varie ao longo dos anos (FLORES, 2009), atualmente elas podem ser interpretadas como a necessidade indispensável de a moradia ter acesso aos serviços de fornecimento de água e saneamento básico, além de estar localizada distante de áreas de riscos. Outrossim, há outra necessidade que se mostrou latente durante a pandemia de Covid-19: a de que a moradia tenha espaço adequado, preferencialmente com mais de um cômodo, de modo a permitir que, em caso de contaminação de um dos habitantes por doença contagiosa, ele possa permanecer isolado dos demais e, assim, reduzir as chances de transmissão da moléstia.

5.1.2 As obrigações de resultado em matéria de direito à moradia adequada atribuídas aos Estados pela Carta Social das Américas

No ano de 2005, a Comissão Econômica para a América Latina e o Caribe da ONU (CEPAL) elaborou um relatório que avaliava os desafios a serem enfrentados pelos Estados americanos na implementação dos Objetivos de Desenvolvimento do Milênio[37] no interregno de 2000 a 2015 (ONU, 2005). Na oportunidade, constatou-se que, no campo da integração das políticas ambientais, urbanas e de desenvolvimento territorial, seria necessário que os Estados americanos (i) adotassem políticas habitacionais mais diversificadas e flexíveis, especificamente orientadas aos diferentes grupos, (ii) criassem marcos legais e urbanísticos adequados à regularização da situação possessória dos habitantes de assentamentos informais e (iii)

[37] Os Objetivos de Desenvolvimento do Milênio foram um compromisso internacional que orientou os Estados por meio do estabelecimento de metas a serem atingidas entre os anos de 2000 e 2015, e que "constituíram-se de 8 grandes desideratos: redução da pobreza; atingir o ensino básico universal; igualdade entre os sexos e a autonomia das mulheres; reduzir a mortalidade na infância; melhorar a saúde materna; combater a Aids/HIV, a malária e outras doenças; garantir a sustentabilidade ambiental; e estabelecer uma parceria mundial para o desenvolvimento" (TSURUDA; GONÇALVES, 2018, p. 19). Posteriormente, essas metas foram ampliadas com a adoção, pela comunidade internacional, dos Objetivos de Desenvolvimento Sustentável (TSURUDA; GONÇALVES, 2019).

utilizassem instrumentos como densificação do uso do solo, reserva de terra e esquemas de micro e médio financiamentos e subsídios para aumentar a oferta de moradia e a demanda formal, respectivamente (ONU, 2005).

Verificou-se, ainda, a necessidade do estabelecimento de sistemas de vigilância e alerta prévio de desastres naturais, em especial no caso dos países insulares, bem como de redução da quantidade de habitantes de assentamentos informais e precários (ONU, 2005).

Assim, e com o fito de estimular e orientar os Estados americanos a corrigirem os apontamentos feitos pela CEPAL, passou-se a sustentar a necessidade de elaboração de uma Carta Social das Américas. Ainda em 2005, Nelson Pineda Prada, durante o X Congresso Internacional para a Reforma da Administração Pública, realizado pelo Centro Latino-Americano de Administração para o Desenvolvimento, sugeriu a elaboração de dito documento, para que se pudessem fixar, com ampla participação da sociedade civil, os princípios filosóficos e políticos orientadores das medidas estatais indispensáveis à alteração do quadro de profundas desigualdades sociais que caracterizava (e ainda caracteriza) a região (PRADA, 2005).

De acordo com o autor, tais princípios deveriam ser compatíveis com duas metas principais, quais sejam, (i) a transformação das condições materiais e sociais da maioria da população americana, à qual foi historicamente negado o acesso à riqueza e ao bem-estar, e (ii) a construção de uma nova condição de cidadania, baseada no exercício de todos os direitos humanos e na autonomia dos indivíduos (PRADA, 2005).

Apenas no ano de 2012, às vésperas do encerramento do prazo acordado pela comunidade internacional global para o alcance dos oito Objetivos de Desenvolvimento do Milênio, e constatado o aprofundamento do quadro de desigualdades no continente, junto da necessidade de criação de condições sociais para a efetiva instituição da democracia na região, os Estados-partes da OEA, por meio de sua Assembleia Geral — e sem a ampla participação popular sugerida por Nelson Pineda Prada —, aprovaram a Carta Social das Américas.

De acordo com André de Carvalho Ramos (2017), a Carta Social das Américas é um documento de *soft law* — não vinculante, portanto. Não obstante, consideramos tratar-se de instrumento juridicamente vinculante, seja por consistir em um compromisso internacional firmado pela comunidade interamericana como forma de viabilizar o adimplemento de obrigações previstas em documentos juridicamente vinculantes, seja por apresentar fatores de endurecimento[38], a exemplo da linguagem prescritiva e precisa que expressamente atribui aos Estados obrigações de resultado e de comportamento, bem como da grande publicidade de seu texto, que foi aprovado em sessão plenária da Assembleia Geral da OEA (OEA, 2012a).

A relevância da Carta Social das Américas está atrelada, além do seu caráter vinculante, ao fato de que seu teor sinaliza uma mudança no enfoque adotado pelo Sistema Interamericano no que se refere à efetividade dos direitos humanos e à abordagem desenvolvimentista a ser empregada pelos Estados americanos para o seu alcance.

Tal mudança se verifica quando analisamos a atual definição do que seja o desenvolvimento integral, o qual é compreendido pela comunidade interamericana, desde 1948, como indispensável à efetividade dos direitos humanos na região.

Até 2012, o desenvolvimento integral era concebido nos termos da Carta da OEA, que assim dispõe:

> Artigo 30
> Os Estados membros, inspirados nos princípios de solidariedade e cooperação interamericanas, comprometem-se a unir seus esforços no sentido de que impere a justiça social internacional em suas relações e de que seus povos alcancem um desenvolvimento integral, condições indispensáveis para a paz e a segurança. **O desenvolvimento integral abrange os campos econômico, social, educacional, cultural, científico e tecnológico**, nos quais devem ser atingidas as metas que cada país definir para alcançá-lo (OEA, 1948a, ***online***, grifo nosso).

A Carta Social das Américas, contudo, atualizou essa definição, nos seguintes termos:

> ARTIGO 33
> Os Estados membros, inspirados nos princípios de solidariedade e cooperação interamericanas, se comprometem a unir esforços para conseguir que impere a

[38] Sobre os fatores de endurecimento, que viabilizam que documentos internacionais de *soft law* operem efeitos vinculantes, remetemos o leitor às considerações iniciais do capítulo 4 da presente pesquisa.

> justiça social internacional em suas relações e para que seus povos alcancem um desenvolvimento integral, condições indispensáveis para a paz e a segurança. **O desenvolvimento integral abrange, entre outros, os campos econômico, social, educacional, cultural, científico, tecnológico, trabalhista, ambiental, e da saúde**, em que se devem obter as metas que cada país defina para consegui-lo (OEA, 2012a, p. 10 e 11, grifo nosso).

Observa-se, assim, que, se antes os aspectos que compõem o desenvolvimento integral eram arrolados taxativamente pela Carta da OEA, atualmente são concebidos como elementos de um rol exemplificativo, o qual abarca expressamente o campo ambiental.

Nesse mesmo sentido dispõe o artigo 22 da Carta de 2012, por meio do qual os Estados se comprometeram a fortalecer suas capacidades técnicas, regionais e nacionais, de prevenir, responder, mitigar e avaliar desastres ambientais, com especial atenção àqueles que podem atingir de modo mais intenso populações vulneráveis. Não parece haver dúvidas, portanto, de que a Carta está alinhada ao novo paradigma desenvolvimentista, o qual já vinha sendo adotado pelo Sistema Global de Direitos Humanos, inclusive em matéria de efetividade do direito à moradia adequada, conforme expusemos no capítulo anterior.

O desenvolvimento sustentável, que promove a "integração da questão ambiental nas estratégias e políticas de ordem social e econômica" (MIRRA, Á. L., 2018a, p. 29), é, pela primeira vez, adotado de forma expressa em documento normativo do Sistema Interamericano de Direitos Humanos, no artigo 3 da Carta Social das Américas:

> ARTIGO 3
> Aos Estados membros, em sua determinação e compromisso de combater os graves problemas da pobreza, da exclusão social e da desigualdade, e de enfrentar as causas que a eles dão origem e suas consequências, cabe a responsabilidade de criar as condições favoráveis para alcançar o desenvolvimento com justiça social para seus povos, desse modo contribuindo para fortalecer a governabilidade democrática.
> **Os Estados membros fortalecerão e promoverão as políticas e os programas destinados à consecução de sociedades que ofereçam a todas as pessoas oportunidades para beneficiar-se do desenvolvimento sustentável** com igualdade e inclusão social (OEA, 2012a, p. 3-4).

Verifica-se que, por meio desse dispositivo, os Estados-partes da OEA aderiram expressamente ao paradigma do desenvolvimento sustentável, reconhecendo, por conseguinte, que, atualmente, a plena realização da pessoa humana não pode se dar dissociada da promoção e proteção ambientais.

Dessa forma, e tendo em vista a interdependência e a indivisibilidade que caracterizam os direitos humanos, entendemos que a consequência jurídica que se extrai da incorporação do desenvolvimento sustentável pelo Sistema Interamericano como um instrumento de realização dos direitos indispensáveis à dignidade humana é que a efetividade de todos eles está condicionada à garantia da qualidade ambiental.

E, se assim é, também a efetividade do direito à moradia adequada está intimamente associada à questão ambiental, de modo que a proteção e promoção de um meio ambiente equilibrado integra, hoje, a obrigação de resultado a ser adimplida pelos Estados em matéria habitacional.

5.1.3 As obrigações de resultado em matéria de direito à moradia adequada atribuídas aos Estados pela Comissão Interamericana de Direitos Humanos

A Comissão Interamericana de Direitos Humanos compõe, ao lado da Corte Interamericana de Direitos Humanos, o aparato de monitoramento e implementação dos direitos humanos no âmbito do Sistema Regional Interamericano (PIOVESAN, 2015). Como já tivemos oportunidade de adiantar, a CIDH tem como uma de suas atribuições a realização de estudos e relatórios sobre a situação dos direitos humanos na região. No exercício dessa competência, a CIDH produz informes temáticos e informes específicos sobre cada país, nos quais veicula os diagnósticos sobre a situação dos direitos humanos na região e no território de cada Estado, bem como as recomendações direcionadas às autoridades estatais, indicando as medidas que devem ser por elas tomadas para viabilizar a progressiva efetividade dos direitos monitorados.

Esses documentos possuem, segundo entendemos, caráter vinculante para os Estados americanos. Isso porque a adesão à Carta da OEA é suficiente para se presumir a aceitação da competência da CIDH para monitorar e promover os direitos humanos — já que, como visto, a Comissão é expressamente mencionada no documento inaugural do Sistema Interamericano, desde a sua redação original. Ademais, nos dispositivos da CADH que a regulamentam, inexiste autorização para que os Estados optem por renunciar à sua competência — diferentemente do que ocorre quando se examinam as disposições da CADH referentes à Corte IDH.

Entendemos, ainda, que os informes e relatórios voltados a diagnosticar a situação dos direitos humanos em países específicos vinculam os demais Estados-membros da OEA, embora não com a mesma força vinculante que possuem em face do destinatário direto do documento. Isso porque, nesses documentos, a CIDH identifica situações que configuram violações aos direitos humanos e, ao fazê-lo, reafirma a extensão e o alcance desses direitos, identificando os efeitos jurídicos que produzem — delimitando, portanto, a sua aplicabilidade e, por conseguinte, a obrigação de resultado a ser alcançada.

Muito embora a CIDH não tenha ainda produzido um informe temático sobre a efetividade do direito à moradia adequada, este é um direito humano que vem sendo sistematicamente violado pelos Estados-partes da OEA. Bem por isso, vem sendo frequentemente mencionado pela Comissão em seus relatórios e recomendações.

Em informe temático de dezembro de 2015, referente aos direitos humanos das vítimas de deslocamentos forçados, a CIDH reforçou que todos os indivíduos sujeitos a esses deslocamentos são titulares de direitos humanos, reconhecendo, contudo, que a situação por eles vivida é, por definição, incompatível com o gozo efetivo da integralidade desses direitos (OEA, 2021a). Na oportunidade, a CIDH indicou que o direito à moradia adequada é especialmente violado nesses cenários de deslocamentos forçados, e apontou ser dever dos Estados americanos adotar medidas que previnam a sua ocorrência. Ainda, cabe aos Estados atuar para mitigar os impactos negativos desses deslocamentos sobre o gozo dos direitos humanos pelas pessoas que são por eles vitimadas, inclusive em relação ao direito à moradia (OEA, 2021a).

Também em dezembro de 2015, a CIDH se manifestou nesse mesmo sentido, em informe temático referente à proteção dos direitos humanos no contexto das atividades de extração, exploração e desenvolvimento levadas a cabo pelos povos indígenas e comunidades afrodescendentes. Na oportunidade, a CIDH reconheceu e destacou que a relação desses grupos com o território onde vivem é peculiar por estar ligada não apenas à sua sobrevivência física e material, mas também à sua sobrevivência cultural (OEA, 2021a) e — acrescentamos — identitária. Assim, os deslocamentos forçados dessas coletividades ferem o seu direito à moradia não apenas na sua dimensão física, mas também na sua dimensão cultural.

Bem por isso, a CIDH aponta a proteção especial conferida pelo ordenamento jurídico internacional aos territórios habitados por esses grupos, devendo o Estado respeitar o seu direito à propriedade coletiva e adotar medidas para reduzir os seus deslocamentos forçados (OEA, 2021a).

No ponto, destacamos que, desde o julgamento do caso *Comunidade Mayagna (Sumo) Awas Tingni vs. Nicarágua*, ocorrido em 2001, a Corte Interamericana reconhece que o direito à propriedade enunciado no artigo 21, item 1, da CADH, abarca, quando se trata de conflitos sobre terras ocupadas por agrupamentos indígenas, o direito à propriedade coletiva, o qual tutela o vínculo existencial desses grupos com o território, bem como com os recursos naturais nele presentes (OEA, 2001).

Verifica-se, assim, que, ao invocar o direito à propriedade coletiva, formulado pela Corte Interamericana, para fundamentar uma violação ao direito à moradia adequada, a CIDH dialoga também com os critérios traçados pelo Sistema Global de Direitos Humanos, que têm na adequação cultural um dos elementos indispensáveis à efetividade do direito à moradia.

Já no informe temático sobre a migração forçada da Nicarágua para a Costa Rica, de setembro de 2019, a CIDH, fazendo expressas referências ao Comentário Geral nº 4 do CDESC da ONU, em especial ao critério da disponibilidade dos serviços, materiais, benefícios e infraestrutura, essencial à concretização do direito à moradia, destacou a estreita relação entre este direito humano e o direito à água e ao saneamento básico (OEA, 2021a). Na oportunidade, a Comissão anotou que o acesso a esses serviços básicos deve ser universal, não devendo ser determinado pelo local onde os indivíduos vivem (OEA, 2021a). Ainda, a CIDH destacou que a ausência de acesso à água e ao saneamento viola o direito à moradia digna, e enfatizou que a ausência de moradia com um entorno seguro, que viabilize o acesso a outros direitos humanos, pode impactar negativamente no desenvolvimento de crianças e adolescentes (OEA, 2021a).

Nesse mesmo sentido, em relatório sobre a situação dos direitos humanos em Cuba, datado de fevereiro de 2020, a CIDH frisou a necessidade de que as moradias tenham acesso permanente à água potável, à energia elétrica, tenham instalações sanitárias e sistema de eliminação de dejetos para que sejam adequadas, cabendo ao Estado adotar medidas que garantam todas essas condições aos cidadãos (OEA, 2021a).

Também no mês de setembro de 2019, no informe temático sobre protestos, direitos humanos e respostas estatais a esses eventos, a CIDH enfatizou a segurança da posse como aspecto indispensável à efetividade do direito à moradia. Baseando-se uma vez mais no Comentário Geral nº 4 do CDESC, a Comissão destacou as mais variadas formas pelas quais o direito à moradia pode ser satisfeito, incluindo os assentamentos informais e as ocupações de terras e propriedades, e apontou que todas elas devem ser objeto de proteção jurídica que lhes garanta um mínimo de segurança sobre a posse (OEA, 2021a).

Em junho de 2020, durante a pandemia de Covid-19, a CIDH divulgou um comunicado de imprensa no qual chamou a atenção para a interdependência entre o direito à saúde e o direito à moradia. Na oportunidade, destacou que todas as medidas de contenção do vírus, como o distanciamento social e a manutenção de higiene adequada, pressupõem o acesso à moradia e aos serviços básicos a ela associados — acesso à água e ao saneamento básico, sobretudo (OEA, 2021a). Nesse sentido, reconheceu a CIDH que a efetividade de todas as medidas de saúde esteve condicionada, em grande medida, à adequação das políticas habitacionais implementadas pelos Estados antes e durante o período mais agudo da pandemia.

É possível verificar, dessa forma, que a CIDH, especificamente no que se refere ao direito à moradia, está alinhada com os critérios de efetividade traçados pelo Sistema Global, tendo incorporado principalmente a adequação cultural, a segurança jurídica da posse e a disponibilidade de infraestrutura aos seus documentos, e que segue a tendência verificada, desde os documentos inaugurais do Sistema Interamericano, de enfatizar a interdependência e a indivisibilidade dos direitos humanos, em especial do direito à moradia com o direito à saúde.

Assim, tudo indica que, para a Comissão Interamericana, a obrigação de resultado a ser adimplida pelos Estados americanos na seara habitacional é bastante semelhante àquela que se tem verificado nos demais documentos internacionais, globais e regionais, a respeito do tema.

5.2 Definição dos caminhos para a progressiva efetividade do direito à moradia adequada pelo Sistema Interamericano de Proteção dos Direitos Humanos: estabelecimento dos meios de cumprimento com a obrigação imediata de comportamento dos Estados

5.2.1 As obrigações de comportamento em matéria de direito à moradia adequada atribuídas aos Estados pela Carta da OEA

Além de vincular os Estados à obrigação de obter resultados em matéria habitacional, a Carta da OEA contribui também para determinar os comportamentos a serem imediatamente adotados por eles para viabilizar a progressiva implementação do direito à moradia adequada.

No seu artigo 31, alínea *d*, a Carta da OEA atribui aos Estados o dever de promover reformas voltadas à democratização do acesso à terra:

> Artigo 31
> A fim de acelerar seu desenvolvimento econômico e social, de acôrdo com suas próprias peculiaridades e processos e dentro da estrutura dos princípios democráticos e das instituições do Sistema Interamericano, **os Estados Membros convêm em envidar seus maiores esforços no sentido de alcançar as seguintes metas básicas:**
> (...)
> d) modernização da vida rural e **reformas que conduzem a regimes equitativos e eficazes de posse da terra**, maior produtividade agrícola, expansão do uso da terra, diversificação da produção e melhores sistemas para a industrialização e comercialização de produtos agrícolas, e fortalecimento e ampliação dos meios para alcançar êsses fins (BRASIL, 1967, ***online***, grifo nosso).

O dispositivo em questão foi redigido na forma de meta, o que, em princípio, indicaria a previsão de uma obrigação de resultado a ser adimplida pelos Estados. Entretanto, entendemos que a principal consequência jurídica passível de ser extraída da norma em questão impacta o comportamento imediato das instituições e órgãos estatais no desenvolvimento de políticas públicas habitacionais.

Nesse sentido, destacamos, primeiramente, que, a despeito de o dever de democratização do acesso à terra constar de dispositivo que trata majoritariamente de questões afetas às áreas rurais, a Carta da OEA, ao mencionar os regimes equitativos e eficazes de posse da terra, não distingue entre terra rural e urbana. Assim, entendemos que as reformas de acesso à terra mencionadas pelo tratado internacional são amplas, envolvendo, também, a democratização do acesso à terra em áreas urbanas.

A identificação desse dever, atribuído pela Carta da OEA aos Estados, é de fundamental importância, sobretudo tendo em vista que o acesso à terra é um pré-requisito indispensável para prover habitação adequada a todos os setores da população (SAULE JÚNIOR, 2004). Afinal, parte da origem da situação de desigualdade habitacional enfrentada atualmente em todo o mundo decorre, precisamente, do processo de transformação da terra em mercadoria (LEFÈVBRE, 1972; HARVEY, 2012; ROLNIK, 2019), o que, consequentemente, condiciona o acesso dos cidadãos à moradia ao seu poder aquisitivo (MARICATO, 2015).

Dessa forma, ao estabelecer como meta a realização de reformas que promovam a democratização do acesso à terra, a Carta da OEA impõe aos Estados-partes a obrigação de enfrentar diretamente as causas das desigualdades habitacionais, o que demanda a adoção de medidas necessariamente contra-hegemônicas que se oponham à atual lógica de organização socioespacial e produzam novos modelos de ocupação dos territórios.

5.2.2 As obrigações de comportamento em matéria de direito à moradia adequada atribuídas aos Estados pela Convenção Americana de Direitos Humanos (Pacto de San José da Costa Rica) e pelo Protocolo Adicional de San Salvador

A Convenção Americana de Direitos Humanos, também conhecida como Pacto de San José da Costa Rica, assinada em 1969 e em vigor desde 1978, é o instrumento de proteção dos direitos humanos de maior importância do Sistema Interamericano (PIOVESAN, 2015).

Trata-se de documento que, à semelhança da Declaração Americana, já examinada, prevê uma série de direitos humanos titularizados pelos cidadãos dos Estados signatários. Diferentemente da Declaração, no entanto, o Pacto de San José da Costa Rica, tratado internacional em sentido formal, vinculou juridicamente — e de modo indiscutível — os Estados-partes aos direitos humanos nele enunciados, e estabeleceu o aparato de monitoramento do cumprimento das suas disposições, formado pela Comissão Interamericana de Direitos Humanos (artigos 34 a 51 da Convenção Americana) e pela Corte Interamericana de Direitos Humanos (artigos 52 a 73 da Convenção Americana).

Daí porque Antônio Augusto Cançado Trindade diz que a Convenção Americana "corresponde à institucionalização convencional do Sistema Interamericano" (TRINDADE, 2000, p. 119). Afinal, foi a Convenção Americana a responsável por viabilizar o monitoramento regional da implementação e das violações de direitos humanos, por meio da criação da Corte Interamericana de Direitos Humanos e da ampliação das competências da CIDH (TRINDADE, 2000).

Esse tratado regional, contudo, não enunciou qualquer direito de segunda dimensão de forma específica. O capítulo da convenção voltado aos direitos econômicos, sociais e culturais é composto por um único artigo, que assim dispõe:

> Artigo 26. Desenvolvimento progressivo
> **Os Estados-partes comprometem-se a adotar as providências**, tanto no âmbito interno, como mediante cooperação internacional, especialmente econômica e técnica, **a fim de conseguir progressivamente a plena efetividade dos direitos que decorrem das normas econômicas, sociais e sobre educação, ciência e cultura, constantes da Carta da Organização dos Estados Americanos**, reformada pelo Protocolo de Buenos Aires, **na medida dos recursos disponíveis, por via legislativa ou por outros meios apropriados** (OEA, 1969, p. 158, grifo nosso).

Posteriormente, em 1988, foi elaborado o Protocolo Adicional à Convenção Americana de Direitos Humanos, conhecido como Protocolo de San Salvador, no qual alguns direitos de segunda dimensão foram expressamente previstos. O direito à moradia, contudo, não foi nele mencionado, de modo que, para os fins do presente estudo, nos ateremos apenas ao texto do Pacto de San José da Costa Rica, registrando, desde logo, que todas as análises aqui empreendidas se aplicam integralmente ao conteúdo veiculado pelos artigos 1 e 2 do Protocolo de San Salvador[39].

O texto do artigo da Convenção Americana que regulamenta os direitos sociais e, portanto, o direito à moradia, é, como se pode perceber, bastante semelhante ao do artigo 2º do PIDESC, que analisamos nos capítulos 1.3 e 4.1.2 da presente pesquisa, e reforça, ainda, os artigos 1º e 2º da própria Convenção Americana, que dispõem da seguinte forma:

> Artigo 1º Obrigação de respeitar os direitos
> 1. **Os Estados-partes nesta Convenção comprometem-se a respeitar os direitos e liberdades nela reconhecidos e a garantir seu livre e pleno exercício a toda pessoa que esteja sujeita à sua jurisdição,** sem discriminação alguma, por motivo de raça, cor, sexo, idioma, religião, opiniões políticas ou de qualquer outra natureza, origem nacional ou social, posição econômica, nascimento ou qualquer outra condição social.
> 2. Para efeitos desta Convenção, pessoa é todo ser humano.
>
> Artigo 2º Dever de adotar disposições de direito interno
> Se o exercício dos direitos e liberdades mencionados no artigo 1º ainda não estiver garantido por disposições legislativas ou de outra natureza, **os Estados-partes comprometem-se a adotar**, de acordo com as suas normas constitucionais e com as disposições desta Convenção, **as medidas legislativas ou de outra natureza que forem necessárias para tornar efetivos tais direitos e liberdades** (OEA, 1969, p. 152-153, grifo nosso).

Primeiramente, percebe-se que, ao atribuir aos Estados o dever de atuar positivamente para efetivar todos os direitos e liberdades reconhecidos pela Convenção Americana por meio dos seus artigos 1º e 2º, que traçam os deveres gerais dos Estados signatários em face dos direitos humanos dos cidadãos, e repeti-lo no seu artigo 26, dedicado especificamente a

[39] "Artigo 1 Obrigação de Adotar Medidas - Os Estados-Partes neste Protocolo Adicional à Convenção Americana sobre Direitos Humanos comprometem-se a adotar as medidas necessárias, tanto de ordem interna como por meio da cooperação entre os Estados, especialmente econômica e técnica, até o máximo dos recursos disponíveis e levando em conta seu grau de desenvolvimento, a fim de conseguir, progressivamente e de acordo com a legislação interna, a plena efetividade dos direitos reconhecidos neste Protocolo" (OEA, 1988, *online*). "Artigo 2 Obrigação de Adotar Disposições de Direito Interno - Se o exercício dos direitos estabelecidos neste Protocolo ainda não estiver garantido por disposições legislativas ou de outra natureza, os Estados-Partes comprometem-se a adotar, de acordo com suas normas constitucionais e com as disposições deste Protocolo, as medidas legislativas ou de outra natureza que forem necessárias para tornar efetivos esses direitos" (OEA, 1988, *online*).

regulamentar as obrigações do Estado em matéria de direitos de segunda dimensão, o Pacto de San José da Costa Rica indica claramente que as prestações positivas estatais são necessárias à efetividade de todo e qualquer direito humano, independentemente da estrutura normativa por meio da qual ele seja veiculado.

Dessa forma, em função do reconhecimento, pelo principal instrumento do Sistema Interamericano, de que todos os direitos humanos possuem, em alguma medida, caráter prestacional, não haveria que se questionar, ao menos não em âmbito regional, o caráter jurídico das normas de direitos sociais, os quais são direitos propriamente ditos, titularizados e exigíveis pelos cidadãos, e que vinculam, indiscutível e juridicamente, a atuação dos Estados americanos[40].

Em segundo lugar, verifica-se que o artigo 26 da Convenção Americana consiste, assim como o artigo 2º do PIDESC, em um compromisso jurídico de caráter genérico que vincula duplamente os Estados signatários. Isso porque o dispositivo em tela, além de atribuir-lhes uma obrigação de resultado futura, consistente na efetividade dos direitos de segunda dimensão previstos na Carta da OEA, lhes impõe a adoção imediata de providências, isto é, um dever de comportamento a ser adimplido desde logo, pela via legislativa e/ou administrativa, no limite dos recursos estatais disponíveis na atualidade, de modo a possibilitar o alcance gradativo da efetividade dos direitos sociais.

Nesse sentido, e considerando que o direito à moradia foi expressamente previsto pela Carta da OEA, conforme analisamos no capítulo 5.1.1, não parece haver dúvidas de que os Estados americanos estão, por força do Pacto de San José da Costa Rica, duplamente vinculados, em termos de resultado progressivo e de comportamentos imediatos, ao direito à moradia.

No ponto, faz-se importante recordar que, de acordo com as normas extraídas da Carta da OEA, bem como daquelas decorrentes da Declaração Americana de 1948, as quais devem ser analisadas de forma complementar, a obrigação de resultado a ser adimplida pelos Estados americanos, e também pelo Brasil, consiste na viabilização de moradia adequada a todos os setores

---

[40] Conforme analisamos no capítulo 1 do presente trabalho, o final da década de 1960 foi marcado, no âmbito do direito internacional dos direitos humanos, pelo debate acerca da juridicidade dos direitos econômicos, sociais e culturais — debate este que produz reflexos importantes na discussão acerca da extensão da eficácia jurídica dos direitos sociais até os dias de hoje. Sobre o assunto, remetemos o leitor ao capítulo 1.3.

da população, assim considerada a moradia que abriga os cidadãos e lhes proporciona condições sadias de vida, o que inclui acesso à infraestrutura básica (saneamento, água potável, energia elétrica, por exemplo), localização distante de áreas de riscos (geológicos, hidrológicos, climáticos, dentre outros) e cuja posse conta com um mínimo de tutela jurídica.

Assim, em vista do resultado que deve ser alcançado para que se tenha o direito à moradia adequada por efetivado, cabe aos Estados americanos, incluído o Brasil, elaborar e executar toda a sorte de normas e políticas públicas orientadas pelos critérios supramencionados. Dessa forma, e conjugando o teor dos documentos inaugurais do Sistema Interamericano com o seu principal instrumento, é possível concluir que as políticas públicas habitacionais devem, necessariamente, ser elaboradas orientadas à ampliação do acesso à moradia adequada, devendo, para isso, abarcar medidas de instalação e melhoria da infraestrutura e dos serviços básicos no entorno das habitações, além de medidas de reorganização da ocupação dos territórios de modo a reduzir a instalação de unidades habitacionais em áreas de risco, e medidas, sobretudo legislativas, que criem um arcabouço jurídico voltado a garantir a segurança da posse aos possuidores de imóveis utilizados para fins de moradia.

5.2.3 As obrigações de comportamento em matéria de direito à moradia adequada atribuídas aos Estados pela Carta Social das Américas

A Carta Social das Américas, elaborada em 2012, consiste, conforme apontamos anteriormente, em um compromisso internacional firmado pela comunidade interamericana, como forma de estimular e viabilizar o adimplemento de obrigações previstas em documentos juridicamente vinculantes.

Assentada sobre pressupostos como a interdependência e indivisibilidade dos direitos humanos e a inter-relação entre a realização dos direitos de segunda dimensão e a democracia, além da necessidade de adoção progressiva de medidas por parte dos Estados-membros para que se obtenha o pleno exercício dos direitos de segunda dimensão, todos expressamente mencionados nos seus considerandos, a Carta Social das Américas tem como um de seus principais objetivos indicar medidas que contribuam para a efetiva proteção social dos cidadãos, em especial daqueles que se encontram em situação de pobreza e pobreza extrema, que respondam às situações de riscos e evitem a transmissão intergeracional da pobreza e o aprofundamento das vulnerabilidades (OEA, 2012a).

Cuida-se, assim, de documento cujo escopo é orientar as medidas imediatas a serem tomadas pelos Estados-partes para efetivar direitos de segunda dimensão, reduzindo, portanto, a discricionariedade estatal no que se refere ao adimplemento das obrigações imediatas de comportamento — não obstante o seu teor influencie significativamente na definição da obrigação estatal de resultado em matéria de implementação dos direitos humanos no geral, e do direito à moradia adequada em especial, como vimos no capítulo 5.1.2.

A despeito de não trazer disposições expressas acerca das prestações positivas que devem ser postas em prática pelos Estados em matéria de direito à moradia, as orientações gerais da Carta Social das Américas para a implementação dos direitos sociais indica elementos importantes que devem ser por eles incorporados às suas atividades legislativas e administrativas no campo habitacional.

O artigo 3 do documento em tela, por exemplo, no qual se enuncia expressamente a adoção do desenvolvimento sustentável como paradigma desenvolvimentista interamericano, além de integrar a questão ambiental às obrigações estatais de resultado, como apontamos, também orienta os comportamentos imediatos dos Estados:

> ARTIGO 3
> Aos Estados membros, em sua determinação e compromisso de combater os graves problemas da pobreza, da exclusão social e da desigualdade, e de enfrentar as causas que a eles dão origem e suas consequências, cabe a responsabilidade de criar as condições favoráveis para alcançar o desenvolvimento com justiça social para seus povos, desse modo contribuindo para fortalecer a governabilidade democrática.
> **Os Estados membros fortalecerão e promoverão as políticas e os programas destinados à consecução de sociedades que ofereçam a todas as pessoas oportunidades para beneficiar-se do desenvolvimento sustentável** com igualdade e inclusão social (OEA, 2012a, p. 3 e 4, grifo nosso).

Verifica-se que, por meio desse dispositivo, os Estados-partes da OEA se comprometeram a realizar políticas e programas que possibilitem a todos se beneficiarem do desenvolvimento sustentável. Em outras palavras, se comprometeram a integrar a questão ambiental de modo efetivo em todas as medidas sociais e econômicas que vierem a adotar, inclusive no curso da implementação de todos os direitos humanos.

Já no seu artigo 2, a Carta Social das Américas repete a previsão genérica dos artigos 26, da CADH, e 2º, do PIDESC, referente ao dever dos Estados de efetivarem progressivamente os direitos sociais, na medida dos seus recursos, e, nos seus artigos 6 e 21, aponta para a necessidade de participação do setor privado e das organizações da sociedade civil na adoção e execução de planos, estratégias, programas e demais medidas orientadas à redução das desigualdades e à superação da pobreza extrema, uma vez sendo a pessoa humana centro, partícipe e beneficiária do processo de desenvolvimento econômico.

Ainda, previu, em seu artigo 11, a necessidade de um sistema de direitos de propriedade que proporcione segurança jurídica e viabilize a formação de capital e a prosperidade pautadas pela justiça social. Embora se trate de dispositivo que claramente não se refere à propriedade como sinônimo de moradia — como fez a Declaração Americana de 1948, examinada anteriormente —, não se pode desconsiderar o fato de que a propriedade para fins habitacionais conta com tutela jurídica reforçada no Sistema Interamericano, precisamente em razão do artigo XXIII da Declaração Americana.

Assim, quando a Carta Social das Américas elege como medida a ser adotada pelos Estados a criação de um sistema de direitos de propriedade alinhado com o princípio da justiça social, ela está a indicar, segundo entendemos, e a partir de uma interpretação sistemática das normas interamericanas, a necessidade de criação de instrumentos que estimulem que seja dada função social aos imóveis, urbanos e rurais, e que garantam a segurança jurídica da posse aos possuidores em situação de vulnerabilidade, critério este reconhecido tanto em nível regional, quanto em nível global como indispensável à efetividade do direito à moradia adequada.

A Carta Social das Américas determinou, também, em seu artigo 14, que, na implementação das políticas e programas de proteção social integral, os Estados devem priorizar o atendimento das pessoas que se encontram em situação de pobreza e vulnerabilidade, à luz das circunstâncias nacionais. Nesse sentido, cabe aos Estados, de acordo com o seu artigo 16, viabilizar o acesso justo, equitativo e não discriminatório dos cidadãos aos serviços públicos, sob pena de se comprometer o desenvolvimento integral dos países.

Dessa forma, também o Sistema Interamericano — e não apenas o Sistema Global de Direitos Humanos, conforme exposto no capítulo anterior — vincula a elaboração legislativa e o desenho e implementação de políticas públicas habitacionais à consideração das variáveis ambientais que impactam, que são impactadas ou que possam gerar cenários de vulnerabilidade impeditivos ao alcance da efetividade do direito à moradia.

5.2.4 As obrigações de comportamento em matéria de direito à moradia adequada atribuídas aos Estados pela Comissão Interamericana de Direitos Humanos

A Comissão Interamericana, como visto, produz, com periodicidade, informes e relatórios nos quais monitora a situação atual e o processo de implementação dos direitos humanos nos Estados americanos. Os documentos produzidos pelo órgão possuem efeito juridicamente vinculante, pois, dentre outros motivos, contribuem para delimitar a aplicabilidade dos direitos humanos tutelados pelo Sistema Interamericano, na medida em que identificam quais são as obrigações de resultado que se espera sejam cumpridas pelos Estados americanos.

Ao mesmo tempo, o caráter vinculante desses documentos se deve ao fato de que é por meio de suas recomendações que a CIDH indica ações práticas a serem imediatamente realizadas pelos Estados para que promovam progressivamente a efetividade dos direitos humanos — fixando, assim, as obrigações de comportamento a serem adimplidas —, seja por meio da definição das medidas a serem adotadas para viabilizar o exercício desses direitos, seja para mitigar ou impedir a ocorrência de novas violações, as quais, não raro, são passíveis de serem replicadas nos demais territórios da região.

No informe referente à situação dos direitos humanos na Guatemala, a CIDH, ao vincular a adequação cultural com o direito à propriedade coletiva dos grupos indígenas, apontou a existência de consequências jurídicas próprias desse cenário. De acordo com a Comissão, em se tratando de despejos ocorridos em terras ancestrais de povos indígenas,

> os Estados estão obrigados a adotar todas as medidas necessárias para permitir o retorno dos povos indígenas a seus territórios tradicionais de forma segura e com dignidade, o que, no caso de deslocamentos forçados provocados por um contexto de violência, inclui o dever do Estado de tomar medidas para combater a impunidade dos atores responsáveis por dita violência (OEA, 2021a, p. 184, tradução nossa).

Já em se tratando de despejos forçados realizados em face de grupos que não possuam uma relação de sobrevivência cultural com o território, a CIDH aponta ser dever do Estado proporcionar um local alternativo de moradia, o qual deve cumprir com requisitos básicos de habitabilidade e infraestrutura, indenização justa e imparcial por eventuais danos ocorridos e, se possível, a restituição do imóvel e retorno dos habitantes (OEA, 2021a, tradução nossa).

Embora consideremos interessante a identificação de consequências jurídicas específicas para os casos que envolvem o direito à propriedade coletiva — afinal, trata-se de um direito que conta com uma especificidade importante, qual seja, o aspecto cultural —, entendemos que a solução indicada pela CIDH não é a mais pertinente. Isso porque, como se pode verificar, é nos casos que envolvem o direito à propriedade na sua acepção clássica que a Comissão prevê a necessidade de indenizar aqueles que perdem a sua propriedade, enquanto nos casos em que o vínculo com o território é mais profundo, possuindo conotação existencial, a possibilidade da indenização sequer é aventada.

A nosso ver, atribuir consequências jurídicas distintas para casos que envolvem o direito à propriedade coletiva e para aqueles que envolvem o direito à propriedade em sentido estrito é salutar, na medida em que a extensão dos bens jurídicos tutelados é maior na primeira hipótese, demandando, assim, tutela jurídica proporcional à importância daquilo que se pretende preservar. No entanto, a diferenciação que vem sendo traçada pela CIDH tutela de forma mais singela aqueles que possuem uma relação existencial com a propriedade do que aqueles que possuem com ela relação eminente e exclusivamente material, o que fere, em nosso sentir, o princípio da isonomia. Consideramos, por isso, mais acertada a solução que vem sendo adotada pela Corte IDH em casos como esses, a qual será analisada mais adiante.

No informe temático sobre protestos e direitos humanos, no qual foi destacada a necessidade da segurança jurídica da posse para que se possa efetivar o direito à moradia adequada, a CIDH apontou que os despejos forçados devem ser absolutamente excepcionais, e condicionados ao não aprofundamento da vulnerabilidade e à não violação dos direitos humanos dos indivíduos ou grupos despejados (OEA, 2021a). Assim, é dever dos Estados, de acordo com a Comissão, priorizar a resolução pacífica e consensual dos conflitos, utilizando-se da força de forma moderada e apenas quando absolutamente necessário. Ainda, é dever do Estado atuar para prevenir a ocorrência de despejos forçados e violentos praticados por atores privados (OEA, 2021a).

Já no informe sobre os direitos ambientais e de segunda dimensão dos grupos afrodescendentes, de março de 2021, a CIDH destacou o dever dos Estados de promoverem e executarem medidas direcionadas especificamente às minorias étnicas, bem como às pessoas em situação de extrema vulnerabilidade, como pessoas em situação de rua, migrantes e em situação de deslocamento forçado, tendo em conta, inclusive, eventual interseccionalidade de fatores de vulnerabilidade (OEA, 2021a).

Na mesma oportunidade, a CIDH apontou também a necessidade de os Estados atuarem para corrigir as deficiências e desigualdades dos sistemas que reforçam estigmas negativos sobre esses grupos, bem como para protegê-los de atividades empresariais e de particulares que possam impor obstáculos à concretização do seu direito à moradia adequada, por meio do financiamento habitacional, instituição de condições de custeio mais benéficas para os grupos com menor poder aquisitivo, prevenção de despejos e deslocamentos forçados, dentre outras ações (OEA, 2021a).

No que se refere especificamente à situação do direito à moradia no Brasil, a CIDH constatou, em 2021, (i) a ausência de políticas públicas eficazes de ocupação do solo urbano e promoção do direito à moradia adequada, (ii) prevalência dos interesses das imobiliárias em detrimento das necessidades da população mais vulnerável, (iii) alta vulnerabilidade das mulheres em situação de rua, cujo direito à maternidade tem sido negado em razão do abrigamento forçado das crianças em instituições e posterior adoção por outras famílias, e (iv) crescimento desordenado das favelas (OEA, 2021b).

Em razão disso, as recomendações direcionadas especificamente ao Brasil foram de desenho de políticas públicas integrais de moradia, com perspectiva racial e de gênero, e manutenção e ampliação dos programas habitacionais e de atenção à população sem teto, independentemente da adoção concomitante de medidas de austeridade fiscal (OEA, 2021b). Em outras palavras, a CIDH veda a adoção de medidas de austeridade no campo habitacional, ao mesmo tempo em que determina a ampliação das políticas habitacionais vigentes, bem como a criação e implementação de políticas públicas que enfrentem a interseccionalidade dos fatores de vulnerabilidade da sua população.

Trata-se, como se pode perceber, da aplicação direta, pela Comissão Interamericana, do princípio da vedação do retrocesso social às políticas habitacionais brasileiras. Ao vedar por completo a possibilidade da adoção de medidas de austeridade nesta seara, impondo, ainda, o dever de ampliação das políticas de acesso à moradia, a CIDH estabelece o dever do Estado brasileiro de não retroceder na concretização do direito humano em questão, bem como a obrigação de atuar sempre de forma orientada à redução das desigualdades injustas e à universalização do direito à moradia, por meio da ampliação e aperfeiçoamento dos programas habitacionais.

Ainda, ao frisar que esse dever de atuação positiva, orientada sempre pela paulatina concretização do direito à moradia adequada, independe da adoção concomitante de eventuais medidas de austeridade adotadas em outras áreas, a CIDH reforça a regra da prevalência do princípio da vedação do retrocesso social às hipóteses de restrição orçamentária dos poderes públicos, que examinamos no capítulo 3.4.

Na oportunidade, apontamos que o argumento da insuficiência de recursos estatais para garantir a continuidade do grau atual de proteção dos direitos sociais é aceito apenas excepcionalmente, na medida em que é dever do Estado priorizar a viabilização das condições materiais mínimas para que se garanta a dignidade humana.

Verifica-se, nesse sentido, que, quando a CIDH determina que não haja redução no grau de proteção e de promoção do direito à moradia adequada no Brasil, ainda que o Estado esteja adotando políticas de austeridade, ela:

I. reforça a absoluta excepcionalidade do argumento da reserva do possível e indica que a crise decorrente da pandemia não se caracteriza como situação de reversibilidade fática que possa autorizar retrocessos em matéria habitacional;
II. aponta ser o direito à moradia parte integrante do mínimo existencial — afinal, se não o fosse, o Estado não estaria obrigado a não apenas dar continuidade às políticas públicas habitacionais, como também a ampliá-las —, sendo a atuação estatal especialmente necessária em momentos de crise, e
III. indica que a atuação voltada à futura concretização do direito à moradia deve ser prioridade do Estado brasileiro a todo o tempo, independentemente da conjuntura econômico-financeira e da sua capacidade arrecadatória.

5.2.5 As obrigações de comportamento em matéria de direito à moradia adequada atribuídas aos Estados pela Corte Interamericana de Direitos Humanos

5.2.5.1 Da justiciabilidade do direito à moradia adequada perante a Corte Interamericana de Direitos Humanos

A Corte Interamericana é, conforme já tivemos oportunidade de apontar, um dos aparatos de monitoramento e implementação dos direitos reconhecidos pelo Sistema Interamericano de Direitos Humanos (PIOVESAN, 2015), e possui dupla competência, tanto de ordem consultiva como de ordem contenciosa.

O exercício da competência consultiva se dá quando a Corte IDH é provocada pelos Estados-membros da OEA a se manifestar, por meio das chamadas opiniões consultivas, sobre a correta interpretação da Convenção Americana sobre Direitos Humanos e dos demais instrumentos de proteção dos direitos humanos (artigo 64, item 1, CADH). Ainda em âmbito consultivo, a Corte pode ser provocada a analisar a compatibilidade entre as leis internas dos Estados-partes e os instrumentos regionais de proteção dos direitos humanos (artigo 64, item 2, CADH).

Em consulta ao sítio eletrônico da Corte Interamericana, verificamos que, até o presente momento, o órgão não examinou o direito à moradia adequada no exercício da sua competência consultiva.

Já no exercício da sua competência contenciosa, a Corte IDH examinou o direito à moradia apenas de forma reflexa, reconhecendo que a violação de outros direitos humanos impacta no seu gozo pelos cidadãos da região. No entanto, até o momento, não há qualquer sentença da Corte Interamericana na qual violações ao direito à moradia tenham sido o objeto principal da ação.

Segundo Magda Yadira Robles Garza (2020), isso se deve ao fato de que a competência contenciosa da Corte estaria sendo interpretada de forma restritiva. Isso porque o artigo 62, item 3, da CADH, prevê que a competência contenciosa da Corte abarca apenas os direitos expressamente previstos na própria Convenção Americana:

> Artigo 62 (...) 3. **A Corte tem competência para conhecer de qualquer caso, relativo à interpretação e aplicação das disposições desta Convenção**, que lhe seja submetido, desde que os Estados-partes no caso tenham reconhecido ou reconheçam a referida competência, seja por declaração especial, como prevêem os incisos anteriores, seja por convenção especial (OEA, 1969, p. 165, grifo nosso).

Essa competência seria, contudo, ampliada para alcançar também os direitos previstos no Protocolo de San Salvador (GARZA, 2020), que é um protocolo adicional à CADH. Ocorre que, conforme examinamos anteriormente, a Convenção Americana e o Protocolo de San Salvador não preveem expressamente o direito à moradia. Como visto, os documentos normativos interamericanos que enunciam expressamente este direito humano são a Carta da OEA e a Declaração Americana dos Direitos e Deveres do Homem, sendo a moradia, no âmbito do Pacto de San José da Costa Rica e do Protocolo de San Salvador, tutelada unicamente pelas suas cláusulas genéricas de garantia dos direitos sociais.

Dessa forma, ante a ausência de previsão expressa do direito à moradia em ambos os documentos, estar-se-ia interpretando, segundo Magda Garza (2020), que o direito à moradia careceria de justiciabilidade perante a Corte Interamericana, não podendo ser invocado pelos litigantes diretamente a partir do artigo 26 da Convenção Americana — o qual, como já analisamos, prevê o dever dos Estados de garantirem e implementarem os direitos de segunda dimensão. Daí a ausência de decisões da Corte IDH que tenham o direito à moradia como objeto principal de violações de direitos humanos.

Entendemos, contudo, que a interpretação realizada pela autora não é a mais adequada. Isso porque, desde o julgamento do caso *Acevendo Buendía y otros (Cesantes y jubilados de La controladoria)*, ocorrido em 2009, a Corte Interamericana assentou o entendimento de que possui competência para julgar todo e qualquer caso que envolva direitos previstos na Convenção Americana de Direitos Humanos, ainda que não o sejam de forma expressa, em razão da cláusula genérica de proteção aos direitos de segunda dimensão, contida no artigo 26 da CADH, e da interdependência entre os direitos humanos[41] (OEA, 2009).

Não à toa, nos últimos anos, o órgão tem exarado uma série de sentenças nas quais reconhece a existência de direitos humanos de segunda dimensão não previstos expressamente na CADH, tais como o direito à água (caso *Miembros de La Asociación Lhaka Honhat (nuestra Tierra) vs. Argentina*, julgado em 2020) e o direito à estabilidade laboral (casos *Lagos Del Campo vs. Peru* e *Trabajadores Cesados de Petroperú*, ambos julgados em 2017), com fundamento no artigo 26 da CADH, em dispositivos dos documentos inaugurais do Sistema Interamericano e na interdependência entre os direitos humanos (OEA, 2017a; OEA, 2017b; OEA, 2020).

Entendemos, por isso, que a constatação feita por Magda Garza, no sentido de que inexistem julgados da Corte IDH que tenham no direito à moradia o seu principal objeto, se deve não ao emprego, pela Corte, de uma interpretação restritiva da sua própria competência, mas sim à abordagem por ela empregada no exame dos casos que lhe são submetidos, a qual tem por base a interdependência e indivisibilidade dos direitos humanos.

---

[41] No § 97 da sentença, a Corte IDH apontou: "A Corte considera pertinente reiterar o indicado no capítulo III da presente Sentença, no sentido de que o Tribunal é plenamente competente para analisar violações de todos os direitos reconhecidos na Convenção Americana (par. 16 supra)" (OEA, 2009, p. 30-31). Já no § 99, consta: "Nesse sentido, o Tribunal recorda que o conteúdo do artigo 26 da Convenção foi objeto de um intenso debate nos trabalhos preparatórios desta, nascido do interesse dos Estados por consignar uma 'menção direta' aos 'direitos' econômicos, sociais e culturais; 'uma disposição que estabeleça certa obrigatoriedade jurídica [...] em seu cumprimento e aplicação'; bem como 'os [respectivos] mecanismos [para sua] promoção e proteção' (...). A revisão destes trabalhos preparatórios da Convenção também demonstra que as principais observações com base nas quais esta foi aprovada puseram especial ênfase em 'dar aos direitos econômicos, sociais e culturais a máxima proteção compatível com as condições peculiares à grande maioria dos Estados Americanos'. Assim, como parte do debate nos trabalhos preparatórios também foi proposto 'faz[er] possível [a] execução [destes direitos] através da ação dos tribunais'" (OEA, 2009, p. 31). Por fim, nos §§ 100 e 101, destacou: "100. Além disso, é pertinente observar que, embora o artigo 26 esteja no capítulo III da Convenção, intitulado 'Direitos Econômicos, Sociais e Culturais', também está localizado na Parte I deste instrumento, intitulado 'Deveres dos Estados e Direitos Protegidos' e, portanto, está sujeito às obrigações gerais contidas nos artigos 1.1 e 2 indicados no capítulo I (intitulado 'Enumeração de Deveres'), bem como os artigos 3 a 25 indicados no capítulo II (intitulado 'Direitos Civis e Políticos'). 101. Nesse sentido, a Corte considera pertinente recordar a interdependência existente entre os direitos civis e políticos e os econômicos, sociais e culturais, já que devem ser entendidos integralmente como direitos humanos, sem hierarquia entre si e exigíveis em todos os casos perante aquelas autoridades que resultem competentes para isso" (OEA, 2009, p. 32-33).

Assim, o direito à moradia dificilmente será o único reconhecidamente violado, na medida em que as situações que o ferem violam, também, outros direitos essenciais à dignidade humana.

Ademais, considerando que o próprio conteúdo jurídico do direito à moradia adequada dialoga de forma íntima com outros direitos sociais — inclusive em razão de disposições expressas de documentos interamericanos que o associam expressamente ao direito à saúde e ao meio ambiente, por exemplo —, nos parece natural que as violações às obrigações estatais no campo habitacional advenham, muitas vezes, como reflexos da ausência de efetividade de outros direitos humanos.

Se os argumentos empregados pela Corte IDH para fundamentar a sua competência para analisar quaisquer casos que envolvam a violação de direitos de segunda dimensão que não constem expressamente da CADH ou do Protocolo de San Salvador já seriam suficientes para justificar a justiciabilidade do direito à moradia perante o órgão, destacamos, ainda, o artigo 29, alínea *d*, da própria Convenção Americana, o qual veda que a interpretação das normas desse tratado regional limite ou exclua os efeitos produzidos por outros documentos internacionais de proteção dos direitos humanos, como a Declaração Americana de 1948:

> Artigo 29. Normas de interpretação
> Nenhuma disposição da presente Convenção pode ser interpretada no sentido de:
> (...)
> d) excluir ou limitar o efeito que possam produzir a Declaração Americana dos Direitos e Deveres do Homem e outros atos internacionais da mesma natureza (OEA, 1969, p. 159).

Nesse sentido, e dado que tanto a Declaração Americana como a Carta da OEA preveem expressamente o direito à moradia adequada, verifica-se que, ao limitar a competência da Corte IDH aos casos que tenham por fundamento direto apenas direitos previstos expressamente no seu texto, reduzem-se os efeitos passíveis de serem produzidos pelos dois documentos inaugurais do Sistema Interamericano. Afinal, a despeito de vincularem os Estados ao adimplemento de obrigações de resultado e de comportamento em matéria habitacional, a interpretação restritiva do artigo 62, item 3, da CADH, impede que eventual inobservância desses deveres e/ou violações a esse direito humano impliquem em condenação internacional e imposição de novas medidas, inclusive de caráter indenizatório.

Ademais, não se pode perder de vista que todos os direitos humanos, inclusive os de caráter social, como é o direito à moradia, decorrem de normas jurídicas dotadas de aplicabilidade imediata, como pudemos verificar no capítulo 1 da presente pesquisa. E, se essa aplicabilidade imediata vincula as atuações dos Estados, é imprescindível que tais normas jurídicas sejam suficientes para justificar a atuação da Corte Interamericana, cuja função precípua é proteger os direitos nelas veiculados e garantir o seu pleno exercício pelos seus titulares.

Dessa forma, entendemos que a Corte Interamericana tem competência para julgar inclusive os casos cujo fundamento direto sejam direitos que não constem expressamente da CADH e de seus protocolos adicionais, desde que sejam direitos humanos reconhecidos pelo Sistema Interamericano — seja por diplomas normativos, seja por informes, recomendações ou decisões e opiniões consultivas da Comissão Interamericana e da própria Corte IDH, respectivamente —, como é o caso do direito à moradia adequada.

5.2.5.2 Das obrigações dos Estados na proteção do direito à moradia adequada fixadas pelas sentenças da Corte Interamericana de Direitos Humanos

A proteção do direito à moradia adequada vem sendo garantida pela Corte Interamericana no exercício de sua competência contenciosa, na qual o direito em questão é analisado à luz de casos concretos, observada também a sua interdependência com outros direitos humanos, como indicamos anteriormente.

Assim como a Comissão Interamericana, a Corte vem identificando uma intensa correlação entre o direito à moradia e as situações de deslocamentos forçados e de violação ao direito à propriedade titularizado por grupos indígenas. Ainda, a Corte IDH identifica íntima relação entre o direito à moradia adequada e o direito à vida e intimidade pessoal. Vejamos.

Em se tratando de deslocamentos forçados, por exemplo, a Corte tem indicado que os principais direitos humanos violados nessas situações são o direito à circulação e à residência, ambos garantidos pelo artigo 22 da CADH, como se verificou no julgamento dos casos *Familia Barrios vs. Venezuela* e *Yarce e outros vs. Colômbia*, julgados em 2011 e 2016, respectivamente (OEA, 2011; OEA, 2016b). Tais direitos compreendem, de acordo com o item 1 do mencionado dispositivo, a liberdade de ir, vir e permanecer do cidadão, seja no território do Estado do qual é nacional, seja no território de Estados estrangeiros (OEA, 1969). Ademais, conforme o item 3 do artigo em questão, tais liberdades somente poderão ser restringidas por lei e em hipóteses excepcionais (OEA, 1969). Nesse sentido, decidiu a Corte que incumbe aos Estados a adoção de todas as medidas necessárias para impedir que os cidadãos passem a se deslocar pelos seus respectivos territórios de modo forçado, isto é, por motivos outros que não sua vontade ou determinação legal (OEA, 2011).

Nos casos em que as medidas preventivas não são suficientes e há, de fato, deslocamento forçado de indivíduos e grupos, a Corte Interamericana vislumbra não apenas a ocorrência de violação aos direitos de circulação e de residência, mas também ao direito à moradia adequada. Essa violação alcança tanto o seu aspecto material, já que a pessoa em situação de deslocamento carece de local físico para se abrigar, quanto o aspecto existencial, na medida em que as pessoas que se deslocam se veem despidas de condições dignas de existência, conforme sentença exarada no caso *Massacres de El Mozote e lugares próximos vs. El Salvador*, de 2012.

Verifica-se, assim, que, em matéria de deslocamentos forçados, a Corte IDH reconhece que a violação aos direitos de circulação e de residência acarreta, por via de consequência, violação ao direito humano à moradia digna. Trata-se, por isso, de violação reflexa ao direito à moradia, que deve ser corrigida pelos Estados. Daí porque a Corte IDH, ao condenar os Estados em razão dessas violações de direitos humanos, também impõe deveres a serem imediatamente cumpridos — em curto ou médio prazo —, com vistas à implementação do direito à moradia (OEA, 2012b).

Dentre as medidas mais comumente fixadas pela Corte estão (i) a adoção de medidas preventivas que impeçam a ocorrência de novos deslocamentos, (ii) garantia de retorno seguro dos deslocados aos locais de onde foram obrigados a sair, se possível, ou o seu reassentamento seguro em outra região, (iii) implementação de programas habitacionais nas zonas afetadas a fim de garantir o direito à moradia adequada e a possibilidade de permanência das pessoas na região em questão e (iv) indenização às vítimas dos deslocamentos forçados — exceto quando o Estado as indenizar por meio de procedimento administrativo, hipótese na qual a

Corte afasta o dever estatal de adotar quaisquer medidas reparatórias, subsistindo, contudo, as de caráter preventivo.

Em se tratando de deslocamento forçado decorrente da invasão de terras indígenas, casos em que a Corte considera que o direito humano diretamente violado é o direito à propriedade coletiva, as obrigações de comportamento por ela atribuídas aos Estados são semelhantes às já citadas, compreendendo (i) a restituição das terras indevidamente invadidas — medida que deve ser priorizada em detrimento das demais, haja vista a relação de ordem existencial que os povos indígenas mantêm com o seu território — ou, em caso de impossibilidade, a entrega de terras semelhantes para que os grupos indígenas possam se assentar, (ii) a criação de programas de moradia que os atendam, (iii) a criação de um fundo financiado pelo Estado para providenciar serviços sociais básicos aos membros da comunidade após sua realocação e (iv) a criação de programas de moradia nas regiões, tal como determinou por ocasião do julgamento dos casos *Comunidade Mayagna (Sumo) Awas Tingni vs. Nicarágua*, em 2001, e *Comunidade Indígena Yakye Axa vs. Paraguai*, em 2005.

No ponto, é importante destacar que todas as medidas a serem adotadas pelos Estados devem sê-lo de forma suficiente. No caso *Membros da Aldea de Chichupac e comunidades vizinhas do município de Rabinal vs. Guatemala*, de 2016, a Corte IDH entendeu que a construção de casas para as vítimas do deslocamento promovido pelo Estado guatemalteco foi insuficiente para garantir o direito à moradia adequada ao povo indígena, motivo que ensejou a sua condenação à obrigação de promover um reassentamento efetivo e seguro da comunidade em questão no seu lugar de origem (OEA, 2016a).

Outra situação na qual a Corte já vislumbrou violação reflexa ao direito à moradia e, assim, determinou aos Estados condenados a adoção de determinados comportamentos com vistas a implementá-lo é o de conflitos internos que envolvem massacres de grupos de indivíduos. Nessas hipóteses, a Corte IDH tem entendido que os direitos humanos diretamente violados são o direito à vida e à liberdade pessoal, cabendo aos Estados, como medida de caráter restitutivo, atuar para implementar programas habitacionais nas áreas onde cometidos os crimes, além de garantir a não repetição do ocorrido, sob pena de ter de pagar indenização para as vítimas, como o fez nos casos *Massacre de Pueblo Bello vs. Colômbia*, de 1990, *Massacre Plan de*

Sánchez vs. Guatemala, de 2004, *Massacres de Ituango vs. Colômbia*, de 2006, e *Comunidad Campesina Santa Bárbara vs. Peru*, de 2015.

É possível verificar, assim, que a Corte IDH atribui aos Estados, em matéria de direito à moradia adequada, o dever da adoção de medidas preventivas que evitem a ocorrência de situações que impliquem na sua violação, como são os deslocamentos forçados, as invasões de terras indígenas e situações de massacres de povos e grupos, bem como o dever de adotar medidas reparatórias, priorizando sempre o retorno dos indivíduos ao local de onde foram retirados ou de onde foram forçados a sair, não raras vezes combinado com o pagamento de indenizações. Ainda, a elaboração de políticas públicas habitacionais foi, em alguns casos, indicada como medida relevante para impedir novos deslocamentos involuntários.

Nesse sentido, e considerando que tais sentenças, embora não se dirijam especificamente ao Brasil, indicam situações de inaceitáveis violações ao direito à moradia adequada e as obrigações dos Estados, que decorrem diretamente do ordenamento jurídico interamericano, entendemos que o Estado brasileiro está a elas vinculado, de forma semelhante à sua vinculação aos informes temáticos da CIDH, devendo cumprir internamente os deveres indicados pela Corte IDH e adotando, desde logo, todas as medidas supramencionadas, sob pena de contribuir, pela via da omissão, na violação do direito humano em questão de seus cidadãos, e de vir a ser posteriormente condenado pelo órgão.

5.3 Definição do público-alvo das políticas públicas de moradia adequada pelo Sistema Interamericano de Proteção dos Direitos Humanos

O Sistema Interamericano de Proteção dos Direitos Humanos, assim como o Sistema Global, passou por um processo de especificação dos sujeitos de direito, como forma de possibilitar a superação das desigualdades injustas e viabilizar a concretização da igualdade material. Por meio desse processo, foram possíveis a identificação e o reconhecimento jurídico da existência de grupos vulneráveis que historicamente sofrem os efeitos negativos de discriminações injustas na região americana.

Diferentemente, contudo, do processo de especificação dos sujeitos de direito ocorrido no âmbito do Sistema Global — o qual, como visto, se deu, essencialmente, por meio da elaboração de uma série de tratados e seus respectivos mecanismos de controle, voltados à criação de um microssistema global de proteção dos grupos vulneráveis —, no Sistema Interamericano, a proteção direcionada aos vulneráveis foi construída tanto por meio de tratados multilaterais, como por meio da atuação da CIDH e da Corte IDH.

No âmbito dos tratados e convenções, os sujeitos de direito especificados foram (i) as mulheres, que contam com proteção específica advinda da Convenção de Belém do Pará (Convenção Interamericana para Prevenir, Sancionar e Erradicar a Violência contra a Mulher), da Convenção Interamericana sobre a Concessão dos Direitos Civis à Mulher e da Convenção Interamericana sobre a Concessão dos Direitos Políticos à Mulher, (ii) os idosos, especificamente protegidos pela Convenção Interamericana sobre a Proteção dos Direitos Humanos das Pessoas Idosas, (iii) as pessoas com deficiência, que encontram proteção especial na Convenção Interamericana para a Eliminação de Todas as Formas de Discriminação contra as Pessoas com Deficiência, e (iv) as minorias étnicas, protegidas pela Convenção Interamericana contra o Racismo, a Discriminação Racial e Formas Conexas de Intolerância.

Esse rol um tanto restrito de vulnerabilidades, no entanto, foi ampliado pela CIDH, que identifica, na região, mais grupos vulneráveis sujeitos a desigualdades injustas sistemáticas e que não foram contemplados com tratados regionais direcionados diretamente à sua proteção.

Em compêndio elaborado no ano de 2021, a CIDH compilou *standards* interamericanos aplicáveis especificamente aos direitos econômicos, sociais, culturais e ambientais que orientam os processos de elaboração e implementação de políticas públicas em todos os países membros da OEA. Na oportunidade, a Comissão reconheceu que, além dos grupos já mencionados, também estão em situação histórica de vulnerabilidade no continente americano as crianças e adolescentes, as pessoas LGBTQIA+, as pessoas em situação de deslocamentos/mobilidade e as pessoas em situação de extrema pobreza e de rua (OEA, 2021a).

Verifica-se, assim, que, em função das peculiaridades históricas e sociais da região, todos os grupos supramencionados estão, em princípio, sujeitos a discriminações injustas, cuja correção demanda que eles sejam o público-alvo das prestações estatais voltadas à garantia da efetividade dos direitos de segunda dimensão em geral.

Isso, por certo, já seria suficiente para que concluíssemos que, em matéria de políticas públicas habitacionais, tais grupos de vulneráveis devem, também, receber atendimento prioritário por parte do Estado brasileiro — afinal, como apontamos nas considerações iniciais do capítulo 5, as recomendações da CIDH vinculam juridicamente a atuação dos Estados americanos.

Soma-se a isso o fato de que, como reconhece a própria Comissão, os indicadores de acesso à moradia espelham a situação de desigualdade interna dos Estados (OEA, 2019), de tal modo que os grupos historicamente em situação de vulnerabilidade são também aqueles que historicamente têm tido negado o seu direito à moradia adequada. Assim, o reconhecimento da vulnerabilidade de um determinado grupo de indivíduos implicaria, necessariamente, segundo entendemos, na obrigação dos Estados americanos, o que inclui o Brasil, de passar a considerá-los como alvos prioritários das suas políticas habitacionais.

Não por outro motivo, diversos documentos regionais examinados ao longo da presente pesquisa, voltados especificamente ao tema da moradia, apontam expressamente alguns dos grupos vulneráveis a serem obrigatoriamente considerados pelo Estado no momento da definição e execução das prestações positivas habitacionais.

Como visto, a Carta Social das Américas indicou a necessidade de políticas públicas voltadas ao atendimento de grupos vitimados ou ameaçados pela ocorrência de riscos ambientais, bem como daqueles que, à luz dos critérios nacionais de cada Estado, estão em situação de pobreza extrema (OEA, 2012a).

Já a CIDH, em diversos informes temáticos, identificou a necessidade de os Estados-membros da OEA elaborarem políticas públicas habitacionais voltadas ao atendimento de vítimas de deslocamentos forçados e migrantes, de indígenas, quilombolas e minorias étnicas, de vítimas de despejos forçados, de pessoas em situação de vulnerabilidade e em situação de rua (OEA, 2021a). Especificamente no que se refere à situação do direito à moradia adequada no Brasil, a CIDH identificou a necessidade de o Estado envidar esforços para o fornecimento de atendimento habitacional prioritário às minorias étnicas e à população de rua, especialmente às mulheres em situação de rua (OEA, 2021b).

Verifica-se, assim, que, para o Sistema Interamericano de Direitos Humanos, os grupos vulneráveis, que historicamente experimentam situações de desigualdades injustas no que se refere ao grau de efetividade do seu direito à moradia adequada e que, portanto, devem ser alvos prioritários de políticas públicas habitacionais, são (i) as mulheres, (ii) as crianças e adolescentes, (iii) as pessoas com deficiência, (iv) os idosos, (v) as pessoas LGBTQIA+, (vi) as minorias étnicas, com destaque para as pessoas negras e indígenas, (vii) as pessoas em situação de mobilidade, isto é, vítimas de deslocamentos e despejos forçados e migrantes, e (viii) pessoas em situação de rua e em situação de extrema pobreza. No caso do Brasil, as prioridades máximas do Estado — ou seja, as prioridades das prioridades — em matéria de moradia adequada devem ser as minorias étnicas e mulheres em situação de rua.

Mas não é só. Além do dever de direcionar as políticas públicas ao atendimento desses grupos, o Sistema Interamericano ainda exige do Estado que tais políticas sejam capazes de fazer frente à interseccionalidade das vulnerabilidades.

Definida pela CIDH como uma "sobreposição de várias camadas de discriminação (...) [a qual] leva a uma forma agravada de discriminação que se expressa em experiências manifestamente diferentes" (OEA, 2019, p. 39) de um indivíduo para outro, a interseccionalidade nada mais é do que o reconhecimento de que há casos em que o indivíduo pertence, a um só tempo, a mais de um grupo vulnerável, o que o sujeita a discriminações injustas ainda mais gravosas. É o caso, por exemplo, das mulheres em situação de rua, as quais pertencem, concomitantemente, ao grupo vulnerável das mulheres e ao grupo vulnerável das pessoas em situação de rua, e que, por isso, convivem, diariamente, com diferentes formas de discriminação injusta, decorrentes da associação das desigualdades de gênero com as desigualdades econômicas e de vínculo afetivo (que caracterizam a situação de rua), colocando-as, assim, em posição de maior vulnerabilidade face àqueles que pertencem a apenas um grupo vulnerável.

A aplicação da interseccionalidade, pelo Sistema Interamericano, aos processos de concretização dos direitos sociais implica, segundo entendemos, no reconhecimento de que o processo de especificação pelo qual passou o direito internacional dos direitos humanos e as categorias de sujeitos de direito dele derivadas são, muitas vezes, insuficientes para fazer frente ao grau de discriminações injustas às quais estão sujeitas determinadas pessoas. Afinal, a associação de distintos fatores de vulnerabilidade cria novas formas de discriminação, as quais não podem ser abordadas senão por marcos legais e políticas públicas que enfrentem tais fatores de forma transversal. Nesses casos, portanto, a concretização da igualdade material demanda mais do que a elaboração de normas e ações positivas voltadas ao enfrentamento de cada fator de vulnerabilidade de forma estanque.

Como bem aponta Carla Akotirene (2018), a interseccionalidade exige uma análise acerca de "quais condições estruturais atravessam corpos, quais posicionalidades reorientam significados subjetivos desses corpos, por serem experiências modeladas por e durante a interação das estruturas, repetidas vezes colonialistas, estabilizadas pela matriz de opressão, sob a forma de identidade" (AKOTIRENE, 2018, p. 39).

Bem por isso, a adoção da perspectiva interseccional no campo dos direitos humanos exige, segundo entendemos, um aprofundamento ainda maior do grau de especificação dos sujeitos de direito, além da adoção de ações positivas orientadas à real alteração das estruturas de opressão.

Uma vez reconhecida a heterogeneidade de fatores de vulnerabilidade que podem incidir de forma associada sobre os indivíduos, a concretização da igualdade material passa a exigir que o direito e as políticas públicas alcancem também as pessoas que são por ela atravessadas. Dessa forma, e considerando que os indivíduos sujeitos simultaneamente a diversos fatores de vulnerabilidade o são precisamente em função de estruturas sociais complexas e arraigadas, torna-se indispensável que as ações positivas estatais promovam alterações nessas estruturas, sob pena de não se reduzirem, efetivamente, as desigualdades injustas.

Cabe, assim, ao Estado, a elaboração e implementação de políticas públicas que atendam prioritariamente os grupos vulneráveis anteriormente mencionados — com especial destaque às mulheres em situação de rua e às minorias étnicas, no caso do Estado brasileiro — de forma transversal, considerando que parte do seu público-alvo estará sujeito a desigualdades injustas ainda mais gravosas, precisamente por ser atravessado pela intersecção de diversos fatores de vulnerabilidade.

Para que o atendimento a esses indivíduos seja satisfatório e, assim, seja concretizada a igualdade material, torna-se indispensável que o Estado desenhe e execute essas políticas públicas transversais de viés não apenas corretivo, mas também preventivo (OEA, 2019), de forma que promovam, de fato, alterações na estrutura social que produz os fatores de vulnerabilidade e posiciona esses indivíduos em locais de sujeição a desigualdades injustas.

Capítulo 6

O TRATAMENTO JURÍDICO DO DIREITO À MORADIA ADEQUADA NO PLANO INTERNO: LIMITAÇÕES CONSTITUCIONAIS E LEGAIS À DISCRICIONARIEDADE DO ESTADO BRASILEIRO EM MATÉRIA HABITACIONAL

Considerações iniciais

A Constituição Federal de 1988, em sua redação original, não incluiu expressamente o direito à moradia no rol do seu art. 6º, referente aos direitos sociais — o que só veio a ocorrer no ano de 2010, após a edição da Emenda à Constituição nº 26/2010. Inobstante, a doutrina já considerava que o direito à moradia integrava o rol dos direitos fundamentais sociais brasileiros, em razão do teor do capítulo "Da Política Urbana" da Constituição Federal, o qual mantém sua redação inalterada desde a promulgação da Carta.

Fruto de uma emenda popular apresentada à Assembleia Constituinte (ALFONSIN; BERNI; PEREIRA, 2019), o capítulo constitucional referente à política urbana é resultado de um longo processo de lutas e mobilizações sociais em prol de uma sociedade mais justa e igualitária (SAULE JUNIOR; UZZO, 2011).

Esse processo teve início na década de 1960, quando setores progressistas passaram a reivindicar reformas na estrutura fundiária do país, as quais já haviam sido, em alguma medida, inseridas pelo plano de governo do Presidente da República João Goulart (SAULE JUNIOR; UZZO, 2011). Após o golpe militar de 1964, contudo, a reforma agrária planejada pelo governo deposto foi inviabilizada (SAULE JUNIOR; UZZO, 2011), e as demandas a ela relacionadas foram violentamente reprimidas pelo regime ditatorial (MARICATO; SANTOS JÚNIOR, 2006).

Com o início da reabertura do país, os movimentos sociais voltaram a ocupar posições de destaque político, passando a reivindicar, sob a forma de direitos, a realização de ações por parte do Estado voltadas à redução das desigualdades sociais (SAULE JUNIOR; UZZO, 2011). No caso das lutas por melhorias urbanas, parte das reivindicações estava vinculada, segundo apontam Nelson Saule Junior e Karina Uzzo (2011), à adoção de uma nova ética social, pautada na democratização das cidades e na politização da questão urbana.

Nesse contexto, foi criado, no ano de 1985, o Movimento Nacional pela Reforma Urbana (MNRU), uma coalizão de organizações que reúne representantes de sindicatos, associações comunitárias e acadêmicas, associações de classe e movimentos sociais que lutam por moradia, transporte, saneamento, participação popular, dentre outros direitos (ALFONSIN; BERNI; PEREIRA, 2019; MARICATO; SANTOS JUNIOR, 2006).

Pautado não apenas na unificação e articulação de todas as organizações envolvidas, mas também na nova ética social já mencionada, o MNRU consolidou definitivamente a bandeira da reforma urbana, condenando, de um lado, a concepção da cidade como mercadoria e a lógica da segregação espacial que dela resulta, e reivindicando, de outro, uma cidade democrática, acessível a todos, baseada nos princípios da justiça social, da igualdade e da participação democrática (SAULE JUNIOR; UZZO, 2011).

Em 1987, já iniciados os trabalhos da Assembleia Nacional Constituinte, que começava a elaborar o texto da Constituição de 1988, e aberta a oportunidade para apresentação de emendas populares, o MNRU elaborou aquela que ficaria conhecida como "emenda popular pela reforma urbana" (MNRU, 1987; ALFONSIN; BERNI; PEREIRA, 2019). Tratava-se de documento que continha 22 artigos, com as seguintes propostas: (i) reconhecimento da autonomia dos municípios, (ii) reconhecimento da gestão democrática das cidades, (iii) reconhecimento dos direitos sociais à moradia, ao transporte público, ao saneamento, à energia elétrica, à iluminação pública, às comunicações, à educação, à saúde, ao lazer, à segurança e à preservação do patrimônio ambiental e cultural, (iv) regularização de assentamentos informais, (v) previsão da função social da propriedade urbana e do estado de necessidade, e (vi) combate à especulação imobiliária em áreas urbanas (MNRU, 1987).

Muito embora a redação final do capítulo "Da Política Urbana" da Constituição de 1988 possua apenas dois artigos — quais sejam, artigos 182 e 183, CF/88 —, e não vinte e dois, como propôs o MNRU, Edésio Fernandes (2008) aponta que quase todas as reivindicações do movimento foram atendidas e incluídas no Texto promulgado.

De fato, a despeito de não constarem do referido capítulo constitucional, a autonomia dos municípios (art. 1º, *caput*, CF/88, c/c arts. 29 a 31 e 156, CF/88) e a função social da propriedade (arts. 5º, XXIII, CF/88, c/c art. 170, III, CF/88) foram garantidas. O princípio da gestão democrática das cidades, embora não mencionado expressamente, foi endossado na redação original da Constituição de 1988 por meio de instrumentos que ampliaram, de modo geral, as possibilidades de participação popular direta nos processos políticos do país (FERNANDES, 2008), como o plebiscito, o referendo e a iniciativa popular de lei (art. 14, CF/88). Já o combate à especulação imobiliária e a regularização de assentamentos informais constam dos artigos 182, § 4º, e 183, CF/88, respectivamente, integrando, portanto, o capítulo constitucional próprio sobre política urbana.

Verifica-se, assim, que as propostas apresentadas pelo MNRU que não foram incorporadas ao texto da nova Constituição Federal, ao menos não em um primeiro momento, foram precisamente aquelas que diziam respeito ao reconhecimento expresso de um amplo catálogo de direitos sociais.

Dos 12 direitos mencionados na Emenda Popular sobre Reforma Urbana, somente quatro foram expressamente incluídos na redação original do art. 6º, CF/88, a saber, educação, saúde, lazer e segurança, sendo que a proteção ao patrimônio ambiental e cultural encontrou guarida nos arts. 225 e 215, CF/88, respectivamente. Os demais direitos sociais, dentre eles o direito à moradia, que nos interessa mais de perto, foram, inicialmente, excluídos do catálogo de direitos sociais fundamentais expressos na Constituição Federal.

Essa ausência de previsão expressa no texto da Carta de 1988, contudo, não impediu, conforme antecipamos, que se reconhecesse o *status* constitucional do direito à moradia e, portanto, a sua natureza de direito fundamental. Segundo denota Ingo W. Sarlet (2008), isso se deve principalmente aos artigos 183, *caput* e § 1º, e 191, CF/88.

Tais dispositivos trazem os institutos da usucapião urbana, da concessão de uso especial para fins de moradia e da usucapião rural, respectivamente. Cuida-se de instrumentos de intervenção nos usos e ocupação do solo, os quais possibilitam, desde que preenchidos determinados requisitos, a aquisição do domínio e a concessão de uso de imóveis, no caso de a ocupação não autorizada pelo proprietário registral ter como finalidade precípua a moradia.

Constata-se, nesse sentido, que a redação original da Constituição Federal reconhece que a posse de propriedades, bem como o seu uso, desde que qualificado pela destinação à moradia, pode legitimar a instalação de indivíduos em imóveis dos quais não são proprietários ou possuidores por estes autorizados (MIRRA, A. B., 2021). Em assim sendo, é possível identificar, na moradia, um valor de máxima importância para a nova ordem constitucional que se iniciava, valor merecedor de tutela jurídica e passível de, em determinados casos concretos — e preenchidos outros critérios definidos pelo constituinte —, prevalecer sobre o direito à propriedade.

O art. 7º, IV, CF/88 também revela, como aponta Nelson Saule Junior (2004), ser a moradia um valor jurídico de extrema importância. Isso porque, em referido dispositivo, o constituinte assinala como uma das necessidades vitais básicas dos indivíduos, a ser satisfeita pelo valor do salário mínimo, a moradia. Logo, não parece haver dúvidas de que a moradia compõe o mínimo existencial que deve ser garantido a todos os indivíduos, sem distinção, para que se concretize a dignidade humana — a qual, nunca é demais lembrar, é um dos fundamentos do Estado brasileiro e da ordem jurídica inaugurada pela Constituição de 1988.

Ainda, verifica-se que, já em sua redação original, o Texto Constitucional atribuiu a todos os entes federados — União, Estados, Distrito Federal e Municípios — competência comum para a promoção de programas habitacionais e melhoria das condições de moradia dos cidadãos, conforme o seu art. 23, IX, CF/88.

Dessa forma, ante (i) a existência de institutos constitucionais fundados na tutela, ainda que indireta, da moradia, os quais estão presentes em nossa ordem jurídica desde a promulgação da Constituição de 1988, e (ii) uma série de tratados internacionais assinados pelo Brasil, que reconhecem a moradia como um direito humano — os quais já analisamos nos capítulos 4 e 5 —, e que, por força do art. 5º, § 2º, CF/88, integram a Constituição brasileira em sentido material, entendemos que o direito à moradia é, desde 1988, um direito fundamental com *status* constitucional, a despeito de o texto original da Constituição Federal não mencioná-lo expressamente.

Posteriormente, com a edição da Emenda Constitucional nº 26/2000, o direito à moradia passou a constar expressamente do art. 6º, CF/88. Fruto da Proposta de Emenda à Constituição (PEC) nº 28/96, apresentada ao Senado Federal em 1996, a EC 26/2000 foi elaborada precisamente com o intuito de alinhar a Constituição brasileira à tendência internacional em matéria habitacional que vigia à época (BRASIL, 1996).

A partir da década de 1990, o tema da moradia adequada adquiriu especial relevância no país em razão da realização da Segunda Conferência das Nações Unidas sobre Povoamentos Humanos, a Habitat II (BRASIL, 1996), já analisada no capítulo 4. Isso porque, apesar do protagonismo que assumiu durante referida Conferência[42], e diferentemente de uma série de países[43] que também dela participaram, o Brasil não enunciava expressamente em seu Texto Constitucional a moradia como um direito fundamental, colocando-o, segundo a justificação da PEC 28/96, em uma situação delicada do ponto de vista internacional (BRASIL, 1996; BRASIL, 2000).

Outro elemento que contribuiu para a inclusão expressa do direito à moradia no art. 6º da Constituição de 1988, também apontado pelo Senado Federal na justificação da PEC 28/96, foi o fato de que, precisamente em função da discrepância entre o trabalho desempenhado pelo Brasil na Habitat II e o destaque dado ao direito à moradia pelo ordenamento jurídico interno, os militantes de movimentos sociais de luta por moradia digna — os quais já vinham, há pelo menos uma década, adotando a ocupação de imóveis ociosos como meio de exercício do seu direito fundamental à participação política (MIRRA, A. B., 2021) — passaram a indicar que, caso o

[42] O Brasil atuou como relator de parte da Agenda Habitat e foi representado por ampla gama de entidades da sociedade civil nos eventos preparatórios que antecederam a realização da Habitat II (BRASIL, 1996; BRASIL, 2000).

[43] Em 1996, previam expressamente o direito à moradia as constituições dos seguintes países: Argentina, Bélgica, Colômbia, Equador, Espanha, Guiné Equatorial, Finlândia, Haiti, Honduras, Irã, México, Peru, Portugal, Rússia, São Tomé e Príncipe e Suécia (BRASIL, 2000).

Brasil não começasse a atuar de modo efetivo para implementar o direito social em questão, as ocupações se tornariam cada vez mais frequentes (BRASIL, 1996).

Assim, se em 1988 não se verificava clima político propício à inclusão textual do direito à moradia na Constituição então em elaboração (FERNANDES, 2008), anos mais tarde a menção expressa a esse direito fundamental tornou-se, ao que tudo indica, imperativa.

Como consequência da inclusão do direito à moradia no art. 6º, *caput*, da CF/88, verificou-se, além do aumento do número de casos levados ao Poder Judiciário que invocavam diretamente o direito fundamental e humano em questão (SARLET, 2008), a pavimentação das vias necessárias à consolidação das bases de uma ordem jurídica preocupada com a democratização do acesso à moradia digna, bem como com a redução das desigualdades injustas provocadas e reproduzidas pela forma de uso e ocupação dos solos urbanos e rurais.

Nesse contexto, foram editados diversos diplomas normativos, como o Estatuto da Cidade (Lei Federal nº 10.257/2001) e a Lei de Regularização Fundiária (Lei Federal nº 8.629/1993). No entanto, essas leis não tratavam especificamente do tema do direito à moradia adequada. Apesar da grande diversidade de diplomas normativos voltados a instituir e regular o uso do solo e a criar políticas públicas habitacionais, fato é que o Brasil ainda carece, como bem aponta Daniele Regina Pontes (2021), de uma legislação especificamente voltada a promover a integração infraconstitucional do direito à moradia adequada.

Nesse sentido, e considerando que o objetivo da presente pesquisa não é analisar políticas públicas habitacionais, mas sim identificar critérios jurídicos que vinculem a atuação do Estado brasileiro de modo a reduzir a sua discricionariedade em matéria de elaboração e implementação de políticas públicas habitacionais, nos ateremos a examinar, no presente capítulo, certos documentos jurídicos dos quais entendemos ser possível pinçar alguns desses critérios. Destacamos, ainda, desde logo, que, em virtude de todos os entes federados possuírem competência para legislar sobre o direito à moradia adequada, quando nossas análises repousarem sobre a legislação infraconstitucional, nos limitaremos àquelas de caráter nacional.

Os documentos a serem examinados no presente capítulo seguem a seguinte cronologia:

1988	Constituição Federal
2001	Estatuto da Cidade (Lei Federal nº. 10.257/2001)
2009	Política Nacional para a População em Situação de Rua (Dec. nº 7.053/2009)
2021/2022	Decisões do STF na ADPF 828
2023	Decisão do STF na ADPF 972

Assim como fizemos nos capítulos 4 e 5, estruturamos nossas análises não à luz da ordem cronológica de elaboração de cada um desses documentos, mas sim em vista do modo como cada um deles vincula a atuação do Estado brasileiro — isto é, como se impõem obrigações de resultado ou de comportamento em matéria de direito à moradia adequada.

6.1 A ampliação da aplicabilidade do direito à moradia adequada pelo ordenamento jurídico interno brasileiro: definição da obrigação de resultado a ser alcançada pelo Brasil

6.1.1 A obrigação de resultado do Estado brasileiro em matéria de moradia adequada segundo a Constituição de 1988

A Constituição de 1988 foi responsável por inaugurar um novo momento político e jurídico no Brasil (SCHIER, 2021), ao consagrar a democracia como o regime político vigente no país e colocar no centro de nosso ordenamento jurídico a dignidade da pessoa humana. Cuida-se de Constituição elaborada já no contexto do neoconstitucionalismo, consistindo não em mera carta de diretrizes a serem seguidas pelo Estado, mas sim em um conjunto de normas juridicamente vinculantes que ocupam posição superior na hierarquia normativa e, portanto, condicionam a atuação de todos os órgãos, instituições e agentes estatais.

Conforme apontamos no capítulo 2 da presente pesquisa, a Constituição de 1988, baseada no princípio da democracia social e econômica, fixou como objetivo constitucional a redução das desigualdades injustas, obrigando o Estado brasileiro a desempenhar um papel ativo e relevante na implementação dos direitos sociais. Diz-se, por isso, que o Texto Constitucional em comento inaugurou um Estado Social, que transcende a mera definição da fundamentação, legitimação e limitação do poder estatal, por meio da "afirmação de uma extensa pauta de princípios e direitos prestacionais que substanciam verdadeiros valores da comunidade" (SCHIER, 2021, p. 50).

Um dos princípios que conformam a atividade estatal é o princípio do desenvolvimento sustentável. Decorrente do art. 170, VI, CF/88 e do art. 225, CF/88, em especial do seu *caput*, o desenvolvimento sustentável consiste, como já tivemos oportunidade de apontar, em um compromisso intergeracional de garantia do meio ambiente ecologicamente equilibrado para as presentes e futuras gerações, a ser efetivado por meio da integração — e não mera conciliação — das questões e variáveis ambientais aos processos de desenvolvimento econômico e social (MIRRA, Á. L., 2018a).

Conforme expressamente reconhecido pelo Supremo Tribunal Federal no bojo da Medida Cautelar na Ação Direta de Inconstitucionalidade 3.540-1, de relatoria do Ministro Celso de Mello, o desenvolvimento sustentável é um princípio jurídico-constitucional que subordina toda a ponderação de direitos fundamentais à efetividade do direito ao meio ambiente ecologicamente equilibrado. De acordo com o Tribunal:

> O princípio do desenvolvimento sustentável, além de impregnado de caráter eminentemente constitucional, encontra suporte legitimador em compromissos internacionais assumidos pelo Estado brasileiro e representa fator de obtenção do justo equilíbrio entre a invocação desse postulado, quando ocorrente situação de conflito entre valores constitucionais relevantes, a uma condição inafastável, cuja observância não comprometa nem esvazie o conteúdo essencial de um dos mais significativos direitos fundamentais: o direito à preservação do meio ambiente, que traduz bem de uso comum da generalidade das pessoas, a ser resguardado em favor das presentes e futuras gerações (BRASIL, 2005, p. 3).

Percebe-se, assim, que a realização de todos os direitos, inclusive dos direitos humanos, à luz do atual paradigma desenvolvimentista inaugurado pelo princípio do desenvolvimento sustentável, implica na assunção de compromissos políticos e jurídicos pelos Estados, cujo adimplemento depende necessariamente da proteção do meio ambiente. Como consequência,

> o princípio do desenvolvimento sustentável deve ser direta e obrigatoriamente aplicado por todos aqueles que se encontram na posição de tomadores de decisões, sejam agentes públicos (incluindo juízes e tribunais), sejam as pessoas privadas, notadamente no âmbito das atividades empresariais (MIRRA, Á. L., 2018a, p. 29).

Verifica-se, desse modo, que o processo de elaboração e implementação de todas as políticas públicas, inclusive as de caráter habitacional, será guiado pelo paradigma desenvolvimentista adotado pela Constituição Federal, e deverá produzir resultados compatíveis com o desenvolvimento sustentável — isto é, que integrem, na devida medida, a variável ambiental à solução das questões habitacionais.

Apesar da preocupação com os direitos sociais e difusos, bem como com a vinculação das atividades estatais, quando se trata especificamente das questões afetas ao direito à moradia, o constituinte foi, inicialmente, bastante econômico na sua enunciação normativa. Como visto, foi somente no ano 2000, com a edição da Emenda Constitucional nº 26/2000, que o direito à moradia foi expressamente incluído no texto da Constituição de 1988, no seu artigo 6º, *caput*, responsável por elencar um rol exemplificativo de direitos fundamentais de natureza social. De acordo com a atual redação do dispositivo em questão:

> Art. 6º **São direitos sociais** a educação, a saúde, a alimentação, o trabalho, **a moradia,** o transporte, o lazer, a segurança, a previdência social, a proteção à maternidade e à infância, a assistência aos desamparados, na forma desta Constituição (BRASIL, 1988, ***online***, grifo nosso).

Da leitura deste artigo, é possível extrair que, a despeito de a justificação adotada pelo Senado Federal na PEC 28/96 apontar, como visto, a necessidade de alinhamento da Constituição brasileira aos parâmetros internacionais de tutela jurídica das questões habitacionais, quando de fato se promoveu a inclusão do direito à moradia no art. 6º, CF/88, não se cuidou de qualificá-lo, como vinham fazendo os sistemas internacionais de proteção dos direitos humanos.

Conforme analisamos nos capítulos 4 e 5 da presente pesquisa, o direito à moradia é qualificado pelo predicado da adequação — desde 1948, no âmbito do Sistema Interamericano, em razão do texto da Declaração Americana de Direitos e Deveres do Homem, e desde 1966, no âmbito do Sistema ONU, com a elaboração do PIDESC. Conforme analisamos anteriormente, a qualificação do direito à moradia pelo predicado da adequação indica que o direito em tela não se satisfaz com a mera disponibilização de um teto para os cidadãos (aspecto material), sendo imprescindível o preenchimento de mais requisitos para que ele seja considerado efetivado (os quais compõem seu aspecto existencial).

O Brasil, contudo, ao incluir a moradia no art. 6º, CF/88, não a qualificou com o emprego do adjetivo *adequada*. Verifica-se, assim, que a alteração constitucional levada a efeito pelas Casas Legislativas no ano 2000 não foi suficiente para sanar a desconformidade da Constituição de 1988 em relação aos parâmetros internacionais já há muito fixados na matéria, que atribuem ao direito em questão não apenas um aspecto material, mas também um aspecto existencial.

Não obstante, a ausência de qualificação expressa em nível constitucional não impede o reconhecimento da adequação como elemento intrínseco ao direito à moradia. Isso porque o fundamento político-jurídico do Estado brasileiro é, de acordo com o art. 1º, III, CF/88, a dignidade da pessoa humana (MIRRA, Á. L.; MIRRA, A. B., 2021). Assim, é precisamente a promoção de uma vida digna a todos os indivíduos que conforma a unidade e o conteúdo ético do ordenamento jurídico nacional, como já declarou o Supremo Tribunal Federal (BRASIL, 2008). A satisfação da dignidade humana, por conseguinte, é elemento que integra o conteúdo jurídico dos direitos fundamentais em geral e do direito à moradia em especial.

Não por outro motivo, o art. 193, *caput*, da CF/88, que figura como uma cláusula geral a ser observada na implementação de todos os direitos fundamentais de segunda dimensão — como é o caso do direito à moradia, vale destacar —, aponta como um dos objetivos do Estado brasileiro o alcance do bem-estar social. Trata-se, portanto, de norma que muito se assemelha aos artigos XXV, da DUDH, e 11, do PIDESC, os quais, conforme analisamos em capítulos anteriores, indicam serem os direitos sociais instrumentos da realização do bem-estar e, no limite, da dignidade humana dos indivíduos.

Verifica-se, assim, que, a despeito de tê-lo feito em dispositivos distintos, a Constituição Federal brasileira, orientada pelo fundamento político-jurídico da dignidade humana, também tem os direitos sociais como ferramentas essenciais para a consecução dos objetivos estatais, dentre eles a promoção do bem-estar dos cidadãos.

E, se assim é, o direito à moradia não pode ter seu conteúdo jurídico definido, no âmbito interno, de modo dissociado da realização da dignidade humana e do bem-estar social. Consequentemente, para a concretização do direito à moradia, não basta que se garanta aos indivíduos mero acesso a um teto para se abrigarem; o direito fundamental em questão possui conteúdo jurídico mais abrangente, consistente no direito dos cidadãos a habitar local seguro que satisfaça suas necessidades mais básicas.

Em outras palavras, em razão da dignidade humana e do objetivo de alcance do bem-estar social, se extrai, do direito brasileiro, segundo entendemos, que o direito à moradia, reconhecido como fundamental pelo Estado brasileiro, é o direito à moradia *adequada*. Nesse sentido, a obrigação estatal de resultado em âmbito habitacional somente estará adimplida quando o critério da adequação for respeitado e garantido a todos, indistintamente, hipótese na qual ter-se-á o direito à moradia plenamente efetivado em seus aspectos material e existencial.

A definição precisa do que seja uma moradia adequada, contudo, não é passível de ser diretamente extraída do Texto Constitucional. O fundamento da dignidade da pessoa humana e o objetivo da ordem social de promoção do bem-estar permitem-nos, apenas, definir a moradia adequada a partir de sua dimensão negativa, isto é, permitem-nos defini-la por aquilo que ela não é, já que há diversas situações em que a ausência de dignidade e bem-estar no exercício das pretensões decorrentes do direito à moradia adequada são facilmente identificáveis. No entanto, o exame desses preceitos constitucionais é insuficiente para que se possa delinear com precisão o que é, afinal, a adequação de uma moradia.

Embora esse fato sugira que cabe unicamente ao legislador ordinário definir aquilo que, no Brasil, é considerado como uma moradia adequada, é importante destacar que, por força do art. 5º, § 2º, CF/88 — o qual, segundo entendemos, instituiu um bloco de constitucionalidade no ordenamento jurídico pátrio —, direitos decorrentes de tratados internacionais de direitos humanos dos quais o país seja signatário possuem, igualmente, relevo constitucional.

Dessa forma, e considerando que o direito à moradia adequada foi enunciado em uma série de documentos internacionais que vinculam juridicamente o Brasil, os quais, inclusive, impõem critérios pormenorizados acerca do que seja a adequação da moradia — já analisados nos capítulos 4 e 5 da presente pesquisa —, entendemos que tais critérios devem, necessariamente, ser observados pelas instituições, órgãos e agentes brasileiros, reduzindo, por conseguinte, a margem de discricionariedade do legislador ordinário e do administrador público no que se refere à fixação do conteúdo jurídico do direito fundamental em comento.

Assim, além dos critérios eventualmente estabelecidos pelos Poderes Legislativo e Executivo nacionais, a efetividade do direito à moradia adequada no Brasil está atrelada ao acesso a imóvel acompanhado dos elementos da segurança da posse e vedação de despejos forçados, da disponibilidade de infraestrutura e localização adequada — o que inclui localização que reduza a vulnerabilidade dos habitantes aos riscos climáticos —, da habitabilidade e adequação cultural dos imóveis, da acessibilidade, dentre outros.

Além desses critérios, a obrigação de resultado a ser adimplida pelo Estado brasileiro no que toca ao direito à moradia adequada exige a observância da função social da propriedade.

Como bem aponta Umberto Paulini (2021), o uso e a ocupação do solo sempre foram temas da máxima importância para os agrupamentos humanos, já que é a partir das possibilidades fáticas e culturais a ele atreladas que as sociedades se organizam. Especificamente no caso brasileiro, os processos de ocupação do território foram historicamente marcados pela produção e reprodução de desigualdades injustas.

O processo de urbanização do país, iniciado na segunda metade do século XX, que somente foi viabilizado em razão da ausência de políticas substanciais levadas a efeito pelo Estado, acarretou o aumento vertiginoso da população urbana (ROLNIK, 2019)[44]. Esse aumento populacional, somado à ausência de políticas de bem-estar social, estabeleceu a espoliação

---

[44] De acordo com levantamento feito pela Câmara dos Deputados, a população urbana brasileira saltou de 44,7% da população total em 1960 para 55,9% em 1970 e 81,2% no ano 2000 (INSTITUTO PÓLIS, 2002).

urbana como modelo de organização territorial no país (ROLNIK, 2019). Como consequência, a sociedade brasileira se consolidou como uma das mais desiguais do mundo (ROLNIK, 2019), cujo processo de exclusão se refletiu no território, mais precisamente na divisão das cidades entre uma porção legal — caracterizada pela riqueza e dotada de infraestrutura — e uma porção ilegal — pobre, com infraestrutura precária —, nas quais as oportunidades de crescimento, lazer, trabalho e cultura se apresentam de modo assimétrico (INSTITUTO PÓLIS, 2002).

A estrutura e organização territorial das cidades brasileiras, assim, mais do que expressão das desigualdades sociais injustas, é agente de reprodução de tais desigualdades (INSTITUTO PÓLIS, 2002). E, se as possibilidades de ocupação do território pelos cidadãos são marcadas por assimetrias, o exercício do direito à moradia adequada também o é — afinal, o acesso à terra situada em local seguro, não suscetível à ocorrência de riscos climáticos, dotada de infraestrutura básica e próxima a facilidades sociais básicas é, como temos visto, pressuposto da sua efetividade.

A universalização do direito à moradia adequada, portanto, está intimamente relacionada aos usos e ocupação do solo, cabendo ao Estado, consequentemente, a tarefa de regulamentá-los. E, nesse sentido, vislumbramos na função social da propriedade o instituto jurídico que viabiliza a intervenção estatal na organização espacial do seu território, de modo a oportunizar a todos moradia adequada, com o preenchimento da totalidade dos requisitos que a caracterizam como tal.

Figurando como um limite ao exercício do direito de propriedade, seja por particulares, seja por instituições públicas[45], a função social da propriedade consta das constituições brasileiras desde 1934 (MONTEIRO, 2019). No entanto, foi apenas no texto da Constituição de 1988 que o instituto em tela ganhou contornos mais precisos, especialmente no que se refere à propriedade imobiliária (TEPEDINO; SCHREIBER, 2005), que nos interessa mais de perto.

[45] Sobre a possibilidade de se exigir do próprio Estado o cumprimento da função social da propriedade dos bens de sua titularidade, ver MIRRA, Ana Beatriz Ribeiro D. V. "A função social da posse nas ações de reintegração em face do movimento de moradia: análise da concessão de liminares pelo Tribunal de Justiça de São Paulo (TJSP)". **Revista da Defensoria Pública do Estado de São Paulo.** São Paulo, v. 3, n. 1, jan-jun/2021, p. 219-250 e TEPEDINO, Gustavo; SCHREIBER, Anderson. A garantia da propriedade no direito brasileiro. **Revista da Faculdade de Direito de Campos.** Campos dos Goytacazes-RJ, ano VI, n. 6, jun/2005, p. 101-119.

Ao trazer para o centro do ordenamento jurídico a dignidade humana, a Constituição Federal tornou imperiosa a readequação do conteúdo jurídico de diversos institutos de direito civil. Nesse contexto, a propriedade, parte integrante do patrimônio individual, antes um valor em si mesmo, passou a ser concebida como um instrumento de realização da pessoa humana (PAULINI, 2021).

O reconhecimento da propriedade como instrumento, assim, tem por intuito possibilitar a concretização da dignidade humana dos indivíduos, permitindo-lhes satisfazer suas necessidades básicas, como a moradia e o trabalho. No entanto, e considerando ser a terra um elemento importante para a vida social, seja porque é sobre ela que a sociedade se estrutura, seja porque é dela que vem boa parte dos recursos e alimentos que sustentam toda a coletividade, ao proprietário não é dado não utilizá-la, deixá-la improdutiva ou disponibilizá-la para o emprego de atividades nocivas aos interesses sociais (PAULINI, 2021).

Concordamos, pois, com a análise de Gustavo Tepedino e Anderson Schreiber (2005), para quem a propriedade é, à luz da Constituição de 1988, a própria função social, na medida em que é precisamente essa função que molda "o estatuto proprietário em toda a sua essência, constituindo, como sustenta a melhor doutrina, o título justificativo, a causa, o fundamento de atribuição dos poderes ao titular" (TEPEDINO; SCHREIBER, 2005, p. 106).

Confundindo-se, assim, a propriedade com a sua função social — afinal, todo instituto jurídico é fruto da composição entre sua estrutura e sua função (TEPEDINO; SCHREIBER, 2005) —, temos que a sua tutela jurídica está condicionada precisamente ao atendimento dessa função (MIRRA, A. B., 2021; TEPEDINO; SCHREIBER, 2005). O cumprimento desse requisito, portanto, se apresenta como um dever fundamental a ser adimplido pelos proprietários, "sob pena de poder haver a mitigação ou a perda dos poderes inerentes ao direito de propriedade" (MIRRA, A. B., 2021, p. 226), por meio do emprego, pelo Estado, de instrumentos coercitivos, tais como a instituição de imposto progressivo e até mesmo a desapropriação.

Daí o porquê de vislumbrarmos na função social da propriedade a ferramenta que permite a intervenção estatal na ordenação do território e que, por conseguinte, contribui para a universalização do acesso à moradia adequada. Tal instituto jurídico cumpre, segundo entendemos, um duplo papel: ao mesmo tempo em que limita o exercício do direito de propriedade, impondo deveres fundamentais aos proprietários — os quais devem empregá-la em conformidade não apenas com os seus interesses individuais, mas também de modo alinhado com o pacto solidário que decorre da Constituição de 1988 —, também autoriza o Estado a fiscalizar o modo como os particulares se utilizam de suas propriedades, bem como a intervir diretamente sobre tais bens em caso de violação aos interesses sociais.

A constatação do atendimento ou da violação dos interesses sociais está intimamente relacionada à destinação dada pelos proprietários às suas respectivas propriedades. Isso porque, para o constituinte, é a destinação dos bens imóveis que caracteriza, ou não, o atendimento da sua função social.

Mencionada em diversos dispositivos constitucionais, a função social da propriedade é, concomitantemente, um dever fundamental atribuído aos proprietários, em razão do art. 5º, XXIII, CF/88 (MIRRA, A. B., 2021), um princípio geral da ordem econômica, conforme o art. 170, III, CF/88, um princípio da política urbana, decorrente do art. 182, §§ 2º e 4º, CF/88, e um princípio da política agrícola e fundiária, de acordo com o art. 186, CF/88. Das normas mencionadas, aquela que se dedica a caracterizar com maior minúcia a função social da propriedade é o art. 186, CF/88, que assim dispõe:

> Art. 186. A função social é cumprida quando a propriedade rural atende, simultaneamente, segundo critérios e graus de exigência estabelecidos em lei, aos seguintes requisitos:
> I - aproveitamento racional e adequado;
> II - utilização adequada dos recursos naturais disponíveis e preservação do meio ambiente;
> III - observância das disposições que regulam as relações de trabalho;
> IV - exploração que favoreça o bem-estar dos proprietários e dos trabalhadores (BRASIL, 1988, ***online***).

Na leitura da norma supratranscrita, é possível verificar que o delineamento da função social da propriedade se refere especificamente aos bens imóveis situados em zonas rurais. No capítulo constitucional referente à política urbana, ao mencionar a função social da propriedade, o constituinte se limitou a indicar que a definição dos seus contornos ficaria a cargo do legislador municipal, por meio da elaboração do plano diretor:

> Art. 182. A política de desenvolvimento urbano, executada pelo Poder Público municipal, conforme diretrizes gerais fixadas em lei, tem por objetivo ordenar o pleno desenvolvimento das funções sociais da cidade e garantir o bem-estar de seus habitantes. (...) § 2º A propriedade urbana cumpre sua função social quando atende às exigências fundamentais de ordenação da cidade expressas no plano diretor (BRASIL, 1988, ***online***).

A diferença no tratamento dispensado pelo constituinte às propriedades urbanas e rurais não esteve imune a críticas. José Galbinski (2011), por exemplo, critica, de um lado, a atribuição da definição do que seja a função social da propriedade urbana — um conceito estático — a uma norma como o plano diretor, que se propõe dinâmica, passível de revisões periódicas para responder mais prontamente aos interesses e necessidades de organização espacial da sociedade. De outro lado, o autor critica a ausência de vinculação expressa da função social da propriedade rural a um planejamento territorial, de modo que as exigências de aproveitamento do imóvel seriam solucionadas nos estritos limites da economia interna de cada propriedade, "como se a propriedade rural constituísse uma categoria territorial à parte e não se localizasse no mesmo espaço socioeconômico das propriedades urbanas" (GALBINSKI, 2011, p. 7).

Entendemos, contudo, que, a despeito das diferenças no tratamento textual entre a função social das propriedades urbana e rural, os critérios delineados pelo art. 186, CF/88 quanto a esta última são, também, aplicáveis à definição dos contornos da função social dos imóveis urbanos. Como veremos, os elementos que compõem a função social podem ser extraídos não apenas do art. 186, CF/88, mas também de outras normas constitucionais de caráter geral, em especial daquelas que traduzem os pilares do desenvolvimento sustentável, paradigma desenvolvimentista que guia todo o Estado brasileiro na tarefa de alcançar a redução das desigualdades injustas e que, segundo apontam Daniela Campos Libório e Nelson Saule Junior (2022b), constitui o modelo de desenvolvimento urbano a ser implementado pelo Brasil.

Ademais, considerando o papel central que o planejamento territorial possui na efetividade do direito fundamental à moradia digna, conforme demonstramos anteriormente, a vinculação da função social da propriedade rural a um projeto de uso e ocupação do solo figura, segundo entendemos, como decorrência lógica dos deveres do Estado na matéria.

Analisaremos, por isso, os contornos da função social da propriedade a partir dos requisitos elencados pelo art. 186, CF/88. Umberto Paulini (2021) identificou, a partir do estudo do referido dispositivo, três elementos basilares da função social da propriedade, a saber, os elementos econômico, ambiental e humanístico.

O elemento econômico da função social da propriedade decorreria, para Umberto Paulini (2021), do inciso I, art. 186, CF/88, que impõe o aproveitamento racional e adequado da propriedade. A este fundamento, acrescentamos o art. 170, III, CF/88, que institui a função social da propriedade como um dos princípios gerais da ordem econômica brasileira — e que, diferentemente do art. 186, I, CF/88, orienta todas as atividades econômicas a serem desenvolvidas no país, e não apenas aquelas realizadas em zonas rurais. No âmbito da propriedade urbana, identificamos, como também o fazem Daniela Campos Libório e Nelson Saule Junior (2022b), a ideia de aproveitamento do imóvel no art. 182, § 4º, CF/88, que autoriza os municípios a impor sanções aos proprietários que deixarem de edificar ou utilizar ou que subutilizarem o bem. Há, nesse sentido, um indicativo de que imóveis ociosos, estejam eles localizados em áreas urbanas ou rurais, não atendem à sua função social.

Muito embora Umberto Paulini (2021) identifique o elemento econômico da função social da propriedade apenas na destinação dos imóveis a atividades econômicas, associando-o à ideia de produtividade, mencionada no art. 185, II, CF/88, entendemos que o elemento em questão possui alcance mais amplo.

A propriedade privada, em especial de porções de terra, tem figurado como base tanto do desenvolvimento econômico (NEVES, 2017) como da espoliação urbana (ROLNIK, 2019). No entanto, como bem aponta Lailson Braga Baeta Neves (2017), no bojo da atual ordem jurídico-constitucional brasileira, a ordem econômica deve estar, necessariamente, voltada à realização da justiça social, de modo que não se pode permitir que a propriedade privada seja instrumento de aprofundamento de desigualdades e injustiças socioeconômicas.

Nessa perspectiva, não é apenas o emprego do imóvel no desenvolvimento de atividades produtivas que provoca impacto econômico relevante. Destinações diversas dadas ao bem, como o seu emprego para garantir moradia adequada (NEVES, 2017) — ou ainda, acrescentamos, garantir a proteção do meio ambiente ecologicamente equilibrado ou o acesso ao lazer, à cultura e aos esportes de pessoas em situação de vulnerabilidade, contribuindo para a sua integração socioeconômica e cultural —, também produzem impactos econômicos de grande monta e altamente relevantes para o alcance do resultado de redução das desigualdades injustas e promoção do bem-estar social.

Assim, segundo entendemos, o elemento econômico da função social da propriedade está atrelado à destinação do bem à concretização do paradigma desenvolvimentista vigente no país a partir da Constituição de 1988, isto é, à realização do desenvolvimento sustentável — o que pode passar, ou não, pelo desenvolvimento de atividades econômicas no imóvel, esteja ele localizado em zona rural ou urbana.

O elemento ambiental da função social da propriedade, por sua vez, decorreria, para Umberto Paulini (2021), do inciso II, art. 186, CF/88, que remete à utilização adequada dos recursos naturais, bem como à preservação do meio ambiente. Entendemos, contudo, que o dispositivo constitucional que lastreia o elemento ambiental da função social da propriedade é, principalmente, o art. 225, CF/88, que se aplica não apenas às áreas rurais, mas também às áreas urbanas.

Trata-se de norma fundamental que atribui a todos — Estado e coletividade (incluídos os particulares) — o dever de defender e preservar o meio ambiente, dever este de caráter inegociável. No ponto, é importante destacar, como bem aponta Álvaro Luiz Valery Mirra (2018b), que o *caput* do art. 225, CF/88, ao enunciar o meio ambiente ecologicamente equilibrado como um bem de uso comum do povo, se refere não à possibilidade de sua utilização econômica individual, mas ao contrário, à sua fruição coletiva, sob a ótica da preservação da qualidade ambiental para as presentes e futuras gerações.

Não é dado, assim, aos particulares, apropriarem-se livremente de bens ambientais, como é o caso dos solos, devendo ser respeitados critérios e limitações legais voltados à proteção do meio ambiente (MIRRA, Á. L., 2018b). A função social da propriedade, nesse sentido, em seu aspecto ambiental, se apresenta como uma das limitações à utilização dos bens ambientais fundamentais, cujo manejo deve respeitar a legislação especial aplicável, sob pena de se verem mitigados ou afastados os poderes inerentes ao direito de propriedade (MIRRA, A. B., 2021) — com possibilidade inclusive de imposição, pelo Poder Público, de comportamentos comissivos ao proprietário (AKAOUI, 2012), como veremos adiante.

O instituto da função social da propriedade contribui, desta feita, para a efetiva integração da questão ambiental no andamento das atividades econômicas e sociais, consistindo em expressão própria do desenvolvimento sustentável, encampado pela Constituição Federal de 1988.

O último elemento que compõe a função social da propriedade é o de caráter humanístico, como classificou Umberto Paulini (2021), apontando como fundamentos os incisos III e IV do art. 186, CF/88. Para o autor, o aspecto humanístico da função social da propriedade está atrelado ao respeito às normas que regem as relações de trabalho e à promoção do bem-estar dos indivíduos vinculados, na qualidade de proprietários ou de trabalhadores, ao imóvel em questão (PAULINI, 2021).

Em nossa compreensão, no entanto, o elemento humanístico da função social da propriedade é mais amplo. Afinal, sendo a dignidade humana um dos fundamentos do Estado brasileiro, e a solidariedade, um valor constitucional que exige dos proprietários o emprego de seus bens em conformidade com os interesses sociais, restringir o aspecto humanístico da função social da propriedade apenas aos indivíduos diretamente vinculados ao imóvel implicaria em negar a razão de ser do próprio instituto jurídico.

A função social da propriedade, como visto, é instrumento que permite ao Estado intervir diretamente na propriedade, a fim de impedir que os usos particulares contribuam para aprofundar desigualdades injustas que se refletem no território e são, também, por ele produzidas. O aspecto humanístico da propriedade, destarte, tem por escopo proteger justamente aqueles que não se beneficiam diretamente dos imóveis e que estejam sendo prejudicados pela destinação a eles dada pelos respectivos proprietários, como é o caso de comunidades que vivem no entorno dessas propriedades e que são negativamente impactadas pelas atividades nelas realizadas, ou ainda indivíduos que não têm condições de exercer seu direito fundamental à moradia adequada em razão da especulação imobiliária praticada em imóveis inabitados.

Ainda, quando analisamos anteriormente os instrumentos de atendimento da função social da propriedade, indicados pelo constituinte desde a redação original da Constituição de 1988, foi possível identificar um claro aceno à satisfação do direito à moradia como um elemento capaz de legitimar juridicamente a posse, em princípio irregular, de imóveis ociosos.

Se a chamada posse-moradia pode configurar fato ensejador de aquisição originária de propriedades urbanas ou rurais, ou, ainda, de concessão de uso especial de terras públicas, é porque a moradia é um valor que possui relevância social suficiente para se sobrepor, em determinados casos, ao direito individual à propriedade.

No que se refere às obrigações de resultado em matéria de moradia, portanto, a previsão constitucional da função social da propriedade faz surgir para o Estado brasileiro o dever de garantir que o uso e ocupação do território, urbano e rural, seja democratizado, de modo a deixar de refletir e reproduzir desigualdades injustas, e, assim, permitir a universalização do acesso à terra e, consequentemente, à moradia adequada. Para tanto, é indispensável que todas as porções do território brasileiro, sejam elas públicas ou privadas, de uso comum do povo ou não, atendam à sua função social, em conformidade com os elementos econômico, ambiental e humanístico que lhe são peculiares.

Especificamente no que toca ao uso e ocupação do solo urbano, incidem, ainda, as chamadas funções sociais da cidade. Enunciadas no art. 182, *caput*, CF/88, as funções sociais da cidade constituem princípio norteador da política urbana brasileira e direito difuso dos habitantes das áreas urbanas, que impõe a "construção de uma nova ética urbana, em que os valores da paz, da justiça social, da solidariedade, da cidadania, dos direitos humanos predominem (...) [na] construção de uma cidade mais justa e humana" (LIBÓRIO; SAULE JUNIOR, 2022a, p. 8).

A doutrina mais tradicional concebia as funções sociais da cidade como aquelas que constavam expressamente da Carta de Atenas de 1933, elaborada no âmbito do Congresso Internacional de Arquitetura Moderna, quais sejam, as funções de habitação, trabalho, circulação e lazer (CIAM, 1933). Assim, de acordo com tal concepção, as cidades seriam os espaços físicos urbanos onde agrupamentos humanos se organizariam para, basicamente, terem moradia, trabalho e lazer, e circularem de forma livre (CIAM, 1933).

No ano de 2003, contudo, o Conselho Europeu de Urbanistas (CEU) produziu a Nova Carta de Atenas, com o intuito de atualizar a compreensão acerca do que sejam as cidades e as suas respectivas funções, à luz dos desafios a serem enfrentados pela comunidade internacional, bem como pelos Estados, em nível nacional, ao longo do século XXI (CEU, 2003).

Norteada pelo desenvolvimento sustentável, o qual, conforme apontamos em capítulos anteriores, já havia sido alçado à condição de paradigma desenvolvimentista mundial, a Nova Carta de Atenas reconheceu expressamente a essencialidade do planejamento estratégico do território e do urbanismo na concretização do novo ideal de desenvolvimento posto, e apontou que as cidades do futuro serão interligadas umas às outras, formando redes, as quais exigem coerências em termos sociais, econômicos e ambientais (CEU, 2003). Assim, ao lado das funções clássicas das cidades — habitação, trabalho, circulação e lazer —, a Nova Carta de Atenas acrescentou a necessária proteção de interesses da coletividade, como a multiculturalidade, o equilíbrio ambiental, a identidade social e o acesso a serviços públicos básicos (CEU, 2003).

A partir dessa concepção, centrada na ideia das cidades do futuro sustentáveis e das cidades para todos (MOURA, 2020), as funções sociais das cidades foram ampliadas, o que, em termos jurídicos, se refletiu no reconhecimento de seu caráter de princípio e de direito difuso, que tutela a satisfação das necessidades básicas das gerações presentes e futuras que vivem em ambiente urbano (SALEME, 2005).

Hoje, assim, fala-se da existência de três grupos de funções sociais das cidades: (i) função social, em sentido estrito, que abarca o entendimento tradicional do tema — isto é, consiste na viabilização de habitação, trabalho, circulação e lazer aos seus habitantes —, (ii) função de cidadania, referente à garantia de outros direitos básicos de caráter social, como educação, saúde, segurança e proteção, e (iii) função de gestão, atinente à prestação de serviços, ao planejamento urbano, à conservação do patrimônio e à concretização de práticas sustentáveis (MOURA, 2020).

Na função de gestão, mais precisamente no âmbito do planejamento urbano, destacamos a função social da propriedade, analisada anteriormente, a qual deve ser atingida para que o vetor das cidades para todos, intrínseco aos princípios que norteiam a política urbana no Brasil, possa ser concretizado. De igual modo, destacamos a necessidade de participação popular no delineamento, execução, monitoramento e avaliação do planejamento urbano, que também é essencial para que os habitantes possam apontar quais as necessidades sociais mais urgentes de serem atendidas e, assim, possam se apropriar da cidade, tornando-a, de fato, para todos.

Muito embora a construção do significado das funções sociais da cidade tenha se dado em nível doutrinário, já que o constituinte brasileiro não delineou o seu conteúdo, verifica-se que o seu atual teor, a exemplo do que observamos com o instituto da função social da propriedade, decorre, precisamente, do paradigma desenvolvimentista adotado pelo Brasil a partir da promulgação da Constituição de 1988, e de todos os objetivos constitucionalmente definidos, em especial, o de redução das desigualdades injustas.

Ademais, é de se considerar que o art. 182, *caput*, CF/88, que enuncia as funções sociais da cidade, integra o capítulo constitucional referente à reforma urbana, cuja redação foi indiscutivelmente influenciada pela emenda popular apresentada pelo MNRU no ano de 1987. Nesse sentido, recordamos que os dois primeiros artigos de referida emenda, analisados anteriormente, trazem como elementos, precisamente, os aspectos sociais, de cidadania e de gestão das cidades como vetores da política urbana. Por meio de uma interpretação histórica da Constituição de 1988, assim, também seria possível concluir pelo conteúdo abrangente e alinhado com o desenvolvimento sustentável do instituto jurídico das funções sociais da cidade.

A moradia é, portanto, indiscutivelmente, uma das funções sociais da cidade, e o é de modo "interdependente com o acesso à terra urbana, saneamento ambiental, infraestrutura urbana, transporte e serviços públicos que também são componentes desse direito" (LIBÓRIO; SAULE JUNIOR, 2022b), porque componentes do predicado da adequação. Dessa forma, em se tratando de áreas urbanas, a efetividade do direito à moradia depende não apenas da regulação, pelo Estado, do uso e ocupação do solo em conformidade com a função social da propriedade, mas também da elaboração de um complexo planejamento urbano que viabilize o funcionamento satisfatório de todas as funções sociais das cidades.

6.1.2 A obrigação de resultado do Estado brasileiro em matéria de moradia adequada segundo a legislação infraconstitucional de caráter nacional

6.1.2.1 As obrigações de resultado atribuídas ao Estado brasileiro em matéria de moradia adequada pelo Estatuto da Cidade (Lei Federal nº 10.257/2001)

Em trâmite nas Casas Legislativas federais desde 1990, o Estatuto da Cidade somente foi aprovado no ano de 2001, quando, após a edição da EC 26/2000, que incluiu expressamente o direito à moradia no texto da Constituição de 1988, passou a existir clima político favorável às demandas populares por direitos sociais atrelados às reformas urbanas e fundiárias (FERNANDES, 2008).

Nesse contexto, o Estatuto da Cidade se apresenta como "a consolidação do processo que busca conferir o direito à cidade à população brasileira, não se restringindo à sua porção urbana, mas cobrindo, ainda que em distintas perspectivas, a população de cada um dos municípios brasileiros" (MARGUTI; COSTA; GALINDO, 2016, p. 15).

Fruto das lutas dos movimentos sociais voltados às pautas da reforma urbana, em especial daqueles cuja reivindicação principal era o direito à moradia adequada (MARGUTI; COSTA; GALINDO, 2016), o Estatuto da Cidade foi o marco inicial da Nova Agenda Urbana brasileira, que antecipou em mais de uma década o teor da Nova Agenda Urbana global, fixada em 2016 durante a Habitat III, em Quito, analisada no capítulo 4 do presente trabalho — tanto em termos de objetivos, princípios e diretrizes, como no que se refere à previsão de uma série de instrumentos voltados justamente à concretização dos tais objetivos.

Assentado sobre o paradigma do desenvolvimento urbano sustentável (LIBÓRIO; SAULE JUNIOR, 2022b), o Estatuto da Cidade foi o responsável pela inserção expressa do direito fundamental à cidade no ordenamento jurídico brasileiro. Positivado no art. 2º do Estatuto da Cidade, o direito à cidade sustentável decorre dos princípios constitucionais das funções sociais da cidade e da propriedade, e figura como a diretriz-chave da política urbana brasileira (INSTITUTO PÓLIS, 2002). Cuida-se de direito difuso que compreende uma série de direitos já constitucionalmente positivados, quais sejam, os direitos de acesso à terra urbana, à moradia, à infraestrutura, ao saneamento ambiental, ao transporte, aos serviços públicos, ao trabalho e ao lazer, previstos no art. 2º, I, Estatuto da Cidade, associados ao direito à participação popular, previsto no art. 2º, II, da mesma lei — direitos estes indispensáveis à realização das funções sociais da cidade e da função social da propriedade, conforme analisamos anteriormente.

A despeito de parte importante da doutrina considerar que o direito à cidade não configuraria um direito no sentido jurídico do termo, mas sim uma reivindicação social, que pretende formar um campo comum de discussões onde interesses antagônicos possam ser debatidos de forma sistêmica, a fim de possibilitar a realização de críticas ao modelo de organização social vigente (TAVOLARI, 2016), consideramos que o art. 2º, incisos I e II, do Estatuto da Cidade atribuiu ao direito à cidade acepção jurídica — afinal, não só foi positivado como conta com uma série de instrumentos jurídicos que viabilizam a sua exigibilidade em face do Poder Público e a sua judicialização perante o Poder Judiciário (LIBÓRIO; SAULE JUNIOR, 2022a).

A juridicidade do direito à cidade sustentável, conforme definido pelo diploma legislativo, no entanto, não lhe retira, segundo entendemos, a possibilidade de ser vetor de críticas à forma de organização social, na medida em que, como bem apontam Daniela Campos Libório e Nelson Saule Junior (2022a), é pressuposta a sua interdependência para com a realização dos direitos sociais e ambientais. Tanto é assim, que os instrumentos da política urbana previstos na legislação em questão, os quais têm por intuito concretizar o direito à cidade sustentável, se utilizados, têm o condão de impactar, a um só tempo, o atendimento de todas as funções sociais da cidade, promovendo, dessa maneira, um rearranjo de toda a estrutura urbana que, atualmente, é não só resultado, mas também causa de desigualdades injustas.

Desse modo, e ante a inegável interdependência do direito à cidade sustentável com os demais direitos sociais, inclusive com a moradia, expressamente mencionada no art. 2º, I, Estatuto da Cidade, temos que, do direito fundamental pioneiramente reconhecido pelo diploma legislativo em questão, decorrem para o Estado brasileiro algumas obrigações de resultado que impactam o alcance futuro da efetividade do direito à moradia adequada. Destacamos, para os propósitos do presente trabalho, o dever de produzir cidades sustentáveis, em que os direitos sociais, ambientais e de participação dos cidadãos sejam não apenas viabilizados, mas também respeitados (art. 2º, incisos I e II, Estatuto da Cidade), e o dever de garantir as funções sociais da cidade e da propriedade (art. 2º, incisos IV e VI, Estatuto da Cidade), de modo que haja a justa distribuição, territorial e social, dos ônus e bônus decorrentes da urbanização (art. 2º, inciso IX, Estatuto da Cidade) (INSTITUTO PÓLIS, 2002).

Como se pode verificar, as obrigações de resultado até o momento extraídas do Estatuto da Cidade dialogam com a moradia de modo um tanto indireto, porque decorrem da interdisciplinaridade e interdependência dos direitos humanos e fundamentais. E, segundo entendemos, não poderia ser diferente, afinal, o intuito da lei em questão é, precisamente, regulamentar os arts. 182 e 183, CF/88, referentes à política urbana, de modo a atribuir contornos mais precisos aos princípios da função social da propriedade e das funções sociais da cidade (MOURA, 2020), e não ampliar especificamente a aplicabilidade do direito à moradia adequada.

No entanto, bem-observadas as poucas menções diretas a esse direito na lei federal em comento, é possível perceber que o legislador ordinário contribuiu para ampliar o conceito de habitabilidade — o qual, nunca é demais lembrar, é elemento integrante do aspecto existencial da moradia adequada.

Conforme vimos desenvolvendo ao longo da presente pesquisa, a habitabilidade se refere tanto à aptidão da moradia em garantir aos seus habitantes proteção contra intempéries de toda a sorte e ameaças à saúde, quanto à capacidade de permanecer íntegra em caso de eventual ocorrência de eventos climáticos adversos.

O inciso XIX do art. 2º do Estatuto da Cidade, incluído pela Lei Federal nº 13.116/2015, no entanto, menciona a garantia de condições condignas de utilização e conforto como aspecto inerente à moradia:

> Art. 2º A política urbana tem por objetivo ordenar o pleno desenvolvimento das funções sociais da cidade e da propriedade urbana, mediante as seguintes diretrizes gerais:
> (...)
> XIX – **garantia de condições condignas de** acessibilidade, **utilização e conforto nas dependências internas das edificações urbanas, inclusive nas destinadas à moradia** e ao serviço dos trabalhadores domésticos, **observados requisitos mínimos de dimensionamento, ventilação, iluminação, ergonomia, privacidade e qualidade dos materiais empregados** (Incluído pela Lei nº 13.699, de 2018) (BRASIL, 2001, ***online***, grifo nosso).

Como se verifica do dispositivo legal supracitado, a moradia deve possuir condições mínimas para que possa ser utilizada e, concomitantemente, garantir o conforto de seus habitantes. Tais condições envolvem desde um dimensionamento adequado do espaço do imóvel, que possibilite ventilação e iluminação internas, bem como a proteção da privacidade e intimidade de seus moradores, até o emprego de materiais de qualidade na sua construção e manutenção.

O art. 2º, XIX, Estatuto da Cidade, assim, adiciona ao critério da habitabilidade aspectos que dizem respeito não apenas à relação dos moradores com o meio externo — como estabeleceram os documentos examinados nos capítulos 4 e 5 —, mas também à relação dos moradores com as dependências internas dos lugares onde residem. O conforto da moradia é, portanto, elemento que integra o direito à moradia adequada e que deve ser garantido a todos os cidadãos, indistintamente, sob pena de não se ter por efetivado o direito fundamental em tela.

6.1.2.2 As obrigações de resultado atribuídas ao Estado brasileiro em matéria de moradia adequada pela Política Nacional para a População em Situação de Rua (Dec. nº 7.053/2009)

A Política Nacional para a População em Situação de Rua (PNPSR) é fruto de um processo longo, dinâmico e complexo de práticas estatais realizadas entre as décadas de 1980 e 2000 (MACHADO, 2020), voltadas a solucionar o problema urbano da instalação de pessoas em logradouros públicos com o intuito de neles fixar moradia.

Após o massacre ocorrido na escadaria da Catedral da Sé, em São Paulo/SP, no qual, em uma madrugada do mês de agosto de 2004, sete pessoas em situação de rua foram executadas enquanto dormiam, e outras seis ficaram gravemente feridas e com sequelas, a necessidade da criação de um movimento organizado para pautar as demandas da população de rua se tornou mais latente (MACHADO, 2020).

Meses mais tarde, no ano de 2005, foi criado o Movimento Nacional da População de Rua (MNPR), o qual, em intenso diálogo com o então Ministério do Desenvolvimento Social do Governo Federal, promoveu o I Encontro Nacional de População em Situação de Rua, no qual foram verificadas as principais demandas das pessoas que habitavam as ruas, bem como foram produzidos alguns subsídios para o desenho de políticas públicas voltadas a atendê-las (MACHADO, 2020).

Quatro anos mais tarde, em 2009, foi realizado o II Encontro Nacional de População em Situação de Rua. No período entre o primeiro e o segundo encontros nacionais, muitos materiais foram produzidos sobre as pessoas em situação de rua, desde pesquisas como o Censo desse grupo populacional, elaborado pelo IBGE, até estudos e propostas de políticas públicas intersetoriais e nacionais. Todas essas produções foram discutidas no II Encontro, que culminou em uma proposta de política nacional para atendimento da população de rua, enviada ao então Presidente da República, Luiz Inácio Lula da Silva, na forma de uma carta aberta (MACHADO, 2020).

Em dezembro de 2009, por meio do Decreto nº 7.053/2009, entrou em vigor a Política Nacional para a População em Situação de Rua, que abarcou, em grande medida, as propostas do MNPR. Muito embora a PNPSR consista, ela própria, em uma política pública, cuja análise escaparia, em princípio, ao objeto da presente pesquisa, o parágrafo único de seu art. 1º, ao definir o que seja moradia, promove uma ampliação importante das obrigações de resultado estatais em matéria de direito à moradia. De acordo com o dispositivo:

> Art. 1º Fica instituída a Política Nacional para a População em Situação de Rua, a ser implementada de acordo com os princípios, diretrizes e objetivos previstos neste Decreto.
> Parágrafo único. Para fins deste Decreto, considera-se população em situação de rua o grupo populacional heterogêneo que possui em comum a pobreza extrema, os vínculos familiares interrompidos ou fragilizados e a **inexistência de moradia convencional regular, e que utiliza os logradouros públicos e as áreas degradadas como espaço de moradia** e de sustento, de forma temporária ou permanente, **bem como as unidades de acolhimento** para pernoite temporário ou como moradia provisória (BRASIL, 2009b, ***online***, grifo nosso).

Como se verifica dos trechos supradestacados, o direito brasileiro concebe duas modalidades de moradia: a convencional ou regular, que corresponde ao ato de morar em imóveis, e a não convencional, que consiste no ato de morar em logradouros públicos, áreas degradadas e abrigos.

O reconhecimento jurídico acerca da existência de diferentes modalidades de moradia, contudo, não implica na ampliação, pela PNPSR, do conteúdo jurídico do direito à moradia adequada. Conforme expusemos anteriormente, o direito fundamental à moradia adequada consiste, grosso modo, em um teto que preencha os elementos da adequação, onde os indivíduos possam se abrigar. A efetividade do direito à moradia adequada, portanto, depende de um imóvel que seja utilizado para fins de habitação. O próprio conceito de habitabilidade, ampliado pelo Estatuto da Cidade, pressupõe, como visto, que o ato de morar seja exercido em um imóvel. Existe, dessa maneira, um aspecto material que integra o direito à moradia adequada e que deve, necessariamente, estar presente para que sua efetividade seja verificada.

Entendemos, por isso, que a PNPSR apenas reconheceu juridicamente, no parágrafo único de seu art. 1º, a existência de situações *de fato* nas quais certos indivíduos, por possuírem moradias não convencionais – não por questões culturais ou escolhas próprias, mas sim por se verem em situação de extrema pobreza e de rompimento ou afrouxamento de laços afetivos –, não exercem o seu direito à moradia adequada. Esta é, inclusive, a razão de ser da própria PNPSR, que tem na garantia de acesso amplo à moradia adequada um de seus objetivos (art. 7º, I, PNPSR).

O reconhecimento jurídico de que as ruas, os abrigos e as áreas degradadas são utilizados para fins de moradia por diversos indivíduos, acarreta, por via de consequência, a atribuição, a essas situações de fato, de algum grau de tutela jurídica. Essa tutela jurídica se traduz, segundo entendemos, na extensão, naquilo que couber, do regime jurídico do direito à moradia adequada às moradias não convencionais.

O Superior Tribunal de Justiça, no bojo do Agravo Regimental no *Habeas Corpus* nº 712.529-SE, julgado em outubro de 2022, sinalizou a adoção desse entendimento. Na oportunidade, o Tribunal estendeu a qualidade de domicílio ao prédio de uma escola abandonada usada para fins de moradia:

> PENAL E PROCESSUAL PENAL. AGRAVO REGIMENTAL NO HABEAS CORPUS. TRÁFICO DE DROGAS. PORTE ILEGAL DE ARMA DE FOGO. NULIDADE. BUSCA DOMICILIAR NÃO AUTORIZADA. INOCORRÊNCIA. FUNDADAS RAZÕES PARA O INGRESSO. PRECARIEDADE DA HABITAÇÃO. VISUALIZAÇÃO EXTERNA DOS CRIMES PELOS POLICIAIS. AGRAVO REGIMENTAL DESPROVIDO. (...) 3. Não procede o fundamento lançado pelo Tribunal de origem, afirmando que o fato de o agravante habitar o prédio abandonado de uma escola municipal descaracterizaria o conceito de domicílio, para fins de proteção constitucional. Com efeito, o Decreto nº 7.053, de 23 de dezembro de 2009, que instituiu a Política Nacional para População em Situação de Rua, reforça a condição de

> moradia aos habitantes de logradouros públicos e áreas degradadas (BRASIL, 2022b, p. 1).

Consignou o relator no acórdão:

> (...) Ou seja, **por ser espaço de moradia, há, portanto e por óbvio, proteção constitucional ao local** onde se deu a busca não autorizada, **em homenagem à máxima efetividade das normas constitucionais** (BRASIL, 2022b, p. 7, grifo nosso).

É possível verificar, assim, que a finalidade de habitação atribuída pelo ocupante ao espaço onde está instalado implica em que a ele se estenda a proteção jurídica conferida à habitação, naquilo que lhe for cabível.

Considerando, contudo, que o aspecto material da moradia adequada é indissociável da moradia convencional, a qual não se verifica nas situações de fato em comento, a extensão da proteção jurídica conferida ao direito à moradia adequada às moradias não convencionais abarca, na prática, e na medida do possível, apenas os elementos que compõem o aspecto existencial do direito à moradia adequada.

Nesse sentido, entendemos que, ao promover o reconhecimento jurídico das moradias não convencionais, a PNPSR não afastou a necessidade de verificação do aspecto material do direito à moradia adequada para que se tenha o direito em tela por efetivado, mas, sim, viabilizou a tutela jurídica do seu aspecto existencial, que deve ser garantida independentemente da presença do aspecto material da moradia adequada, de modo a garantir que, mesmo nos casos em que a situação de hipervulnerabilidade dos indivíduos os impeça, em um primeiro momento, de acessar a dimensão material do direito humano e fundamental em questão, não lhes falte o seu aspecto existencial, essencial à concretização da sua dignidade humana.

Entendemos, por isso, que, a despeito de a PNPSR não alterar a obrigação de resultado a ser alcançada progressivamente pelo Estado brasileiro no que se refere ao direito à moradia adequada — que permanece vinculada à viabilização a todos, indistintamente, do acesso ao seu aspecto material —, ela cria uma obrigação estatal de resultado de ordem mais imediata, consistente em garantir àqueles que estão em situação de fato de moradia não convencional um mínimo de dignidade. Gera-se, assim, uma obrigação estatal de promover a tutela autônoma e imediata do aspecto existencial da moradia adequada a todos.

Trata-se, em nossa interpretação, de uma obrigação de resultado que se insere na lógica da redução de danos, e que consiste em evitar o aprofundamento das já severas desigualdades injustas que impactam o acesso à moradia adequada. Compreendendo que a efetividade desse direito está intimamente atrelada ao acesso a um imóvel adequado, o que demanda políticas públicas de alta complexidade cuja implementação se dá necessariamente de modo progressivo, reconhece-se a emergência da situação de hipervulnerabilidade desses indivíduos, que não permite aguardar o implemento progressivo das condições indispensáveis ao exercício do direito à moradia adequada em toda a sua plenitude, impondo, assim, ao Estado brasileiro, o dever de adotar medidas que garantam a esses cidadãos condições mínimas de dignidade para o exercício do ato de morar, mesmo que, em um primeiro momento, o façam de modo não convencional.

Nesse sentido, ao atribuir tutela jurídica autônoma ao aspecto existencial do direito à moradia adequada, de modo que caiba ao Estado brasileiro garantir não apenas a adequação progressiva da moradia convencional, mas também a adequação imediata da moradia não convencional, de forma a restituir a humanidade daqueles que nela habitam, o direito brasileiro reconhece, segundo entendemos, no aspecto existencial do direito à moradia adequada, o seu núcleo essencial mínimo, a ser garantido a todos, indistinta e imediatamente, independentemente da situação regular ou irregular, convencional ou não convencional do local onde é praticado, pelos cidadãos, o ato de morar.

Assim, em razão do teor da PNPSR, entendemos ser possível extrair do nosso ordenamento jurídico interno a existência de duas obrigações de resultado a serem paralelamente adimplidas pelo Estado brasileiro em matéria de moradia adequada.

A primeira, de caráter progressivo, consiste em garantir a todos, indiscriminadamente, moradia convencional adequada — promovendo, assim, a real efetividade do direito fundamental à moradia adequada, em seus aspectos material e existencial.

A segunda, de caráter imediato, e direcionada, em princípio, às pessoas em situação de emergência habitacional, consiste não em efetivar plenamente seu o direito à moradia adequada, mas sim em garantir a elas o seu núcleo essencial mínimo, isto é, seu aspecto existencial, de forma que, até que sejam alcançadas pelas políticas públicas que viabilizam moradia convencional adequada, os locais onde atualmente exercem moradia, ainda que não convencionais, preencham, na maior medida possível, os critérios da adequação que identificamos no capítulo 6.2.2.2 — quais sejam, a segurança da posse, a disponibilidade de serviços e infraestrutura, habitabilidade, acessibilidade, localização adequada e adequação cultural —, sob pena de conivência estatal com situações de hipervulnerabilidade que representam violações contínuas à dignidade humana e que aprofundam as desigualdades injustas.

6.2 Definição dos caminhos para a progressiva efetividade do direito à moradia adequada pelo sistema jurídico interno brasileiro: estabelecimento dos meios de cumprimento com a obrigação imediata de comportamento do Brasil

6.2.1 As obrigações de comportamento a serem imediatamente adimplidas pelo Estado brasileiro em matéria de moradia adequada decorrentes da Constituição de 1988

A Constituição de 1988, conforme analisado no capítulo 6.1.1, trouxe uma série de contribuições para a definição do conteúdo jurídico do direito à moradia, sendo a principal delas, em nosso entender, a qualificação implícita do direito fundamental em questão pelo predicado da adequação. O Texto Constitucional, contudo, não avança na definição do que seja uma moradia adequada, e também não traça o desenho básico da política pública habitacional a ser levada a efeito no país, como fez com os direitos sociais à educação, à saúde, à previdência e à assistência sociais.

Verifica-se, nesse sentido, que o direito à moradia adequada, assim como a maioria dos direitos de segunda dimensão, conforme apontamos no capítulo 1 da presente pesquisa, possui estrutura constitucional programática, que se caracteriza pela definição da sua aplicabilidade mínima, atribuindo aos poderes constituídos, em princípio, a tarefa de ampliar os seus efeitos jurídicos.

Dessa forma, a primeira obrigação de comportamento passível de ser extraída da Constituição de 1988 em matéria de direito à moradia adequada é o dever, atribuído aos poderes constituídos, de promover a sua integração infraconstitucional, seja por meio de leis em sentido estrito, seja por outros instrumentos normativos, de modo a esmiuçar as obrigações de resultado a serem alcançadas e, assim, fixar e bem orientar os deveres de comportamento a serem imediatamente adimplidos.

No ponto, destacamos que esse dever de integrar, em nível infraconstitucional, o direito à moradia adequada fica a cargo tanto das Casas Legislativas federais, isto é, do Senado Federal e da Câmara dos Deputados, como das Assembleias Legislativas Estaduais e da Câmara dos Vereadores dos Municípios. Isso porque o art. 21, XX, CF/88 dispõe caber privativamente à União a instituição de diretrizes gerais sobre habitação. Assim, é competência privativa da União a criação de normas de caráter nacional que delimitem o conteúdo jurídico do direito à moradia adequada e orientem a sua progressiva efetividade.

Isso não significa, contudo, que os estados e municípios não possam regulamentá-lo. A competência legislativa dos estados, segundo o art. 25, § 1º, CF/88, só não alcança aquilo que lhes seja expressamente vedado pela Constituição Federal. Nesse sentido, e considerando a inexistência de proibição expressa à regulamentação, pelos estados, do direito à moradia adequada, é possível que estes legislem sobre o tema, respeitadas as diretrizes traçadas pela União. Já aos municípios compete, segundo o art. 30, incisos I e II, CF/88, legislar sobre assuntos de interesse local e suplementar as legislações federal e estadual no que couber, o que lhes autoriza, também, a regulamentar, em alguma medida, o direito à moradia adequada.

No caso dos municípios, estes ainda possuem competência, por força do art. 182, CF/88, para traçar a política de desenvolvimento urbano e regulamentar as funções sociais da cidade, instituindo, inclusive, instrumentos de ordenação do uso e ocupação do solo urbano, como o parcelamento e edificação compulsórios, o IPTU progressivo no tempo e a desapropriação, temas que possuem intensa relação com o predicado da adequação que qualifica o direito à moradia.

Nesta senda, entendemos pertinente destacar a competência municipal para elaborar o plano diretor. O plano diretor é, de acordo com o art.

182, § 1º, CF/88, o instrumento básico da política de desenvolvimento e expansão urbana, ao qual incumbe, também, a definição do que seja a função social da propriedade urbana — afinal, entende-se que um imóvel urbano cumpre com sua função social quando atende às exigências de ordenação da cidade constantes do plano diretor (art. 182, § 2º, CF/88).

Segundo as normas constitucionais, trata-se de um instrumento de desenvolvimento da política urbana, em regra, facultativo, cuja adoção somente é obrigatória para as cidades que tenham mais de 20 mil habitantes e para os municípios que queiram se utilizar do parcelamento e edificação compulsórios, o IPTU progressivo no tempo e a desapropriação, previstos no art. 182, § 4º, CF/88.

Entendemos, contudo, que a elaboração do plano diretor não consiste em uma faculdade dos municípios, mas sim em um verdadeiro dever. Como vimos no capítulo 6.1.1, a função social da propriedade desempenha papel central na concretização das funções sociais da cidade, e, quando descumprida, os instrumentos jurídicos postos à disposição do Estado para sancioná-la podem permitir a ampliação do acesso de grupos vulneráveis à moradia digna, em locais habitáveis e com acesso facilitado à infraestrutura, por exemplo.

Assim, e em sendo a realização das funções sociais da cidade e a universalização do direito à moradia deveres jurídicos do Estado brasileiro para com os seus cidadãos, parece-nos incoerente que a adoção da ferramenta legislativa que permite aos municípios impor o cumprimento da função social da propriedade seja mera faculdade. Observados os princípios da ordem urbanística, da administração pública, bem como os objetivos do Estado brasileiro, é possível concluir que o emprego, pelos municípios, dos instrumentos coercitivos de atendimento da função social da propriedade é um dever-poder, que necessariamente será exercido em caso de descumprimento da função social dos imóveis urbanos (LIBÓRIO, SAULE JUNIOR, 2022b).

No que se refere à competência administrativa dos entes federados, verifica-se que o constituinte atribuiu a todos — União, Estados, Distrito Federal e Municípios — por meio de seu art. 23, IX e X, CF/88, o dever-poder de agir para criar políticas habitacionais e promover a integração social dos indivíduos em situação de vulnerabilidade, combatendo as causas da pobreza e dos fatores de marginalização.

A competência administrativa em matéria de implementação de políticas habitacionais é, portanto, comum, sendo insuscetível de renúncia pelos entes federados. Como bem aponta Ingo W. Sarlet, o constituinte atribui competência comum nas hipóteses em que as áreas em questão são sensíveis, merecendo "ampla cobertura de atuação, isenta de lacunas, mediante políticas públicas" (SARLET, 2016e, p. 861). Dessa forma, é dever dos entes federados não apenas criar e executar suas respectivas políticas públicas habitacionais, mas também garantir que elas sejam complementares e que, juntas, formem um sistema amplo de atendimento que universalize o acesso à moradia adequada, alcançando todas as camadas vulneráveis da população.

No que se refere às medidas concretas a serem adotadas pelo Estado brasileiro para a progressiva efetivação do direito à moradia adequada, entendemos ser possível extrair do texto da Constituição Federal algumas obrigações de comportamento, a despeito de o tema em questão ter sido delineado de modo a se fixar a sua aplicabilidade mínima, conforme apontamos anteriormente.

O fundamento político-jurídico do Estado, a dignidade humana, previsto no art. 1º, III, CF/88, por exemplo, gera uma obrigação estatal de elaborar e implementar políticas públicas que abarquem integralmente os critérios que fazem de um teto uma moradia adequada. Assim, toda e qualquer medida voltada à satisfação do direito à moradia deve contemplar os seus aspectos material e existencial, observando a atual concepção dos elementos da adequação que identificamos nos capítulos anteriores, a exemplo da localização adequada — que hoje compreende também a proteção fornecida pelo local contra a ocorrência de riscos climáticos — e da segurança jurídica da posse — que atualmente inclui a vedação da realização de despejos forçados.

Especificamente no que se refere a este último elemento, a dignidade da pessoa humana desempenha, segundo Nelson Saule Junior (2004), papel de reforço à proibição da realização de ações violentas de remoção, figurando, portanto, como elemento conformador de uma obrigação estatal negativa — de não atuação violenta.

A cidadania, por sua vez, prevista no art. 1º, I, CF/88, associada à democracia participativa, instituída pela Constituição Federal em seus artigos 1º, parágrafo único, e 14, gera para o Estado o dever de criar canais de participação popular nos processos de elaboração, implementação e monitoramento de políticas públicas.

Compreendida como o regime político no qual os cidadãos intervêm direta, transparente e rotineiramente no planejamento, deliberação, exercício ou fiscalização da atividade governamental e na formação da vontade legiferante por meio de canais formais de participação política (DIAS, 2001), a democracia participativa alça o povo à condição de medula da legitimidade de todo o sistema jurídico (BONAVIDES, 2008), de modo que todos os cidadãos, sujeitos de direitos que são, têm o direito de participar diretamente da condução da vida política da sociedade.

Nesse sentido, o exercício da cidadania, associado à possibilidade de intervenção popular direta na definição dos rumos e prioridades sociais, compreende mais do que o direito a ter direitos ou o direito ao sufrágio, abarcando a possibilidade de os próprios indivíduos contribuírem para definir os direitos que titularizam e os seus respectivos conteúdos jurídicos.

Assim, do fundamento constitucional da cidadania, decorre a universalidade dos direitos fundamentais, titularizados por todos aqueles que têm direito a ter direitos, bem como o direito de todos de acessar, em igualdade de condições, os canais formais de participação popular postos à disposição da população.

Não por outro motivo, em 2020, foi incluído, por meio da EC 108/2020, o parágrafo único no art. 193, CF/88, o qual, enfatizando o papel de protagonista desempenhado pelo povo na condução da sociedade, dispõe que será assegurada a participação social nos processos de formulação, monitoramento, controle e avaliação das políticas públicas do país.

Se não há dúvidas de que a participação popular é, hoje, condição indispensável à validade e à legitimidade de todas as políticas públicas elaboradas e executadas em território nacional, em matéria habitacional a situação não é diferente. Isso porque, além da aplicabilidade da previsão constante do art. 193, parágrafo único, CF/88, ao tema, o inciso XII do art. 29 da Constituição Federal prevê a necessidade de cooperação das associações representativas no planejamento municipal.

Destarte, e considerando que é aos municípios que incumbe a tarefa de executar a política urbana, bem como garantir as funções sociais da cidade e o bem-estar dos seus habitantes, temos que a constitucionalidade, validade e legitimidade das políticas públicas urbanas, inclusive as de caráter habitacional, está condicionada à participação popular (MIRRA, A. B., 2021).

Surge, assim, para o Estado brasileiro, o dever de atuar imediatamente para criar, aperfeiçoar e manter canais abertos e formais de diálogo com a população, cujo adimplemento depende, necessariamente, da efetiva participação dos indivíduos e grupos sujeitos às desigualdades injustas, os quais, por terem sua dignidade humana mais intensamente afetada pela ausência de moradia adequada, devem ser os alvos prioritários das políticas públicas habitacionais[46].

Outra norma constitucional que contribui para a imposição, ao Estado brasileiro, de obrigações de resultado na seara habitacional é o art. 5º, § 2º, CF/88. Em função do bloco de constitucionalidade instituído por este dispositivo que atribui, como visto, relevo constitucional aos tratados internacionais dos quais o Brasil for signatário, entendemos que todas as obrigações de comportamento definidas em âmbito internacional, examinadas nos capítulos 4.2 e 5.2, são integralmente aplicáveis ao Brasil, vinculando a atuação das nossas instituições, órgãos e agentes.

Por fim, destacamos que a Constituição Federal atribuiu duas obrigações de comportamento de caráter negativo ao Estado brasileiro em matéria habitacional. A primeira delas, decorrente do princípio da vedação do retrocesso social, analisado no capítulo 3 deste trabalho, exige, na elaboração e execução de políticas públicas habitacionais, a manutenção do grau de proteção ao direito à moradia adequada já alcançado. Isso porque, conforme analisamos, à medida que os direitos sociais são progressivamente concretizados, surgem zonas de não intervenção restritiva do Estado, que só pode alterar ou extinguir políticas públicas e programas sociais em havendo, paralelamente, a adoção de medidas alternativas ou de compensação que garantam a inalterabilidade da proteção do direito social em questão.

A segunda delas decorre do art. 5º, XI, CF/88, que prevê a inviolabilidade do domicílio e que se estende, conforme já definiu o Superior Tribunal de Justiça[47], a todo e qualquer local, convencional ou não, onde os cidadãos exerçam o ato de morar. Em função desse dispositivo, à exceção das

---

[46] Em sentido similar, ver SAULE JUNIOR, Nelson. **A proteção jurídica da moradia nos assentamentos irregulares.** Porto Alegre: Sergio Antonio Fabris Editor, 2004, p. 145-148.

[47] Nesse sentido, ver BRASIL. Superior Tribunal de Justiça (5ª Turma). Agravo Regimental no *Habeas Corpus* nº 712.529 – SE. Agravante: Marcelo Oliveira dos Santos. Agravado: Tribunal de Justiça do Estado de Sergipe. Relator: Ministro Ribeiro Dantas, julgado em 25 de outubro de 2022b. Disponível em HTTP://processo.stj.jus.br/SCON/GetInteiroTeorDoAcordao?num_registro=202103977367&dt_publicacao=04/11/2022. Acesso em 27 nov. 2022.

hipóteses de flagrante delito, desastres, prestação de socorro e ordem judicial, só se ingressa na moradia de alguém com autorização de quem nela reside. O direito à moradia adequada, protegido pela inviolabilidade de domicílio, assim, exige do Estado, no ponto, uma postura de abstenção.

6.2.2 As obrigações de comportamento a serem imediatamente adimplidas pelo Estado brasileiro em matéria de moradia adequada decorrentes da legislação infraconstitucional de caráter nacional

6.2.2.1 As obrigações de comportamento atribuídas ao Estado brasileiro em matéria de moradia adequada pelo Estatuto da Cidade (Lei Federal nº 10.257/2001)

Além de gerar obrigações de resultado, conforme examinamos no capítulo 6.2.1.1, o Estatuto da Cidade também atribuiu ao Estado brasileiro algumas obrigações de comportamento imediato, a serem adimplidas para que se alcance, progressivamente, a efetividade do direito à moradia adequada.

No que se refere, primeiramente, à competência dos entes federados, verifica-se que o Estatuto da Cidade é, ele próprio, fruto do exercício, pela União, de sua competência privativa para instituir diretrizes sobre desenvolvimento urbano (art. 21, XX, CF/88). Nesse sentido, e considerando que cabe aos municípios executar a política urbana, nos termos do art. 182, *caput*, CF/88, pode-se dizer que as obrigações de comportamento estatal extraídas do Estatuto da Cidade vinculam, essencialmente, a atuação dos municípios, especialmente quando tais deveres estiverem vinculados à concretização do direito à cidade sustentável e à ordenação do território.

Nesta seara, as obrigações de comportamento imediato dos municípios que impactam na progressiva efetividade do direito à moradia se referem principalmente a possibilitar que o uso e a ocupação de seus respectivos territórios não mais reflitam ou reproduzam desigualdades injustas. Assim, e conforme sustentamos quando da análise das obrigações estatais de comportamento decorrentes da Constituição Federal, os municípios têm o dever-poder de fiscalizar o atendimento às funções sociais da propriedade e da cidade, bem como, em caso de não atendimento, de lançar mão de todos os instrumentos jurídicos e administrativos disponíveis para tanto, de forma a corrigir os desequilíbrios provocados pelo processo de urbanização em todo o território (INSTITUTO PÓLIS, 2002) e a viabilizar a universalização do acesso à terra e, assim, à moradia adequada.

Os instrumentos que devem, obrigatoriamente, segundo entendemos, ser empregados pelos municípios são aqueles que constam do art. 4º, Estatuto da Cidade, e que compõem as seguintes categorias: (i) planos nacionais, regionais e estaduais de ordenação do território e de desenvolvimento social e econômico (art. 4º, I, Estatuto da Cidade), cuja competência recai, excepcionalmente, sobre a União e os estados; (ii) planejamento das regiões metropolitanas, aglomerações urbanas e microrregiões (art. 4º, II, Estatuto da Cidade), cuja competência recai, excepcionalmente, sobre os estados; (iii) planejamento municipal (art. 4º, III, Estatuto da Cidade); (iv) institutos tributários e financeiros (art. 4º, IV, Estatuto da Cidade); (v) institutos jurídicos e políticos (art. 4º, V, Estatuto da Cidade); (vi) Estudo de Impacto Ambiental e Estudo de Impacto de Vizinhança (art. 4º, VI, Estatuto da Cidade) (BRASIL, 2001).

Nessa perspectiva, e considerando que, tanto para o emprego de parte significativa desses instrumentos como para a definição dos critérios objetivos para aferição do respeito à função social da propriedade, é imprescindível a elaboração do plano diretor (arts. 41, III, e 39, Estatuto da Cidade, respectivamente), o qual consiste no instrumento básico da política de desenvolvimento e expansão urbana (art. 40, *caput*, Estatuto da Cidade). Entendemos que é dever dos municípios elaborar, imediatamente, planos diretores, em conformidade com os arts. 39 e seguintes do Estatuto da Cidade, reiterando, no ponto, a crítica que fizemos anteriormente à concepção do constituinte, replicada pelo legislador no estatuto em comento, de que a elaboração de tais planos seria mera faculdade dos poderes públicos.

Cabe apontar, ainda, que o plano diretor é também um instrumento de integração entre as zonas rurais e urbanas (art. 2º, inciso VII, Estatuto da Cidade), na medida em que incumbe ao município o planejamento do uso e da ocupação do solo em todo o seu território, e não apenas nas zonas urbanas (art. 40, § 2º, Estatuto da Cidade).

Cada vez mais, as realidades rural e urbana interagem, dado que "parte da população que vive na zona rural tem seu emprego e trabalho na região urbana, sem contar a utilização de infra-estrutura e de serviços urbanos, como o transporte coletivo, escolas, postos de saúde, hospitais, comércio e lazer" (INSTITUTO PÓLIS, 2002, p. 48). Dessa forma, a concretização das cidades sustentáveis está condicionada, também, à organização das zonas rurais em conformidade com os preceitos do desenvolvimento sustentável e da função social da propriedade.

Assim, apesar de o desenvolvimento das políticas agrícola e agrária ser de competência privativa da União (art. 22, I, CF/88), em função da atribuição constitucional e legal do município para legislar sobre a ordenação do solo em todo o seu território, gera-se, segundo entendemos, um dever de atuação conjunta destes entes federados, com vistas à universalização do acesso à terra e à moradia.

Ainda em matéria de planejamento do uso e ocupação do solo, é de se destacar o inciso VI do art. 2º do Estatuto da Cidade, que enumerou as situações cuja ocorrência deve ser evitada pelo Estado brasileiro, a saber, (i) a utilização inadequada dos imóveis urbanos, (ii) a proximidade de usos incompatíveis ou inconvenientes, (iii) o parcelamento do solo, a edificação ou o uso excessivo ou inadequado em relação à infraestrutura urbana, (iv) a instalação de empreendimentos ou atividades que possam funcionar como polos geradores de tráfego, sem a previsão da infraestrutura correspondente, (v) a retenção especulativa de imóvel urbano que resulte na sua subutilização ou não utilização, (vi) a deterioração das áreas urbanizadas e (vii) a poluição e a degradação ambiental (BRASIL, 2001).

Além de obrigar os poderes públicos a atuarem positivamente para impedir que situações como as supramencionadas ocorram, o dispositivo legal em questão cria um novo modelo de regulação dos solos urbanos, não mais baseado apenas em modelos ideais de densidades e compatibilidades de usos, mas também no processo de formação de preços no âmbito do mercado imobiliário (INSTITUTO PÓLIS, 2002). Permite-se, assim, ao Estado brasileiro, agir tanto no planejamento e na fiscalização como na indução dos usos do solo (INSTITUTO PÓLIS, 2002), favorecendo aqueles que mais se alinham às funções sociais da propriedade e da cidade, e à redução das desigualdades territoriais injustas, por exemplo.

No que se refere às obrigações de comportamento a serem imediatamente adotadas no desenvolvimento de políticas públicas voltadas especificamente à satisfação do direito fundamental à moradia adequada, o Estatuto da Cidade vincula a atuação de todos os entes federados, uma vez que a competência na matéria é, como apontamos anteriormente, comum.

Assim, quando o Estatuto da Cidade preceitua ser dever do Estado brasileiro promover a regularização fundiária e a urbanização de áreas ocupadas por população de baixa renda, por meio do estabelecimento de marcos legais específicos para aquelas localidades (art. 2º, XIV, Estatuto da Cidade), os destinatários do seu comando são todos os entes da Federação. Afinal, o dispositivo em tela tem por intuito viabilizar o acesso à moradia adequada por meio da promoção dos elementos que compõem a adequação de uma moradia.

Faz-se importante registrar, no ponto, que a criação de marcos legais específicos para pessoas em situação de vulnerabilidade não pode se dar ao arrepio da legislação ambiental. Conforme apontamos em outras oportunidades, o paradigma do desenvolvimento sustentável exige a integração da questão ambiental às questões econômicas e sociais. Ademais, em um cenário de emergência climática como o atualmente verificado, a manutenção de grupos de indivíduos em áreas ambientalmente sensíveis pode contribuir para aprofundar sua situação de vulnerabilidade, na medida em que, não raras vezes, são aqueles que estabelecem moradia nesses locais que sofrem os impactos mais graves de catástrofes ambientais (MIRRA, Á. L.; MIRRA, A. B., 2021).

Compreendemos, por isso, que a questão ambiental atrelada à adequação da moradia deve ser examinada pelo Estado brasileiro tanto no momento do planejamento do uso e ocupação do solo, como no momento da regularização fundiária, sob pena de se ampliarem as desigualdades injustas.

Outro dever habitacional diretamente decorrente do Estatuto da Cidade para o Estado brasileiro é aquele que advém do inciso XIX do seu art. 2º. Conforme analisamos no capítulo 6.1.2.1, referido dispositivo ampliou o teor jurídico da habitabilidade, atribuindo-lhe duplo sentido: além de corresponder à aptidão da moradia para proteger os indivíduos de riscos externos, se refere ao preenchimento de qualidades que lhe são intrínsecas, como ventilação, espaço adequado para garantir a privacidade dos seus habitantes e materiais de construção de qualidade. Dessa forma, incumbe ao Estado brasileiro garantir, na implementação de todas as suas políticas habitacionais, que os indivíduos tenham acesso a imóveis que cumpram com ambas as dimensões da habitabilidade.

Por fim, o art. 2º, inciso II do Estatuto da Cidade, impõe ao Estado brasileiro que crie espaços institucionais variados de participação popular, compreendendo desde a realização de audiências públicas e a destinação de assentos a representantes da sociedade civil em conselhos vinculados à

Administração Pública, até o acesso da população à informação, de modo que permitam ao povo acompanhar e intervir nos processos de elaboração, implementação e monitoramento de políticas públicas habitacionais, bem como de definição dos orçamentos destinados às respectivas pastas e quais as prioridades a serem imediatamente enfrentadas.

6.2.2.2 As obrigações de comportamento atribuídas ao Estado brasileiro em matéria de moradia adequada pela Política Nacional para a População em Situação de Rua (Dec. nº 7.053/2009)

Conforme apontamos no capítulo 6.2.1.2, a Política Nacional para a População em Situação de Rua (PNPSR) foi responsável por atribuir ao Estado brasileiro uma segunda obrigação de resultado em matéria habitacional, paralela àquela referente à efetividade do direito à moradia adequada — a qual, nunca é demais lembrar, se consubstancia no acesso universal a imóveis que preencham os requisitos da adequação.

Essa segunda obrigação, de caráter imediato, e direcionada de modo mais específico ao atendimento das pessoas em situação de emergência habitacional, decorre do reconhecimento da situação de fato de extrema vulnerabilidade por elas enfrentada e consiste, como visto, em garantir a esses indivíduos o núcleo essencial mínimo do direito à moradia adequada — isto é, em garantir o seu aspecto existencial, de modo que os locais onde atualmente exercem moradia, ainda que não sejam convencionais, preencham, na maior medida possível, os critérios da adequação, a fim de restaurar a sua dignidade humana e impedir, assim, o aprofundamento das desigualdades injustas, até que sejam alcançados pelas políticas públicas progressivas que efetivam plenamente o direito em questão.

Consequentemente, para que o resultado em questão seja alcançado, surge, para o Estado brasileiro, o dever de criar políticas públicas que possibilitem às moradias não convencionais o preenchimento dos requisitos de adequação que vimos identificando e desenvolvendo ao longo do presente trabalho. Dessa forma, ainda que não se proporcione, ao menos não em um primeiro momento, o exercício pleno do seu direito à moradia adequada às pessoas em situação de rua, ao menos se garante que elas possam exercer desde logo o aspecto existencial da moradia adequada.

Nesse sentido, torna-se imperiosa a releitura dos elementos que compõem a adequação da moradia. Afinal, o direito à moradia adequada, nos termos até o momento desenvolvidos, pressupõe o acesso dos indivíduos a um teto, ou seja, a um imóvel. Consequentemente, a definição de vários dos elementos caracterizadores da adequação parte, também, do pressuposto de que o ato de morar será exercido em um imóvel — a segurança da posse, por exemplo, possui íntima correlação com títulos possessórios e de propriedade de bens imóveis; a habitabilidade, por sua vez, se caracteriza pela existência de espaço e ventilação em um imóvel.

Assim, e tendo em conta a peculiaridade que caracteriza as moradias não convencionais, consideramos que a segurança da posse se traduziria, por exemplo, no dever do Estado de atuar para impedir a remoção forçada e violenta da população em situação de rua de logradouros públicos, seja ela realizada pelos seus próprios agentes, seja por particulares. Consistiria, ainda, em possibilitar a estes indivíduos moradia por tempo indeterminado nos abrigos, em disponibilizar vagas na rede hoteleira por meio de parcerias com hotéis e *hostels* e permitir o acesso dessas pessoas às unidades habitacionais que descumprem sua função social, até que sejam contempladas por atendimento habitacional de caráter permanente ou tenham superado de outro modo a situação de hipervulnerabilidade que vinham experimentando.

A disponibilidade de serviços e infraestrutura e a localização adequada, por sua vez, se consubstanciariam, primeiramente, no dever estatal de mapear as regiões onde se concentram as pessoas em situação de rua, de modo a instalar os equipamentos públicos voltados a atendê-las nas proximidades dessas áreas, formando sistemas de atendimento em rede voltados especificamente a essa população, que possibilitassem o seu acesso aos demais direitos sociais, como educação, saúde, alimentação, previdência e assistência sociais, dentre outros. Abarcariam, ainda, o fornecimento de serviços específicos e sazonais, como a distribuição de cobertores e a abertura de espaços públicos cobertos para abrigar essa população durante os períodos do ano em que as temperaturas são baixas.

A disponibilidade de infraestrutura e localização adequada diria respeito, também, ao dever do Estado brasileiro de fiscalizar e impedir que pessoas em situação de rua se instalem em locais perigosos à sua vida e saúde — inclusive em locais sujeitos à ocorrência de riscos climáticos —, transferindo-as, neste caso, a locais adequados por meio da inclusão imediata desses indivíduos em políticas públicas habitacionais, além de fiscalizar as regiões onde estão instaladas, de modo a impedir a prática de crimes contra essas pessoas, como aqueles cometidos por ocasião do massacre da Sé.

Já o critério do custo acessível, que também compõe a moradia adequada, é garantido, em se tratando de moradias não convencionais, por meio da disponibilização gratuita de vagas em abrigos públicos, rede hoteleira e unidades habitacionais ociosas.

O elemento da habitabilidade, aqui compreendido em sua dupla dimensão — de proteção contra riscos externos, e de conforto e proteção da privacidade —, faz surgir para o Estado brasileiro o dever de, em se tratando de moradia em logradouro público ou áreas degradadas, viabilizar às pessoas em situação de rua acesso a serviços e locais onde possam se proteger do frio e da chuva, por exemplo. Faz surgir, ainda, o dever estatal de fornecer assessoria técnica de arquitetos e engenheiros àqueles que construírem por conta própria suas casas, além de acesso a materiais de qualidade, a fim de que a própria população em situação de rua possa se instalar nos locais por ela escolhidos de modo mais protegido e com menos riscos de sofrerem com incêndios, desmoronamentos ou outras catástrofes.

Em se tratando de abrigos públicos, a habitabilidade exige que os imóveis utilizados para este fim tenham ventilação e espaço adequados, com banheiros e chuveiros instalados, e colchões, roupas de cama e chão higienizados. Exige, ainda, que o Estado atue para impedir a superlotação desses equipamentos, atendendo, dentro de cada abrigo, apenas o número de indivíduos que o local de fato comporta, bem como para ampliar e diversificar as formas de abrigamento dessas pessoas — firmando parcerias com a rede hoteleira ou destinando unidades habitacionais ociosas e em patente descumprimento de sua função social para atender a população em situação de rua, por exemplo.

Tanto nos casos de ocupação de logradouro público e áreas degradadas quanto no caso dos abrigos, entendemos que a habitabilidade está atrelada, também, à possibilidade de os indivíduos manterem consigo os seus pertences pessoais — os quais são, muitas vezes, os únicos elementos fixos que as pessoas em situação de rua possuem em suas vidas —, sendo vedada a sua apropriação forçada pelo Poder Público.

Em matéria de acessibilidade, a qual consiste na capacidade estatal de garantir o exercício do direito à moradia adequada por todos, o dever do Estado brasileiro é adotar, no bojo da política pública direcionada às pessoas em situação de rua, medidas diversas capazes de enfrentar a heterogeneidade das vulnerabilidades que impactam esses indivíduos e, assim, prestar-lhes atendimentos efetivamente adequados.

Por fim, no que se refere à adequação cultural, é importante que o Estado atue para que aqueles que habitam em moradias não convencionais possam fazê-lo sem que tenham de negar suas identidades e origens. É imperioso, nesse sentido, que se criem locais de acolhimento que atendam pessoas LGBTQIA+, negras, indígenas, dentre outras minorias, e que o façam de modo inclusivo e não segregador. Ademais, e considerando que a identidade dos indivíduos está associada aos seus vínculos familiares, entendemos existir uma vedação à separação, pelo Estado, de famílias nos abrigos públicos.

Ainda, da ampliação do conceito de moradia levada a efeito pela PNPSR, que compreende a moradia convencional e não convencional, decorrem algumas obrigações de comportamento imediato negativo para o Estado brasileiro, a serem realizadas por meio de abstenções.

A primeira delas advém diretamente do princípio da vedação do retrocesso social, analisado no capítulo 3 da presente pesquisa, e consiste no dever do Estado brasileiro de se abster de atuar na redução do grau de proteção do direito à moradia adequada das pessoas em situação de rua. Significa dizer, por exemplo, que não será possível restringir o conceito jurídico de moradia para abarcar apenas as formas convencionais de morar. Significa, ainda, que o grau de proteção do aspecto existencial do direito à moradia adequada, pela adoção de medidas estatais legislativas e administrativas, deve ser mantido ou ampliado, mas jamais reduzido.

Isso não quer dizer, contudo, que não possam ser promovidas alterações nas políticas públicas já existentes ou até mesmo o encerramento de determinados programas. Conforme apontamos no capítulo 3 do presente trabalho, o princípio da vedação do retrocesso social protege o núcleo essencial dos direitos sociais e não as políticas públicas em si.

Dessa forma, é dado ao Estado brasileiro alterar significativamente políticas públicas voltadas à satisfação do aspecto existencial do direito à moradia adequada das pessoas em situação de rua, desde que tais modificações sejam acompanhadas de medidas alternativas e de compensação que garantam que, considerado o conjunto legislativo e administrativo posto à disposição dos indivíduos pelo Estado, não haja redução prática do grau de proteção do direito humano e fundamental em questão anteriormente alcançado.

Outra obrigação estatal de comportamento imediato que se traduz em uma abstenção, e que decorre da PNPSR, é a de se abster de violar o domicílio das pessoas em situação de rua.

Conforme decisão do STJ, exarada no bojo do Agravo Regimental no *Habeas Corpus* nº 712.529-SE, de outubro de 2022, examinada no capítulo 6.1.2.2, o fato de a PNPSR ter ampliado o conceito de moradia implica, consequentemente, na ampliação do conceito de domicílio. Dessa forma, em se tratando de pessoa em situação de rua, o local onde está instalada, seja ele qual for, é considerado domicílio, com todas as repercussões legais e constitucionais atreladas ao instituto jurídico em questão, o que abarca a sua inviolabilidade.

Assim, o local onde o indivíduo em situação de rua vive está protegido pelo art. 5º, XI, CF/88, de modo que, sem o seu consentimento, as autoridades competentes só podem adentrar em sua moradia em caso de flagrante delito, desastre ou para prestar socorro, ou, durante o dia, para cumprir determinação judicial.

6.2.3 As obrigações de comportamento a serem imediatamente adimplidas pelo Estado brasileiro em matéria de moradia adequada decorrentes de decisões do Supremo Tribunal Federal

O Supremo Tribunal Federal, a mais alta corte de justiça do Brasil, é o órgão precipuamente responsável pela guarda da Constituição, conforme o art. 102, *caput*, CF/88. No exercício dessa sua competência, o Tribunal foi chamado a decidir sobre questões que envolvem o direito à moradia adequada. Dessas decisões, as que nos interessam mais de perto são as que foram exaradas no bojo das Arguições de Descumprimento de Preceito Fundamental nº 828 e nº 976, porquanto impuseram obrigações de comportamento ao Estado brasileiro em matéria de elaboração e implementação de políticas públicas habitacionais.

6.2.3.1 Arguição de Descumprimento de Preceito Fundamental nº 828: suspensão de despejos, reintegrações de posse e desocupações coletivos durante a pandemia de Covid-19

Proposta em 2021 pelo Partido Socialismo e Liberdade (PSOL), a ADPF 828 visava a suspensão de despejos, reintegrações de posse e desocupações coletivos enquanto perdurassem os efeitos, sobre a população brasileira, da pandemia de Covid-19. Segundo apontaram os autores da ação na petição inicial, a realização desses procedimentos não só viola a dignidade humana e o direito à moradia dos cidadãos como, em um cenário de crise sanitária, em que as autoridades recomendaram maciçamente que as pessoas "ficassem em casa", os exporia a altos riscos de contaminação por um vírus que matou milhares de pessoas no Brasil, violando, também, seu direito à saúde e à vida (BRASIL, 2022a).

Em junho de 2021, o relator, o Ministro Luís Roberto Barroso, deferiu parcialmente a medida cautelar requerida pelos autores, reconhecendo a especial interdependência e indivisibilidade existente entre os direitos fundamentais à saúde e à moradia no cenário de pandemia, e determinando a suspensão, por seis meses, dos despejos a serem realizados em ocupações anteriores à pandemia, podendo o Poder Público agir para evitar a consolidação de novas ocupações durante a crise sanitária. Nesta hipótese, contudo, deveria garantir moradia adequada aos indivíduos em situação de vulnerabilidade, seja pela via da disponibilização de vagas em abrigos públicos, seja por outros meios. No caso de áreas de risco, o relator indicou ser possível a realização da desocupação dos locais, desde que respeitado o procedimento do art. 3º-B, Lei Federal nº 12.340/2010, que condiciona a remoção desses grupos vulneráveis à garantia de efetivo atendimento habitacional.

Referida medida cautelar foi prorrogada por duas vezes, até novembro de 2022, quando o STF, por maioria, decidiu pela instituição de um regime de transição para a retomada da execução de decisões judiciais suspensas em ações possessórias (BRASIL, 2022a).

Claramente norteado pelo fundamento político-jurídico da dignidade humana, esse regime de transição inclui, dentre outros aspectos, (i) a criação de comissões no âmbito dos tribunais de justiça e tribunais regionais federais para fiscalizar e acompanhar a retomada gradual da realização de despejos,

(ii) a realização de inspeções e audiências de mediação capitaneadas pelas comissões de conflitos fundiários, com a participação do Ministério Público e da Defensoria Pública, como etapa prévia e necessária à desocupação coletiva[48], e (iii) o oferecimento de atendimento habitacional, pelo Poder Público, às pessoas em situação de vulnerabilidade social (BRASIL, 2022a).

Tais medidas de natureza cautelar, que posteriormente tornaram-se definitivas, com a edição da Resolução nº 510 do Conselho Nacional de Justiça, revelam a compreensão atualizada que o Supremo Tribunal Federal tem acerca das questões habitacionais do país e produzem impacto importante sobretudo nas obrigações de comportamento a serem imediatamente adimplidas pelo Estado brasileiro.

Primeiramente, é possível verificar que o STF reconhece que a realização de despejos e remoções, como regra, viola direitos fundamentais das pessoas removidas, sendo o direito à moradia o principal deles. Não por outro motivo, a primeira medida cautelar proferida no âmbito da ADPF 828 teve como teor a fixação da regra geral de suspensão dos despejos coletivos, autorizando apenas excepcionalmente a remoção de indivíduos de locais de ocupação, condicionada ao fornecimento de atendimento habitacional pelos poderes públicos competentes.

Nesse sentido, a primeira medida cautelar do STF está em consonância com o entendimento esposado pelo CDESC em seu Comentário Geral nº 7, o qual, como visto no capítulo 4.1.4 desta pesquisa, veda a realização de despejos forçados, assim caracterizados aqueles nos quais as pessoas são removidas de seus domicílios contra a sua vontade e sem qualquer forma de proteção legal, determinando que os Estados ofereçam alternativas habitacionais às vítimas de despejos, sob pena de se ampliar a população de pessoas em situação de rua e sem teto (ONU, 1997).

Assim, enquanto vigorou a primeira medida cautelar proferida na ADPF 828, ao Estado brasileiro foram impostas três obrigações de comportamento imediatas: uma de atuação negativa, no sentido de se abster de praticar e autorizar a ação, por particulares, de despejos, remoções e reintegrações de posse, e outras duas, de ordem positiva, no sentido de fiscalizar a

---

[48] Sobre a imprescindibilidade de realização de audiências prévias às remoções de ocupações, ver MIRRA, Ana Beatriz Ribeiro D. V. "A função social da posse nas ações de reintegração em face do movimento de moradia: análise da concessão de liminares pelo Tribunal de Justiça de São Paulo (TJSP)". **Revista da Defensoria Pública do Estado de São Paulo.** São Paulo, v. 3, n. 1, jan-jun/2021, p. 219-250.

formação de novas ocupações e de providenciar atendimento habitacional adequado aos indivíduos em situação de vulnerabilidade.

Já na vigência da última medida cautelar, concedida em novembro de 2022, o STF afastou a obrigação de comportamento negativa, dado o arrefecimento da pandemia, de modo que, agora, as instituições estatais podem praticar e autorizar a ação, por particulares, de despejos, remoções e reintegrações de posse. Tais operações, contudo, estão condicionadas à adoção imediata de uma série de comportamentos, os quais, se adimplidos, impedirão que sejam caracterizadas como despejos forçados, nos termos fixados pelo CDESC, reduzindo, consequentemente, possíveis violações a direitos humanos.

As duas primeiras condições, quais sejam, a criação de comissões de fiscalização de conflitos possessórios no âmbito dos tribunais de justiça e dos tribunais regionais federais e a realização de inspeções e audiências prévias aos despejos, remoções e reintegrações de posse, inclusive nos casos em que tais medidas já foram deferidas, com participação dos poderes públicos, do Ministério Público e da Defensoria Pública, são especialmente interessantes, pois atribuem obrigações de comportamento às instituições e órgãos do sistema de justiça. Ao assim determinar, o STF sinaliza que o processo de efetivação do direito à moradia demanda esforços por parte de todo o Estado brasileiro — não apenas dos poderes Legislativo e Executivo, que ampliam a aplicabilidade do direito em questão e elaboram e implementam políticas públicas habitacionais, mas também do Judiciário e demais instituições de justiça que lidam com conflitos nos quais o direito fundamental à moradia adequada está em disputa.

No ponto, anotamos que entendemos a segunda medida, referente às inspeções e audiências prévias às remoções, como sendo especialmente bem-vinda, sobretudo em matéria de conflitos possessórios coletivos envolvendo ocupações efetuadas pelo movimento de moradia. Isso porque a realização de ocupações, nesses casos específicos, além de satisfazer o direito à moradia adequada de indivíduos em situação de vulnerabilidade, é uma forma de exercício do direito à participação política dos cidadãos (MIRRA, A. B., 2021).

As ocupações são um método encontrado por segmentos do movimento de moradia para obrigar as instâncias políticas a dialogarem diretamente com a população vulnerável sobre a sua política habitacional, quando os canais formais de participação popular se mostram insuficientes ou impermeáveis às suas demandas (MIRRA, A. B., 2021). Assim,

> se as ocupações são realizadas (...) é porque já houve uma primeira restrição indevida ao direito à participação política dos ocupantes — além, é claro, da inefetividade do direito à moradia. Nesse sentido, não viabilizar no bojo da ação possessória o diálogo direto dos ocupantes com os órgãos públicos responsáveis pela política habitacional, especialmente quando há autorização legal para tanto (art. 565, § 4º, CPC), significa restringir, mais uma vez, o direito à participação política da população vulnerável (MIRRA, A. B., 2021, p. 242).

Dessa maneira, ainda que a demanda habitacional desses grupos não seja integralmente atendida, quando se determina que a realização das audiências prévias seja a regra nos procedimentos de remoção, despejo e reintegração de posse, está-se a prestigiar não apenas o direito fundamental à moradia adequada, mas também o direito fundamental à participação política dos cidadãos.

Ademais, trata-se de condição à realização de remoções que se coaduna com o teor do Comentário Geral nº 7 do CDESC, que, em seu item 14, aponta ser obrigação estatal garantir que, antes da realização dos despejos, sejam esgotadas todas as alternativas de diálogo possíveis, com o fito de minimizar o uso da força e, consequentemente, violações de direitos humanos (ONU, 1997).

Por fim, a terceira condição imposta pelo STF para a retomada da realização de remoções, consistente na disponibilização de atendimento habitacional, pelo Poder Público, às pessoas em situação de vulnerabilidade social, possui relevância pois impõe ao Estado brasileiro o dever de criar, imediatamente, políticas públicas habitacionais que contemplem, prioritariamente, pessoas vulneráveis.

É possível verificar, assim, que as medidas cautelares deferidas pelo STF no bojo da ADPF 828, tornadas definitivas pela Resolução nº 510 do CNJ, obrigam o sistema de justiça e os poderes públicos a criarem, imediatamente, estruturas e políticas públicas que satisfaçam o direito à moradia adequada de indivíduos e grupos em situação de vulnerabilidade, bem como que viabilizem o monitoramento e a prevenção de violações de direitos humanos e fundamentais em caso de conflitos afetos à seara habitacional.

6.2.3.2 Arguição de Descumprimento de Preceito Fundamental nº 976: dever estatal de atuar para impedir a violação contínua dos direitos humanos da população em situação de rua

A Arguição de Descumprimento de Preceito Fundamental nº 976 foi proposta em maio de 2022 pelos partidos políticos Rede Sustentabilidade e Partido Socialismo e Liberdade (Psol) e pelo Movimento dos Trabalhadores Sem-Teto (MTST). O intuito dos requerentes era obter o reconhecimento de um estado de coisas inconstitucional no que toca às condições desumanas de vida enfrentadas pela população em situação de rua em todo o Brasil, bem como a condenação dos estados e municípios a diversas obrigações de fazer, dentre as quais estão (i) adesão formal à Política Nacional para a População em Situação de Rua, (ii) fornecimento de dados estatísticos sobre as respectivas populações em situação de rua, (iii) criação de comissões de enfrentamento à emergência das condições enfrentadas por esse grupo social, (iv) destinação emergencial de vagas em hotéis, assim como de estádios, ginásios e galpões para abrigamento desses indivíduos hipervulneráveis, (v) adoção imediata de providências que garantam a segurança pessoal e dos bens dessa população, vedado confisco de seus pertences, e (vi) viabilização do acesso a serviços básicos de saúde e assistência social (BRASIL, 2023).

No bojo da medida cautelar posteriormente referendada por unanimidade pelo plenário do Tribunal, o STF reconheceu a existência de um quadro de violação maciça de direitos humanos das pessoas em situação de rua, indicativo de um potencial estado de coisas inconstitucional (BRASIL, 2023).

Na oportunidade, a Corte Suprema apontou que a PNPSR consiste em documento legal que promove a "pormenorização efetiva de comandos constitucionais, devendo ser aplicado de modo plurifederativo para atingir todos os entes subnacionais" (BRASIL, 2023, p. 38). Nesse sentido, cabe a todos os entes federativos, no âmbito da garantia e promoção dos direitos da população em situação de rua, atuar em três frentes distintas, quais sejam, (i) evitar a entrada dos indivíduos nas ruas, (ii) garantir os direitos humanos e fundamentais desses indivíduos enquanto permanecem em situação de rua e (iii) promover as condições necessárias para que essas pessoas possam deixar as ruas (BRASIL, 2023).

Os deveres de evitar a entrada e viabilizar a saída das pessoas das ruas dependem majoritariamente da elaboração e implementação de ações e programas de caráter progressivo, já que se mostram intimamente relacionados com a "construção de uma solução robusta e duradoura" (BRASIL, 2023, p. 41). Para o adimplemento desses deveres, o STF determinou ao Poder Executivo Federal a criação, em 120 dias, de um plano de ação e monitoramento da implementação da PNPSR, enquanto aos Poderes Executivos Estaduais e Municipais, estabeleceu a capacitação dos agentes que lidam diretamente com esse grupo hipervulnerável, além da criação de programas de enfrentamento à violência cometida contra as pessoas em situação de rua e protocolo de atendimento intersetorial desses indivíduos, bem como realização de diagnóstico da situação da população de rua em seus respectivos territórios (BRASIL, 2023) — todas obrigações de comportamento voltadas ao alcance de resultados progressivos, em médio e longo prazos.

O dever de garantir os direitos humanos e fundamentais daqueles que já estão em situação de rua, por outro lado, exige das instituições e órgãos do Estado a adoção imediata de comportamentos e a obtenção, também imediata, de resultados que garantam, de pronto, a plena efetividade daquilo que vimos denominando *aspecto existencial do direito à moradia adequada*. É o caso, por exemplo, do dever dos Poderes Públicos Estaduais e Municipais de garantir a segurança pessoal e dos bens desse grupo hipervulnerável, a vedação do recolhimento forçado de seus pertences e a disponibilização de barracas com estrutura mínima compatível com a dignidade humana nos locais em que o número de vagas para abrigamento for inferior à quantidade de pessoas que deles necessita.

Verifica-se, assim, que, ao conceder parcialmente a medida cautelar requerida pelos autores da ADPF 976, determinando, de um lado, a mobilização de todos os poderes com vistas à produção de soluções de caráter duradouro, e, de outro, a adoção de "medidas concretas mais urgentes no intuito de garantir um mínimo de existência digna" (BRASIL, 2023, p. 41), o STF reconheceu, implicitamente, que, nas hipóteses de emergência habitacional, o dever do Estado brasileiro é mais amplo: não se restringe à criação e implementação de políticas públicas que garantam a progressiva efetividade do direito à moradia adequada em sua dupla dimensão, material e existencial, abarcando, também, o dever de adotar condutas cujo resultado seja a imediata garantia e proteção dos direitos humanos e fundamentais dos indivíduos enquanto estes ainda se encontram em situação de rua.

Em outras palavras, entendemos que, ao indicar que um dos eixos de atuação estatal decorrente da PNPSR é a garantia dos direitos da dignidade humana das pessoas durante o período em que elas estão em situação de rua e fixar uma série de obrigações de resultado imediato para tanto, o STF reconheceu a existência de um dever do Estado brasileiro de atuar prontamente para garantir imediatamente o aspecto existencial do direito à moradia adequada, confirmando, em grande medida, a construção teórica que desenvolvemos no capítulo 6.2.2.2 desta pesquisa.

Diante de um quadro de maciças violações de direitos humanos, em especial de maciça violação do direito à moradia adequada, portanto, cabe ao Estado não apenas atuar com vistas à obtenção progressiva da plena efetividade do direito à moradia adequada, como também, e principalmente, atuar de forma emergencial, a fim de alcançar imediatamente a universalização do aspecto existencial do direito à moradia adequada, núcleo essencial mínimo do direito humano e fundamental em questão, inclusive àqueles que se instalam em moradias não convencionais.

6.3 Definição do público-alvo das políticas públicas de moradia adequada pelo ordenamento jurídico interno brasileiro

Conforme examinamos no capítulo 2 do presente trabalho, o Estado brasileiro está assentado sobre as bases da democracia social e econômica e tem como um de seus principais objetivos a redução das desigualdades injustas. Naquela oportunidade, anotamos que a concretização da dimensão positiva da igualdade, indispensável à efetivação do regime político e dos objetivos fixados pela Constituição Federal, demanda, primeiramente, a identificação das situações fáticas que retiram ou reduzem a capacidade de determinados indivíduos de acessarem os bens materiais mínimos necessários à sua sobrevivência. Identificadas tais situações fáticas, surge para o Estado o dever de direcionar suas políticas públicas ao atendimento das pessoas a elas sujeitas.

Se a democracia social e econômica e o objetivo constitucional de redução das desigualdades injustas, somados à estrutura programática das normas de direitos sociais, já seriam suficientes para obrigar o Estado brasileiro a elaborar e implementar políticas públicas voltadas às pessoas vulneráveis, a Constituição de 1988 reforça esse dever estatal por meio de dispositivos nos quais reconhece alguns elementos — que aqui chamaremos de fatores de vulnerabilidade — que figuram como obstáculos à concretização da igualdade material.

Em seus artigos 5º, LXXIV, e 134, *caput*, por exemplo, a Constituição reconheceu expressamente que a desigualdade injusta impacta diretamente no acesso dos cidadãos aos seus direitos fundamentais. Não por outro motivo, determinou a criação da Defensoria Pública, que consiste, como apontam Caio Paiva e Tiago Fensterseifer (2019), em uma política pública especificamente voltada ao atendimento das chamadas pessoas necessitadas.

No ponto, vale destacar que a expressão *necessitados*, empregada pelo constituinte, é sinônimo da expressão *vulneráveis* (FENSTERSEIFER, 2015) e possui duas acepções. Em sentido estrito, o conceito de *necessitado* (ou de vulnerável) se refere à situação de carência socioeconômica, que "provoca a marginalização social, política e cultural da pessoa, na medida em que a mesma se vê impossibilitada de travar as suas relações sociais e jurídicas em condições de igualdade com os demais indivíduos e com os próprios entes estatais" (FENSTERSEIFER, 2015, p. 61).

Já em seu sentido amplo, o termo *necessitado* se refere ao aspecto organizacional, atrelado à vulnerabilidade existencial dos sujeitos de direito (FENSTENSEIFER, 2015). Cuida-se, aqui, dos grupos de indivíduos que, em razão de condições peculiares, necessitam de mecanismos legislativos e materiais estatais para o suprimento das desigualdades fáticas às quais estão sujeitos (SOUZA, 2017).

O rol de grupos vulneráveis em termos organizacionais não é, e nem pode ser, exaustivo. Não obstante, a interpretação sistemática da Constituição Federal, complementada pelo teor de leis ordinárias sobre o tema, nos permite identificar a existência de um processo nacional de especificação dos sujeitos de direito, que indica ao menos alguns dos grupos formados por indivíduos necessitados, os quais devem ser priorizados pelo Estado no momento de elaboração e implementação das políticas públicas — o que se aplica, também, às de caráter habitacional.

Em seus artigos 226 a 232, a Constituição Federal dedicou dois capítulos do título referente à ordem social ao tratamento específico de questões afetas às crianças e adolescentes, aos idosos e aos indígenas. Em razão da internalização, com *status* constitucional das Convenções de Nova York (e seu Protocolo Facultativo) e Marrakesh, bem como da Convenção Interamericana contra o Racismo, a Discriminação Racial e Formas Correlatas de Intolerância, as pessoas com deficiência e as minorias étnicas também passaram a contar expressamente com tratamento jurídico-constitucional específico. No âmbito infraconstitucional, todos os grupos vulneráveis mencionados contam com legislações específicas, além de sistemas de proteção e garantia de seus direitos fundamentais, os quais formam um verdadeiro microssistema de direitos dos vulneráveis (CARVALHO; ÁVILA, 2016), a exemplo do Estatuto da Criança e do Adolescente, o Estatuto do Idoso, o Estatuto da Pessoa com Deficiência e o Estatuto da Igualdade Racial e seus respectivos sistemas de proteção e garantia de direitos.

Além desses grupos, o art. 4º, XI, da Lei Complementar 80/1994, que regulamenta a atuação da Defensoria Pública, aponta como vulneráveis as mulheres em situação de violência doméstica. No mesmo dispositivo, o legislador indicou que, além desses, outros grupos de indivíduos podem ser considerados necessitados e, assim, passarem a merecer especial proteção por parte do Estado, como é o caso das pessoas privadas de liberdade, dos usuários de serviços públicos essenciais (FENSTERSEIFER, 2015), dos quilombolas (CARVALHO; ÁVILA, 2016) e das pessoas em situação de rua, conforme apontamos quando do exame da PNPSR.

Verifica-se, nesse sentido, que, em princípio, as políticas públicas desenvolvidas pelo Estado brasileiro, inclusive aquelas relacionadas à efetivação do direito à moradia adequada, devem priorizar o atendimento desses grupos vulneráveis — isto é, crianças e adolescentes, idosos, minorias étnicas, mulheres (com especial atenção para aquelas em situação de violência doméstica), pessoas com deficiência, egressos do sistema prisional, pessoas em situação de rua, usuários dos serviços públicos essenciais e pessoas em situação de hipossuficiência econômica —, sem prejuízo da possibilidade de se reconhecer a existência de outros grupos vulneráveis igualmente merecedores de proteção estatal reforçada.

Ainda, é possível identificar que, ao definir os necessitados tanto à luz dos aspectos econômicos como dos aspectos organizacionais, e criar sistemas de proteção e garantias de direitos específicos a cada um dos grupos vulneráveis, o direito interno brasileiro buscou promover a concretização da igualdade material em sua integralidade, tanto por meio da criação de instrumentos de correção de desigualdades econômicas, como de correção de injustiças culturais decorrentes do desrespeito às diferenças.

Além dos grupos vulneráveis, o direito brasileiro reconhece a existência de sujeitos e grupos hipervulneráveis. Segundo Motauri Ciocchetti de Souza e Denilson de Souza Freitas (2022), são hipervulneráveis aqueles que têm sua vulnerabilidade existencial amplificada por situações peculiares, de caráter temporário ou permanente, e que, por isso, necessitam de especial proteção do Estado, sob pena de afronta à igualdade almejada pelo constituinte brasileiro.

Inicialmente desenvolvida no âmbito do direito do consumidor (CARVALHO; ÁVILA, 2016), a categoria dos hipervulneráveis não se limita às relações de consumo, alcançando os sujeitos de direito submetidos aos efeitos negativos das desigualdades injustas em todas as suas relações jurídicas. Dessa forma, todos os sujeitos necessitados que estejam em situação de vulnerabilidade agravada por causas transitórias ou permanentes, sejam elas decorrentes da associação de um fator de vulnerabilidade existencial com uma circunstância fática peculiar, seja da combinação de distintos fatores de vulnerabilidade existencial, têm direito a receber do Estado proteção especial condizente com o grau de violação que sofrem em sua dignidade humana.

Vislumbra-se, assim, no direito brasileiro, um aprofundamento do processo de especificação dos sujeitos de direito, capitaneado pelo reconhecimento da hipervulnerabilidade como categoria jurídica. A hipervulnerabilidade, nesse sentido, em muito se assemelha à interseccionalidade, empregada pelo Sistema Interamericano como critério de avaliação das políticas públicas elaboradas e executadas pelos Estados a ele vinculados (capítulo 5.3 supra). Afinal, a hipervulnerabilidade atribui ao Estado brasileiro o dever de elaborar e implementar políticas públicas transversais, aptas ao atendimento prioritário tanto dos grupos vulneráveis especificamente considerados, como dos indivíduos que se veem em situação agravada de desigualdade injusta, por serem impactados, a um só tempo, por distintos fatores de vulnerabilidade.

No caso específico do direito à moradia adequada, e considerando o paradigma do desenvolvimento sustentável adotado pelo constituinte brasileiro, destacamos que as vítimas de danos individuais causados por intermédio do meio ambiente, as quais, não raro, pertencem, ao mesmo tempo, a algum grupo vulnerável (MIRRA, Á. L.; MIRRA, A. B., 2021), são exemplos de grupos em situação de hipervulnerabilidade habitacional. É o que ocorre com as

> pessoas de baixa renda que, sem opção de moradia adequada, se veem forçadas a residir nas periferias das cidades, frequentemente desprovidas de acesso à água potável e ao saneamento, em áreas de risco de deslizamento de encostas e no entorno de grandes empreendimentos portadores de impactos socioambientais (indústrias poluentes, lixões, depósitos de lixo tóxico), ou das populações tradicionais (indígenas, ribeirinhos, caiçaras, quilombolas), que, devido a grandes obras de infraestrutura e a atividades altamente poluidoras (construção de rodovias, atividade minerária, barragens para fins hidrelétricos), são severamente lesadas em seus direitos e até mesmo obrigadas a deixar territórios historicamente tidos como essenciais à sua reprodução identitária e ao desempenho de suas atividades profissionais e de subsistência (extrativismo, pesca artesanal, pequena produção agrícola) (MIRRA, Á. L.; MIRRA, A. B., 2021, p. 211-212).

Nesses casos, a desigualdade no acesso ao direito à moradia adequada pelos grupos vulneráveis é agravada em razão de danos ambientais decorrentes de atividades poluidoras. As políticas públicas habitacionais desenvolvidas pelo Poder Público, dessa maneira, devem levar em conta os fatores que ampliam o grau de vulnerabilidade desses grupos, como é o caso dos riscos ambientais, sob pena de não se corrigirem integralmente as violações aos seus direitos fundamentais.

A criação de programas de auxílio pecuniário para o pagamento de aluguéis, desde que com entrega de valores em quantia superior ao valor médio das locações nas regiões situadas no entorno dos empreendimentos portadores de impactos socioambientais, é um exemplo de política pública orientada pela hipervulnerabilidade. Isso porque, além de o auxílio pecuniário tornar a moradia em questão economicamente acessível, permitindo às famílias que deixem de sacrificar sua subsistência para arcar com custos habitacionais, quando fornecido em valor superior ao aluguel praticado nas áreas de riscos socioambientais, viabiliza o afastamento dos indivíduos das imediações das atividades poluidoras e sua instalação em áreas mais centrais, dotadas de melhor infraestrutura. Reduz-se, assim, ao menos em parte, a sua situação de hipervulnerabilidade.

Mas não é só. Dado que a hipervulnerabilidade exige especial atenção do Estado não apenas quando derivada da associação de causas permanentes de vulnerabilidades — como são, em geral, aquelas relacionadas ao sentido organizacional dos necessitados —, mas também quando decorrente da conjugação de condições peculiares temporárias — como foi a situação de pandemia de Covid-19, por exemplo —, passa a ser dever do Estado atuar positiva e igualmente para atender às urgências associadas a desigualdades fáticas injustas, ainda que eventualmente resultantes de fatores ou circunstâncias transitórios.

Ao lado, portanto, das políticas públicas transversais, voltadas à ampliação do acesso e da efetividade plena de direitos sociais, o Estado brasileiro deve criar e executar políticas públicas pautadas pela redução de danos, que, em função da urgência das situações fáticas, se voltem à promoção do aspecto existencial dos direitos sociais e, consequentemente, ao resgate imediato da dignidade e humanidade dos sujeitos hipervulneráveis, impedindo o aprofundamento das vulnerabilidades já existentes. É nesse contexto, segundo entendemos, que se inserem as obrigações de comportamento estatais em matéria de moradia adequada destinadas à população em situação de rua.

Conforme apontamos anteriormente, a Política Nacional para a População em Situação de Rua ampliou o conceito de moradia — que hoje abarca não só os imóveis convencionais, mas também os logradouros e abrigos públicos, bem como áreas degradadas —, mas não o conteúdo do direito humano e fundamental à moradia adequada, cujo aspecto material permanece atrelado à disponibilidade de um imóvel onde os cidadãos possam exercer adequadamente a moradia.

Ao reconhecer a existência de uma situação fática agravada de vulnerabilidade que atinge um sem-número de indivíduos e que exige do Estado a adoção de medidas imediatas, sob pena de se aprofundarem as violações à dignidade desses seres humanos, bem como ao identificar as limitações das políticas habitacionais disponíveis para o atendimento imediato de todos os grupos vulneráveis, cabe ao Estado brasileiro garantir que o ato de morar exercido pela população em situação de rua esteja alinhado, na maior medida possível, ao predicado da adequação que caracteriza o direito humano e fundamental à moradia, de forma a garantir ao menos a concretização de seu aspecto existencial.

Tutelando de forma autônoma o núcleo essencial mínimo do direito à moradia adequada, o Estado viabiliza a mitigação das situações de hipervulnerabilidade dos cidadãos em situação de emergência habitacional, os quais não mais dependem do alcance progressivo de resultados pelas políticas públicas habitacionais tradicionais para verem a sua dignidade humana restabelecida.

Verifica-se, dessa forma que, a despeito de o Brasil não possuir leis dedicadas especificamente a promover a integração infraconstitucional do direito à moradia, o arcabouço normativo, composto pelo texto da Constituição de 1988, pelos tratados de direitos humanos internalizados com *status* de emenda constitucional e por normas infraconstitucionais, não só indica alguns dos grupos que devem ser prioritariamente atendidos pelas políticas públicas em geral, e pelas de caráter habitacional em específico, como também exige que sejam elas elaboradas e implementadas de forma transversal, acompanhadas de programas de ação que viabilizem o exercício imediato do núcleo essencial mínimo do direito à moradia adequada, de modo que alcancem a todos, vulneráveis e hipervulneráveis, e, assim, se possa reduzir a desigualdade injusta na seara habitacional no país.

CONCLUSÃO

Ao longo do presente trabalho, buscamos identificar quais são os deveres jurídicos do Estado brasileiro em matéria de efetivação do direito à moradia adequada que devem ser observados pelos seus órgãos e instituições, configurando critérios jurídicos para a elaboração e implementação das políticas públicas habitacionais no país.

Para tanto, procedemos à análise do arcabouço jurídico nacional e internacional que vincula as atividades do Estado brasileiro, a fim de extrair, do tratamento jurídico por eles atribuído aos direitos sociais de maneira geral e ao direito à moradia de forma específica, elementos que nos permitissem traçar os limites à discricionariedade do Estado no que concerne à concretização do direito à moradia adequada no Brasil.

O direito à moradia adequada é um direito humano e fundamental de caráter social, indispensável à realização da dignidade humana. Trata-se de direito cuja efetividade o Estado brasileiro, por meio da Constituição Federal de 1988 e da assinatura de uma série de documentos globais e regionais de direitos humanos, se obrigou a promover.

Em se tratando de um direito social, associado à viabilização das condições materiais mínimas necessárias a uma vida digna, sua promoção pelo Estado se dá majoritariamente por intermédio da formulação e execução de políticas públicas, na medida em que a garantia de tais condições envolve, no mais das vezes, a superação de desigualdades fáticas injustas.

O fato de a efetividade do direito à moradia estar intimamente associada à atuação estatal positiva, entretanto, não autoriza o Estado a elaborar e implementar políticas públicas habitacionais apenas com base nos critérios de conveniência e oportunidade, como se estivesse autorizado a dispor livremente do direito em questão. Isso porque, da natureza jurídica e da estrutura programática das normas que enunciam o direito à moradia adequada, decorre, para o Estado brasileiro, uma série de deveres, cujo inadimplemento acarreta a invalidade das políticas públicas formuladas.

Efetivamente, não há dúvida, hoje, de que as normas que veiculam o direito à moradia adequada, assim como aquelas afetas a outros direitos sociais, possuem natureza jurídica, estejam elas previstas em tratados internacionais ou nas constituições dos Estados. Se assim é, possuem, também, aplicabilidade, isto é, aptidão para produzir efeitos jurídicos.

Contudo, a aplicabilidade dessas normas, via de regra, é mínima, circunstância que torna indispensável que os poderes constituídos atuem para promover a sua integração infraconstitucional, de modo a definir, dentre outros aspectos, o conteúdo jurídico do direito enunciado e as condições necessárias ao seu exercício pelos cidadãos.

Bem por isso, fala-se que as normas de direitos humanos e fundamentais sociais, inclusive aquelas relativas ao direito à moradia adequada, possuem estrutura programática. Ao se limitarem a fixar a aplicabilidade mínima dos direitos que enunciam, tais normas condicionam o seu exercício efetivo à adoção, pelo Estado, de uma série de prestações positivas, obrigando-o, por conseguinte, à criação e implementação de um programa de ação voltado à ampliação da sua aplicabilidade, de modo a viabilizar o surgimento das condições necessárias à efetividade do direito em tela. Tais prestações positivas incluem desde a elaboração de medidas legislativas de maior complexidade até o desenho e execução de políticas públicas.

Surgem, assim, para o Estado, duas modalidades de obrigação a serem cumpridas, sob pena de não se alcançar a efetividade do direito à moradia adequada, quais sejam, a obrigação de resultado e a obrigação de comportamento.

A obrigação de resultado corresponde ao real alcance da efetividade do direito social em questão. Consiste, assim, na viabilização, no plano dos fatos, das condições indispensáveis ao seu pleno exercício por todos os seus titulares, indistintamente. Dado que a efetividade do direito em tela exige a superação de desigualdades fáticas, bem como a adoção, pelo Estado, de uma série de medidas legislativas, orçamentárias e administrativas complexas, a obrigação de resultado não pode ser cumprida, como regra, senão de modo progressivo, projetando-se para o futuro.

A obrigação de comportamento, por sua vez, consiste, precisamente, na adoção, pelas instituições e órgãos estatais, das medidas indispensáveis à viabilização das condições essenciais ao exercício dos direitos sociais. Cuida-se, por isso, de obrigação que deve ser cumprida imediatamente, sob pena de prejudicar o adimplemento futuro da obrigação de resultado. Por essa razão, a omissão ou falha do Estado em adotar, desde logo, tais medidas, configura, no plano interno, omissão inconstitucional e, no plano internacional, enseja, potencialmente, a sua responsabilização perante os sistemas de proteção dos direitos humanos da ONU e da OEA.

Em virtude dessas duas modalidades de obrigação, o Estado brasileiro tem sua margem discricionária limitada no que se refere ao desenho e execução de seu programa de ação. Afinal, o início da adoção dessas medidas deve ser imediato, não cabendo ao Estado optar por postergar a sua execução, sob pena de inviabilizar o exercício, pelos cidadãos, de um direito humano e fundamental de que são titulares e que compõe o seu mínimo existencial. Ademais, as políticas públicas a serem formuladas devem estar alinhadas com o resultado a ser adimplido e aptas a contribuir para realizá-lo.

No ponto, é importante anotar que, em razão da aplicabilidade mínima que costuma caracterizá-las, não se consegue, via de regra, extrair diretamente das normas de direitos humanos e fundamentais sociais quais as obrigações de resultado a serem adimplidas pelo Estado. Assim, torna-se necessária a ampliação da sua aplicabilidade, a fim de que sejam determinados quais resultados devem ser alcançados e quais comportamentos devem ser adotados pelo Estado para que se considere efetivado o direito social em questão.

Conquanto essa tarefa seja tradicionalmente delegada aos poderes constituídos do Estado, no caso do direito à moradia, parte considerável do processo de ampliação da sua aplicabilidade se deu no âmbito dos sistemas internacionais de proteção dos direitos humanos. Em função do agravamento das desigualdades no acesso à moradia adequada em todo o mundo ao longo das décadas, diversas foram as iniciativas dos órgãos da ONU e da OEA no sentido de tornar cada vez mais minucioso o conteúdo jurídico do direito social em questão e, bem assim, definir as obrigações estatais de resultado e de comportamento a serem adimplidas na matéria.

Por esse motivo, e tendo em vista que o Brasil aderiu aos documentos internacionais sobre o tema, a definição do que seja o direito à moradia adequada, bem como as obrigações que dele decorrem para o Estado brasileiro, demanda não apenas o exame das normas jurídicas nacionais, como também das normativas globais e interamericanas.

Considerado esse amplo conjunto jurídico-normativo, o qual foi analisado ao longo da presente pesquisa, é possível definir o direito à moradia adequada como o direito humano e fundamental dos indivíduos a acessarem um imóvel adequado onde possam se abrigar e exercer o seu direito à privacidade. Não se resume, portanto, apenas ao "direito a um teto", consistindo, também, no direito dos cidadãos a um local digno, confortável e que contribua para a obtenção de um nível de vida satisfatório.

O conteúdo jurídico do direito à moradia adequada é composto, assim, por um aspecto material, que corresponde ao imóvel onde os indivíduos se instalam para ter abrigo, e por um aspecto existencial, que consiste na adequação e aptidão do local para garantir uma vida digna aos seus habitantes.

A configuração da adequação da moradia depende da verificação de sete elementos, os quais, segundo verificamos a partir do exame de normas nacionais e internacionais, podem ser assim sintetizados:

I. *segurança jurídica da posse*, que exige que seja garantida aos moradores proteção jurídica mínima, independentemente da regularidade ou legalidade de seus assentamentos — o que inclui, também, proteção contra despejos e deslocamentos forçados, perturbações e outras ameaças;
II. *disponibilidade de serviços e infraestrutura básica* nas proximidades da moradia, a exemplo de acesso à água, eletricidade, saneamento básico, serviços de saúde, escolas e proximidade de postos de trabalho;
III. *gastos suportáveis*, os quais variam de família para família, e se verificam quando o custo ordinário de manutenção da respectiva moradia não compromete a satisfação de outras necessidades básicas dos indivíduos que ali residem;
IV. *habitabilidade*, consistente tanto na aptidão da moradia para proteger os seus moradores contra intempéries, riscos climáticos e outras ameaças à saúde, como no fato de o imóvel possuir ventilação e iluminação internas, espaço suficiente para garantir a intimidade e privacidade dos habitantes, e de ter sido construído com o emprego de materiais de qualidade;
V. *localização adequada*, assim considerada aquela que permite ao morador acesso facilitado a diversas opções de emprego, transporte e serviços, e que esteja afastada de áreas sujeitas a riscos climáticos, ambientais ou geológicos;

VI. *adequação cultural*, que se verifica nos casos em que a estrutura do imóvel está alinhada à identidade cultural de seus habitantes e à forma como estes pretendem se apresentar para o mundo — e, no caso de grupos humanos que estabelecem com o território onde se localiza a moradia uma relação existencial, se traduz também no reconhecimento da propriedade coletiva da terra e em um regime de tutela jurídica específico;

VII. *acessibilidade*, que compreende a obrigatoriedade de que todos os cidadãos, sem distinção, tenham acesso à moradia e a necessidade de garantia prioritária desse direito àqueles em situação de vulnerabilidade e hipervulnerabilidade.

A efetividade do direito à moradia estará verificada, portanto, quando for garantido a todos, indistintamente, acesso a uma moradia convencional, isto é, um imóvel (aspecto material) que preencha integralmente os critérios de adequação supramencionados e que esteja apto a abrigar os seus moradores e a garantir-lhes privacidade (aspecto existencial).

Para que a efetividade do direito à moradia adequada seja alcançada nesses termos e seja cumprida a principal obrigação de resultado em matéria habitacional, incumbe ao Estado brasileiro adimplir outras obrigações de resultado intermediárias. A primeira delas, comum a todos os processos de implementação progressiva de direitos sociais, consiste na obtenção de efetiva redução das desigualdades injustas — assim consideradas as situações de caráter circunstancial, socialmente produzidas, nas quais se constata uma distinção no tratamento formal e/ou material dispensado a uns e outros cidadãos, que, sem respaldo em elementos fáticos que possa justificá-la, importa na aniquilação ou negação da humanidade de determinado indivíduo ou grupo de indivíduos.

Assim, e considerando que a dificuldade em garantir a universalidade do acesso à moradia adequada se deve, em grande medida, ao aprofundamento das desigualdades injustas, é essencial que a sua regulamentação infraconstitucional e as políticas públicas voltadas à sua concretização tenham por escopo não apenas a viabilização das condições materiais necessárias ao exercício do direito humano e fundamental em questão, mas também o enfrentamento das causas dessas desigualdades, de modo que a sociedade brasileira se torne, de fato, inclusiva e integrada.

Outra obrigação de resultado indispensável ao alcance da efetividade do direito à moradia é a de democratizar o acesso à terra e garantir a função social da propriedade — no âmbito urbano, incluem-se as funções sociais das cidades. Isso porque as desigualdades injustas se refletem na organização do território brasileiro, criando zonas de cidades legais, dotadas de infraestrutura e acesso a serviços básicos, onde o direito à moradia adequada é, de fato, exercido pelos cidadãos, e zonas de cidades ilegais, com acesso precário aos equipamentos públicos, onde o exercício do direito à moradia não se dá de forma integral.

Desse modo, se o acesso à terra, pelos cidadãos, não é igualitário, o exercício do direito à moradia adequada também não o é. Assim, a ampliação do acesso dos indivíduos à moradia adequada está condicionada ao alcance, pelas instituições estatais, da democratização do acesso à terra. Nesse sentido, é fundamental que os usos e formas de ocupação dos espaços urbanos e rurais atendam não apenas aos interesses individuais daqueles que neles se instalam, mas também aos interesses sociais. Cabe ao Estado brasileiro, consequentemente, garantir que as propriedades e cidades instaladas sobre o seu território cumpram com suas respectivas funções sociais, sob pena de se perpetuarem e reproduzirem as desigualdades injustas socioespaciais.

Vislumbra-se, ainda, como obrigação de resultado do Estado brasileiro, o alcance do alinhamento entre as formas de exercício e garantia do direito à moradia adequada e a preservação do meio ambiente ecologicamente equilibrado. Em razão da adoção, tanto pelos sistemas internacionais de proteção dos direitos humanos como pelo direito brasileiro, do desenvolvimento sustentável como paradigma condutor das atividades humanas, a efetiva integração da questão ambiental às medidas de ordem social e econômica se tornou imperativa.

Não por outro motivo, a efetividade do direito à moradia está, hoje, intimamente atrelada à função ecológica da terra, cujos processos naturais essenciais devem ser preservados. O exercício do direito à moradia, portanto, não pode se dar ao arrepio das normas ambientais — o que, inclusive, implicaria no não atendimento das funções sociais da propriedade e da cidade.

Ademais, e considerando o atual cenário de emergência climática que já começa a produzir impactos negativos sobre as populações mais vulneráveis, não há como se conceber a efetividade do direito à moradia sem considerar as variáveis ambientais que impactam a sua realização. Tanto é assim, que o preenchimento dos critérios da localização adequada e da habitabilidade, que caracterizam a adequação da moradia e envolvem o fato de não estar situada em local com grandes riscos de ocorrência de eventos climáticos adversos, bem como a sua capacidade de resistir a esses eventos, caso venham a acontecer, integra a questão ambiental à satisfação das necessidades habitacionais dos cidadãos.

O alcance de todos esses resultados e, assim, a efetividade do direito à moradia adequada, exige do Estado a formulação e execução de políticas públicas de caráter habitacional que produzam as condições materiais e jurídicas necessárias ao pleno exercício desse direito humano e fundamental por seus titulares, tanto em seu aspecto material como em seu aspecto existencial. Para a realização dessa tarefa, contudo, não é dada ampla liberdade às instituições estatais, as quais estão, conforme apontado, vinculadas a adimplir obrigações de comportamento, por sua vez, orientadas pelas obrigações de resultado supramencionadas.

Nesse sentido, e à luz dos resultados a serem progressivamente alcançados na seara habitacional, é possível verificar que a obrigação estatal de comportamento a ser adimplida se consubstancia, em linhas gerais, na elaboração e implementação de uma política pública habitacional sistêmica e complexa, capaz de satisfazer as diversas necessidades dos cidadãos por meio da efetiva redução das desigualdades injustas, e não apenas na mera adoção de comportamentos para sua pontual mitigação.

Considerando que a competência administrativa em matéria de políticas habitacionais é comum a todos os entes federados, cabe ao Estado brasileiro produzir uma legislação básica única que norteie a elaboração desses programas de ação pela União, Estados, Distrito Federal e Municípios, de forma que essas medidas, em conjunto, formem um sistema amplo de atendimento habitacional capaz de alcançar a todos, em especial as camadas vulneráveis e hipervulneráveis da população.

Para tanto, necessário se faz, também, que o Estado brasileiro, comprometido com a redução das desigualdades injustas e com a promoção da igualdade material, mapeie as causas que produzem e reproduzem a vulnerabilidade habitacional, a fim de que possa, a partir desses dados, iniciar o processo de especificação dos sujeitos de direito titulares do direito à moradia adequada e, assim, elaborar marcos legislativos próprios para suprir suas vulnerabilidades e alçá-los à posição de público-alvo das políticas públicas habitacionais.

No ponto, considerando o tratamento jurídico atribuído pelo direito brasileiro e pelos Sistemas Global e Interamericano de Direitos Humanos à correlação entre as vulnerabilidades e o exercício pleno do direito à moradia adequada, temos que o público a ser prioritariamente atendido pelas políticas habitacionais brasileiras inclui minorias étnicas, mulheres (principalmente aquelas em situação de rua e de violência doméstica), crianças e adolescentes, idosos, pessoas com deficiência, pessoas em situação de hipossuficiência econômica e com dificuldades de acesso ao mercado imobiliário formal, egressos do sistema prisional e pessoas em situação de vulnerabilidade que tenham sido removidas ou despejadas, dentre outros grupos a serem especificados pela legislação brasileira.

Mostra-se imperioso, ainda, que essas políticas públicas sejam pautadas pela interseccionalidade, de modo que estejam aptas a atender também pessoas e grupos hipervulneráveis. Nesse sentido, é indispensável que o Estado diversifique as modalidades de atendimento habitacional, de forma a atender os mais diferentes públicos — em especial aqueles compostos por indivíduos que, impactados por mais de um fator de vulnerabilidade, encontram-se em situação peculiar de desigualdade — e, assim, universalizar o acesso à moradia adequada, efetivando o direito humano e fundamental em tela.

Ainda, é absolutamente necessário, no ponto, que o Estado brasileiro esteja atento ao critério da adequação cultural que caracteriza a moradia adequada. Ao reconhecer a multiplicidade de culturas que coexistem no país, cabe ao Estado garantir especial proteção jurídica à moradia daqueles que possuem com o território onde habitam vínculo de caráter existencial, como é, sabidamente, o caso de diversas etnias indígenas, dos quilombolas e dos ribeirinhos. Nessa perspectiva, além de medidas de prevenção de remoções forçadas desses grupos, em caso de ocorrência de deslocamento desses indivíduos, deve ser-lhes garantido o direito a retornarem às respectivas áreas, ou, em caso de impossibilidade, o pagamento de indenizações e sua inclusão prioritária em programas habitacionais que levem em conta suas peculiaridades culturais e existenciais.

Da necessidade de diversificação das modalidades de atendimento habitacional decorre, também, o dever de o Estado brasileiro regulamentar o mercado imobiliário e os reajustes de aluguéis, assim como instituir subsídios e estimular formas alternativas de financiamento de imóveis, de forma a garantir que os gastos das famílias com suas respectivas moradias sejam suportáveis e não acarretem o comprometimento da sua subsistência, inserindo-as, assim, no campo das práticas imobiliárias formais.

Independentemente do modo como o Estado viabilize o acesso dos cidadãos aos imóveis onde exercerão seu direito à moradia, certo é que esses locais devem ser habitáveis. Cabe às instituições e órgãos estatais, nesse sentido, cuidar para que os imóveis disponibilizados aos indivíduos sejam seguros e construídos com materiais de qualidade, possuam ventilação e espaço para exercício da privacidade e intimidade de seus habitantes e proporcionem adequada proteção contra o frio, umidade, calor, chuva, vento e outras intempéries, sendo capazes de resistir à eventual ocorrência de eventos climáticos adversos.

Nesta senda, e tendo em vista que as vulnerabilidades e hipervulnerabilidades impactam de modo decisivo a organização socioespacial do território, reproduzindo e produzindo desigualdades injustas, a superação desse quadro e, consequentemente, a ampliação do exercício pleno do direito à moradia adequada, demanda do Estado ações de integração social que reduzam a segregação racial vislumbrada nas formas como cada grupo ocupa o território brasileiro, urbano e rural.

Torna-se indispensável, por isso, que o Estado brasileiro regulamente e fiscalize o uso e a ocupação do solo, de modo que os locais onde os cidadãos exercem moradia tenham acesso à água, saneamento básico, eletricidade e equipamentos públicos como escolas, hospitais, unidades básicas de saúde e serviços de transporte público módicos. Para tanto, é obrigação do Estado brasileiro empregar todos os instrumentos jurídicos postos à sua disposição para fiscalizar, induzir e efetivar o atendimento das funções sociais da cidade e da propriedade — o que inclui a obrigatoriedade da elaboração do plano diretor por todos os municípios —, de modo a democratizar o acesso à terra e, bem assim, às condições fundamentais ao exercício do direito à moradia adequada.

Revela-se fundamental, nesse sentido, a criação de marcos legais voltados à proteção e à regularização de assentamentos irregulares, bem como a adoção de medidas que previnam a realização de despejos, remoções e deslocamentos forçados, e a criação de programas de ação que atendam especificamente as áreas mais sujeitas a esses procedimentos possessórios, como forma de garantir também àqueles em situação irregular um mínimo de segurança jurídica quanto ao local onde exercem moradia.

É dever do Estado, ainda, identificar áreas de risco geológico e climático em seu território e fiscalizá-las, de modo a prevenir e impedir a instalação de moradias em áreas de risco e locais sujeitos a catástrofes ambientais. Nesse mesmo sentido, cumpre ao Estado garantir que as moradias instaladas em seu solo estejam devidamente adaptadas a catástrofes e eventos climáticos que acometem regularmente a respectiva região.

No desenho e implementação desse complexo conjunto de políticas públicas voltadas à concretização do direito à moradia, o Estado brasileiro deve, ainda, atender à obrigação de comportamento consistente em viabilizar a participação popular nos processos decisórios a elas correlatas, por meio da criação e aperfeiçoamento de canais diretos de diálogo com a população, sob pena de inconstitucionalidade e ilegitimidade das decisões tomadas pelos poderes públicos.

Associado a essa obrigação está o dever do Estado de instituir comissões no âmbito dos tribunais de justiça e tribunais federais para acompanhar reintegrações de posse, remoções e despejos, e realizar, obrigatoriamente, audiências entre as partes envolvidas, com a participação do Ministério Público e da Defensoria Pública, a fim de solucionar pacificamente, por meio do diálogo, situações de alta complexidade envolvendo o direito à moradia.

A esse extenso conjunto de obrigações de comportamento positivas a serem adimplidas pelo Estado brasileiro para que se possa efetivar o direito à moradia adequada somam-se, também, duas obrigações de comportamento negativas, que exigem a sua abstenção.

A primeira delas consiste na necessária observância da inviolabilidade de domicílio, que exige das autoridades públicas e dos particulares, como regra, autorização do morador para que ingressem no recinto onde este exerce moradia. Assim, exceto em situações excepcionais, constitucionalmente definidas, o Estado não está autorizado a fiscalizar o que se passa dentro dos espaços utilizados pelos cidadãos para fins de moradia, configurem eles moradias convencionais ou não.

A segunda delas, associada ao princípio da vedação do retrocesso social — o qual transforma o núcleo essencial já implementado dos direitos sociais em direitos adquiridos dos cidadãos —, consiste no dever do Estado de se abster de promover alterações nas políticas públicas vigentes que importem em redução ou eliminação do grau de proteção e implementação do direito à moradia adequada já alcançado, sem a adoção concomitante de medidas alternativas e compensatórias.

No ponto, é importante destacar que a obrigação de abstenção estatal decorrente do princípio da vedação do retrocesso social prevalece inclusive em situações de reversibilidade fática e restrições orçamentárias. Isso porque o compromisso do Estado com a redução das desigualdades é permanente e incondicionado, não podendo dispor livremente dos direitos essenciais à dignidade humana, como é o caso do direito à moradia adequada.

Dessa forma, nos casos em que se verifica a ocorrência de reversibilidade fática, surgem para o Estado dois deveres de comportamento positivo, quais sejam, o de impedir que os direitos básicos dos cidadãos sejam negativamente impactados para além daquilo que lhes é diretamente imposto pela circunstância excepcional em questão, e o dever de agir para impedir que tal circunstância provoque a ampliação das desigualdades injustas.

Já nos casos em que se verifica restrição orçamentária, o Estado brasileiro não pode deixar de garantir o núcleo essencial já efetivado dos direitos sociais. Isso porque é precisamente nos momentos de crise que o Estado deve estar mais empenhado em garantir, na maior medida possível, as condições indispensáveis ao exercício dos direitos sociais pelos cidadãos.

Ademais, a garantia da continuidade da execução das políticas públicas deve ser prioridade estatal no momento de definição do orçamento anual. Desse modo, e especificamente no que se refere à implementação das políticas públicas habitacionais no Brasil, a eventual ocorrência de crises financeiras que impactem negativamente na atividade de arrecadação dos governos não pode, de modo algum, implicar na redução da proteção estatal conferida ao direito à moradia adequada.

Além desse conjunto de obrigações de resultado e de comportamento a serem adimplidas para que se alcance a plena efetividade do direito à moradia adequada, isto é, para que sejam garantidos a todos, indiscriminadamente, os aspectos materiais e existenciais que compõem o conteúdo jurídico desse direito humano e fundamental, o Estado brasileiro se obrigou, ainda, ao cumprimento de obrigações de resultado e de comportamento voltadas à efetividade imediata e emergencial do núcleo essencial mínimo do direito à moradia adequada, qual seja, o seu aspecto existencial.

Isso porque o direito brasileiro reconheceu a existência de situações de fato nas quais a efetividade progressiva dos aspectos material e existencial do direito à moradia adequada não é suficiente para fazer frente ao grau de hipervulnerabilidade e, por conseguinte, de violação à dignidade humana experimentada por certos grupos de indivíduos. Trata-se dos casos dos cidadãos que, sem acesso a moradias convencionais, ocupam logradouros e abrigos públicos ou áreas degradadas para fins de moradia, locais que não proporcionam, de fato, abrigo adequado àqueles que ali se instalam.

Nessas hipóteses de emergência habitacional em que a violação à dignidade dos cidadãos é profunda, cabe ao Estado brasileiro, em vista da obrigação de redução das desigualdades injustas, bem como do fundamento jurídico-político da dignidade humana, resgatar imediatamente a humanidade desses indivíduos, mitigando tais desigualdades e impedindo o seu aprofundamento. Trata-se, assim, de obrigação de resultado pautada na lógica de redução de danos, uma vez que o que se pretende, em um primeiro momento, não é a plena efetividade do direito à moradia, mas sim a cessação de violações contínuas à dignidade desses indivíduos e o resgate da sua condição de pessoa humana.

Para tanto, e considerando que as políticas públicas habitacionais tradicionais não garantem a efetividade do direito à moradia adequada senão progressivamente, cabe ao Estado brasileiro atuar para garantir imediatamente o núcleo essencial mínimo do direito humano e fundamental em questão, qual seja, o seu aspecto existencial, de modo que as moradias não convencionais utilizadas pelos cidadãos hipervulneráveis correspondam, na maior medida possível, aos critérios da adequação que o integram. Deve-se, assim, promover a releitura dos elementos que compõem a adequação da moradia, de modo a identificar como eles podem ser aplicados às situações de emergência habitacional, e atuar para que a moradia estabelecida por esses sujeitos hipervulneráveis em locais não convencionais atenda, na maior medida possível, a tais elementos.

A atuação do Estado brasileiro em matéria de elaboração e implementação de políticas públicas habitacionais, portanto, deve ser desenvolvida em duas frentes.

A primeira, associada ao adimplemento da obrigação de resultado da plena efetividade do direito à moradia adequada, isto é, à concretização de seu duplo aspecto, material e existencial, exige o progressivo alcance da redução das desigualdades injustas, da democratização do acesso à terra, do atendimento das funções sociais da propriedade e da cidade e da concretização do desenvolvimento sustentável, por meio do cumprimento das obrigações de comportamento imediato que lhes são correspondentes.

A segunda, associada às situações de emergência habitacional, impõe ao Estado brasileiro o imediato cumprimento da obrigação de resultado consistente em concretizar, desde logo, o núcleo mínimo essencial do direito à moradia adequada, quer dizer, seu aspecto existencial, por meio do pronto adimplemento de obrigações de comportamento que promovam a adequação das moradias não convencionais, resgatando, dessa forma, a dignidade humana dos sujeitos hipervulneráveis.

Essas duas frentes de atuação do Estado em matéria habitacional e, mais especificamente, os deveres de resultado e de comportamento que delas decorrem, configuram, assim, um conjunto de imperativos jurídicos que limitam material e temporalmente a discricionariedade do Estado brasileiro, ao definirem os resultados progressivos e imediatos que devem orientar a sua atuação e os comportamentos a serem imediata e obrigatoriamente adotados para tanto. Consistem, portanto, em critérios jurídicos a serem necessariamente observados pelos órgãos e instituições estatais na formulação e execução das políticas públicas habitacionais, vedado o adiamento da sua implementação em prol dos critérios da conveniência e oportunidade que caracterizam a discricionariedade administrativa.

A complexidade e a progressividade inerentes ao alcance da plena efetividade do direito à moradia adequada são, precisamente, o motivo pelo qual se exige do Estado brasileiro, desde logo, postura proativa na ampliação da aplicabilidade das normas que o veiculam, bem como na criação das condições indispensáveis ao seu exercício pelos cidadãos, por meio da elaboração e implementação de políticas públicas interseccionais que reduzam as desigualdades injustas e viabilizem o acesso de todos, em especial dos vulneráveis e hipervulneráveis, aos aspectos material e existencial que conformam o seu conteúdo jurídico.

REFERÊNCIAS

AKAOUI, Fernando Reverendo Vidal. **Compromisso de ajustamento de conduta ambiental**. 4ª ed. São Paulo: Revista dos Tribunais, 2012.

AKAOUI, Fernando Reverendo Vidal. "Apontamentos acerca da aplicação do Código Florestal em áreas urbanas e seu reflexo no parcelamento do solo". **Boletim IRIB em Revista,** n. 303, ago/2002, p. 14-25.

AKOTIRENE, Carla. **O que é interseccionalidade?** 1ª ed. Belo Horizonte: Letramento, 2018.

ALBUQUERQUE, Paulo Pinto de. Opinion en partie dissidente du Juge Pinto de Albuquerque. EUROPA. Corte Europeia de Direitos Humanos (Grande Chambre). Affaire Mursic c. Croatie. Requête nº 7334/13, julgado em 20 de out. 2016. Disponível em <https://hudoc.echr.coe.int/fre?i=001-168275>. Acesso em: 23 jul. 2022.

ALFONSIN, Betânia de Moraes; BERNI, Paulo Eduardo de Oliveira; PEREIRA, Pedro Prazeres Fraga. "A política urbana que nós amávamos tanto: balanço e perspectivas do Direito Urbanístico no Brasil". *In*: SOUSA JUNIOR, José Geraldo de et al. (Orgs.). **Introdução crítica ao Direito Urbanístico**. Vol. 9. Brasília: Editora Universidade de Brasília, 2019, p. 359-366.

ARAUJO, Luiz Alberto David; NUNES JÚNIOR, Vidal Serrano. **Curso de direito constitucional**. 19ª ed. São Paulo: Verbatim, 2015.

BALERA, Wagner. “Desenvolvimento sustentável: o novo nome da paz”. **Revista Internacional CONSINTER de Direito**, ano II, n. III, 2º sem/2016, p. 37-62. Disponível em: <https://doi.org/10.19135/revista.consinter.00003.02>. Acesso em 04 abr. 2024.

BARROS, José D’Assunção. “Igualdade, desigualdade e diferença: contribuições para uma abordagem semiótica das três noções”. **Revista de Ciências Humanas**. Florianópolis: EDUFSC, n. 39, abril/2006, p. 199-218.

BARROSO, Luís Roberto. **Direito constitucional e a efetividade de suas normas: limites e possibilidades da Constituição brasileira**. Rio de Janeiro: Renovar, 2001.

BLANCO JR., Cid. **Ação Intersetorial para alcançar os ODS**. 2021. Notas de aula ministrada no curso Políticas de Moradia e os Objetivos do Desenvolvimento Sustentável, organizado pelo Instituto Pólis e o Fórum Nacional da Reforma Urbana em 30 set. 2021.

BOBBIO, Norberto. **A era dos direitos**. Trad. Carlos Nelson Coutinho. São Paulo: Elsevier, 2004.

BONAVIDES, Paulo. **Teoria constitucional da democracia participativa (por um Direito Constitucional de luta e resistência, por uma Nova Hermenêutica, por uma repolitização da legitimidade)**. 3ª ed. São Paulo: Malheiros, 2008.

BOUSSAGUET, Laurie. **Les politiques publiques**. Paris: Humensis, 2020.

BRASIL. Câmara dos Deputados. **PEC nº 601/98 – dossiê completo**. 2000. Disponível em: <https://www.camara.leg.br/proposicoesWeb/prop_mostrarintegra;jsessionid=node01jcr1yi46g7crw3crg9f4pv3712335.node0?codteor=1234598&filename=Dossie+-PEC+601/1998>. Acesso em: 14 nov. 2022.

BRASIL. **Constituição da República Federativa do Brasil de 1988.** 1988. Disponível em: <http://www.planalto.gov.br/ccivil_03/constituicao/constituicao.htm>. Acesso em: 10 out. 2022.

BRASIL. **Estatuto da Cidade – Lei Federal nº 10.257/2001.** 2001. Disponível em: <http://www.planalto.gov.br/ccivil_03/leis/leis_2001/l10257.htm>. Acesso em: 27 nov. 2022.

BRASIL. Instituto de Pesquisa Econômica Aplicada. **Estimativa da população em situação de rua no Brasil**. Brasília; Rio de Janeiro: IPEA, 2016. Disponível em: <https://www.ipea.gov.br/portal/images/stories/PDFs/TDs/26102016td_2246.pdf>. Acesso em: 19 ago. 2022.

BRASIL. Ministério da Mulher, da Família e dos Direitos Humanos. **Famílias e Filhos no Brasil**. Brasília: Observatório Nacional da Família, 2021a. Disponível em: <https://www.gov.br/mdh/pt-br/navegue-por-temas/observatorio-nacional-da-familia/fatos-e-numeros/FilhosDEFESOELEITORAL.pdf>. Acesso em: 19 ago. 2022.

BRASIL. Ministério do Desenvolvimento Social e do Combate à Fome. **Rua: aprendendo a contar: Pesquisa Nacional sobre a População em Situação de Rua**. Brasília: MDS; Secretaria de Avaliação e Gestão da Informação, Secretaria Nacional de Assistência Social, 2009a. Disponível em: <https://www.mds.gov.br/webarquivos/publicacao/assistencia_social/Livros/Rua_aprendendo_a_contar.pdf>. Acesso em: 19 ago. 2022.

BRASIL. Senado Federal. **Direitos Humanos: atos internacionais e normas correlatas**. 4ª ed. Brasília: Senado Federal - Coordenação de Edições Técnicas, 2013.

BRASIL. Senado Federal. **PEC nº 28/96**. 1996. Disponível em: <https://www.camara.leg.br/proposicoesWeb/prop_mostrarintegra;jsessionid=node01jcr1yi46g7crw3crg9f4pv3712335.node0?codteor=1234598&filename=Dossie+-PEC+601/1998>. Acesso em: 14 nov. 2022.

BRASIL. **Política Nacional para a População em Situação de Rua – Decreto nº 7.053/2009.** 2009b. Disponível em: <https://www.planalto.gov.br/ccivil_03/_ato2007-2010/2009/decreto/d7053.htm>. Acesso em: 27 nov. 2022a.

BRASIL. Superior Tribunal de Justiça (5ª Turma). **Agravo Regimental no *Habeas Corpus* nº 712.529/SE**. Agravante: Marcelo Oliveira dos Santos. Agravado: Tribunal de Justiça do Estado de Sergipe. Relator: Ministro Ribeiro Dantas, julgado em 25 de outubro de 2022. Disponível em: <https://processo.stj.jus.br/SCON/GetInteiroTeorDoAcordao?num_registro=202103977367&dt_publicacao=04/11/2022>. Acesso em: 27 nov. 2022b.

BRASIL. Supremo Tribunal Federal. **Arguição de Descumprimento de Preceito Fundamental nº 828**. Requerente: Partido Socialismo e Liberdade – Psol. Relator: Luís Roberto Barroso, julgado em02 de novembro de 2022a. Disponível em <https://redir.stf.jus.br/paginadorpub/paginador.jsp?docTP=TP&docID=764658045>. Acesso em: 19 abr. 2024.

BRASIL. Supremo Tribunal Federal (Pleno). **Agravo Regimental no Agravo de Recurso Extraordinário nº 639.337/SP**. Agravante: Município de São Paulo. Agravado: Ministério Público do Estado de São Paulo. Relator: Ministro Celso de Mello, julgado em 23 de agosto de 2011. Disponível em: <https://redir.stf.jus.br/paginadorpub/paginador.jsp?docTP=AC&docID=627428>. Acesso em: 19 ago. 2022.

BRASIL. Supremo Tribunal Federal. **Agravo Regimental em Recurso Extraordinário nº 727.864/PR.** Agravante: Estado do Paraná. Agravado: Ministério Público do Estado do Paraná. Relator: Celso De Mello, julgado em 04 de novembro de 2014. Disponível em: <https://redir.stf.jus.br/paginadorpub/paginador.jsp?docTP=TP&docID=7218726>. Acesso em: 04 maio 2021.

BRASIL. Supremo Tribunal Federal. **Agravo Regimental em Recurso Extraordinário nº 1.219.482/RS.** Agravante: Estado do Rio Grande do Sul. Agravado: Ministério Público Federal. Relator: Celso de Mello, julgado em 03 de outubro de 2020. Disponível em: <https://redir.stf.jus.br/paginadorpub/paginador.jsp?docTP=TP&docID=754048072>. Acesso em: 12 mar. 2022.

BRASIL. Supremo Tribunal Federal (Pleno). ***Habeas Corpus* nº 87.585-8/TO**. Paciente e Impetrante: Alberto de Ribamar Ramos da Costa. Coator: Superior Tribunal de Justiça. Relator: Marco Aurélio, julgado em 03 de dezembro de 2008. Disponível em https://redir.stf.jus.br/paginadorpub/paginador.jsp?docTP=AC&docID=597891. Acesso em 19 de abril de 2024.

BRASIL. Supremo Tribunal Federal (Pleno). **Medida Cautelar na Ação Direta de Inconstitucionalidade nº 3.540-1/DF**. Requerente: Procurador-Geral da República. Relator: Celso de Mello, julgado em 1º de setembro de 2005. Disponível em: <https://redir.stf.jus.br/paginadorpub/paginador.jsp?docTP=AC&docID=387260>. Acesso em: 25 jul. 2022.

BRASIL. Supremo Tribunal Federal (Pleno). **Medida Cautelar em Arguição de Descumprimento de Preceito Fundamental nº 45/DF**. Relator: Celso de Mello, informativo/STF 345/2004.

BRASIL. Supremo Tribunal Federal (Pleno). **Recurso Extraordinário nº 466.343/SP.** Recorrente: Banco Bradesco S/A. Recorrido: Luciano Cardoso dos Santos. Relator: Cezar Peluso, julgado em 03 de dezembro de 2009c. Disponível em: <https://redir.stf.jus.br/paginadorpub/paginador.jsp?docTP=AC&docID=595444>. Acesso em: 12 de mar. de 2022.

BRASIL. Supremo Tribunal Federal (Monocrática). **Medida Cautelar em Arguição de Descumprimento de Preceito Fundamental nº 976/DF.** Relator: Alexandre de Moraes, julgado em 25 de julho de 2023. Disponível em: <https://www.stf.jus.br/arquivo/cms/noticiaNoticiaStf/anexo/ADPF976MC1.pdf>. Acesso em: 26 de ago. 2023.

BUCCI, Maria Paula Dallari. "O conceito de política pública em direito". *In:* BUCCI, Maria Paula Dallari (Org.). **Políticas públicas: reflexões sobre o conceito jurídico**. São Paulo: Saraiva, 2006, p. 1-50.

BUCCI, Maria Paula Dallari. **Fundamentos para uma teoria jurídica das políticas públicas**. 2ª ed., revista e atualizada. São Paulo: Saraiva, 2021.

CANOTILHO, Joaquim José Gomes. **Direito constitucional e teoria da constituição**. Coimbra: Almedina, 2000.

CANTARINI, Paola; GUERRA FILHO, Willis Santiago. "Os direitos fundamentais não são direitos humanos positivados (e é bom para ambos que assim seja)". **Revista Internacional de Direitos Humanos.** Bauru, v. 7, n. 2, jul-dez/2019, p. 195-214.

CARVALHO, José Lucas Santos; ÁVILA, Flávia de. "A hipervulnerabilidade social do sujeito de direito a partir do estudo de caso da Comunidade Carrilho, Município de Itabaiana/SE". **Revista de Direitos Fundamentais nas Relações de Trabalho, Sociais e Empresariais.** Curitiba, v. 2, n. 2, jul-dez/2016, p. 110-129.

CEU. Conselho Europeu de Urbanismo. **Nova Carta de Atenas**. 2003. Disponível em https://paginas.fe.up.pt/construcao2004/c2004/docs/SAT_02_carta%20atenas.pdf. Acesso em 23 nov. 2022.

CIAM. Congresso Internacional de Arquitetura Moderna. **Carta de Atenas**. 1933. Disponível em: <http://portal.iphan.gov.br/uploads/ckfinder/arquivos/Carta%20de%20Atenas%201933.pdf>. Acesso em: 23 nov. 2022.

COMPARATO, Fábio Konder. "Comentário ao Artigo I da Declaração Universal dos Direitos Humanos". *In*: COMPARATO, Fábio Konder. **Rumo à Justiça**. 2ª ed. São Paulo: Saraiva, 2013a, p. 66-73.

COMPARATO, Fábio Konder. "Os direitos humanos na Declaração Universal de 1948 e na Constituição Brasileira de 1988". *In*: COMPARATO, Fábio Konder. **Rumo à Justiça**. 2ª ed. São Paulo: Saraiva, 2013b, p. 74-107.

COMPARATO, Fábio Konder. "O abuso nas patentes de medicamentos". *In*: COMPARATO, Fábio Konder. **Rumo à Justiça**. 2ª ed. São Paulo: Saraiva, 2013c, p. 120-140.

CRANSTON, Maurice. "Human Rights: real and supposed". *In*: RAPHAEL, D. D. **Political theory and the rights of man**. Indiana: Bloomington, 1967. p. 43-53.

CUNHA JÚNIOR, Dirley. **Controle de constitucionalidade: teoria e prática**. Salvador: JusPODIVM, 2016.

DAMACENA, Fernanda Dalla Libera. "Limites e possibilidades da prestação jurisdicional na redução da vulnerabilidade". *In*: FARBER, Daniel A.; CARVALHO, Délton Winter (Orgs.). **Estudos aprofundados em direito dos desastres: interfaces comparadas**. 2ª ed. Curitiba: Appris, 2019. p. 447-482.

DIAS, Solange Gonçalves. **Democracia representativa x democracia participativa: participação popular no plano local e emergência de um novo paradigma democrático.** 2001. Dissertação (mestrado) – Faculdade de Direito da Universidade de São Paulo, São Paulo, 2001.

DINIZ, Maria Helena. **Compêndio de introdução à Ciência do Direito**. 20ª ed. revista e atualizada. São Paulo: Saraiva, 2009.

FENSTERSEIFER, Tiago. **Defensoria Pública, direitos fundamentais e ação civil pública.** São Paulo: Saraiva, 2015.

FERNANDES, Edésio. "Política urbana na Constituição Federal de 1988 e além: implementando a agenda da reforma urbana no Brasil". **Revista de Estudos Legislativos**. Brasília, Senado Federal, v. 7, n. 42, nov-dez/2008, p. 48-57. Disponível em: <https://www12.senado.leg.br/publicacoes/estudos-legislativos/tipos-de-estudos/outras-publicacoes/volume-iv-constituicao-de-1988-o-brasil-20-anos-depois.-estado-e-economia-em-vinte-anos-de-mudancas/politica-urbana-agricola-e-fundiaria-politica-urbana-na-constituicao-federal-de-1988-e-alem-implementando-a-agenda-da-reforma-urbana-no-brasil>. Acesso em: 10 nov. 2022.

FERREIRA, João Sette Whitaker. "Avanços e recuos na questão urbana rumo ao Habitat III". *In*: BALBIM, Renato (Org.). **Geopolítica das cidades: velhos desafios, novos problemas**. Brasília: IPEA, 2016. p. 67-76.

FLORES, Joaquín Herrera. **A (re)invenção dos direitos humanos**. Trad. Carlos Roberto Diogo Garcia et. al. Florianópolis: Fundação Boiteux, 2009.

GALBINSKI, José. **A função social da propriedade & o plano diretor**. 9° Seminário Docomomo Brasil. Brasília, jun/2011. Disponível em: <https://docomomobrasil.com/wp-content/uploads/2016/01/000_M15-FuncaoSocialDaPropriedade-ART_jose_galbinski.pdf>. Acesso em: 22 nov. 2022.

GARZA, Magda Yadira Robles. "Protección a la vivienda en las sentencias de la Corte Interamericana de Derechos Humanos: escenarios y cumplimiento". **Anales de la Facultad de Derecho (Universidad de la Laguna)**, San Cristóbal de la Laguna/Espanha, n. 37, set/2020, p. 15-45. Disponível em: <https://doi.org/10.25145/j.anfade.2020.37.02>. Acesso em: 18 out. 2022.

HARVEY, David. "O direito à cidade". **Lutas Sociais**, n. 29, jul-dez/2012, p. 73-89.

INSTITUTO PÓLIS. **Estatuto da Cidade: guia para implementação pelos Municípios e cidadãos.** 2ª ed. Brasília: Câmara dos Deputados, Coordenação de Publicações, 2002.

KELSEN, Hans. **Teoria pura do Direito**. Trad. João Baptista Machado. 6ª ed. São Paulo: Martins Fontes, 2003.

KINGDOM, John H. **Agendas, alternatives and public policies.** 2ª ed. Essex: Pearson, 2014.

LECKIE, Scott. **From housing needs to housing rights: an analysis of the right to adequate housing under International Human Rights Law.** Londres: The International Institute for Environment and Development, 1992.

LEFÈVBRE, Henri. Espace et politique. *In*: LEFÈVBRE, Henri. **Le droit à La ville – suivi de Espace et Politique**. Paris: Anthropos, 1972, p 151-281.

LIBÓRIO, Daniela Campos; SAULE JUNIOR, Nelson. "Direito à cidade e institutos de proteção dos territórios urbanos de grupos sociais vulneráveis". *In*: NUNES JÚNIOR, Vidal Serrano; ZOCKUN, Maurício; ZOCKUN, Carolina Zancaner; FREIRE, André Luiz (Coords.). **Enciclopédia Jurídica da PUC-SP.** Tomo II. São Paulo: Pontifícia Universidade Católica de São Paulo, 2022a. Disponível em: <https://enciclopediajuridica.pucsp.br/verbete/66/edicao-2/direito-a-cidade-e-institutos-de-protecao-dos-territorios-urbanos-de-grupos-sociais-vulneraveis>. Acesso em: 23 nov. 2022.

LIBÓRIO, Daniela Campos; SAULE JUNIOR, Nelson. "Princípios e instrumentos de política urbana". *In*: NUNES JÚNIOR, Vidal Serrano; ZOCKUN, Maurício; ZOCKUN, Carolina Zancaner; FREIRE, André Luiz (Coords.). **Enciclopédia Jurídica da PUC-SP.** Tomo II. São Paulo: Pontifícia Universidade Católica de São Paulo, 2022b. Disponível em: <https://enciclopediajuridica.pucsp.br/verbete/76/edicao-2/principios-e-instrumentos-de-politica-urbana>. Acesso em: 23 nov. 2022.

LIMA, Carolina Alves de Souza. **Cidadania, direitos humanos e educação.** São Paulo: Almedina, 2019a.

LIMA, Carolina Alves de Souza. "Cidadania, direitos humanos e educação: avanços, retrocessos e perspectivas para o século 21". Leitura complementar da obra **Cidadania, direitos humanos e educação.** São Paulo: Almedina, 2019b. Disponível em: <https://almedina.ams3.cdn.digitaloceanspaces.com/pdf_preview/parte-historica-geral.pdf>. Acesso em: 16 fev. 2022.

LIMA, Carolina Alves de Souza. "A relação intrínseca entre direitos humanos, cidadania e dignidade da pessoa humana na contemporaneidade". **Revista da Associação Paulista do Ministério Público – Revista da APMP.** São Paulo, n. 55, ano XV, abr-dez/2011, p. 82-89.

LUÑO, Antonio E. Perez. **Los derechos fundamentales.** 8ª ed. Madrid: Tecnos, 2004.

MACHADO, Ricardo William Guimarães. "A construção da Política Nacional para População em Situação de Rua". **Temporalis.** Brasília (DF), ano 20, n.

39, p. 102-118, jan./jun. 2020. Disponível em: <https://periodicos.ufes.br/temporalis/article/view/28084/20861>. Acesso em: 25 nov. 2022.

MARGUTI, Bárbara Oliveira; COSTA, Marco Aurélio; GALINDO, Ernesto Pereira. "A trajetória brasileira em busca do direito à cidade: os quinze anos do Estatuto da Cidade e as novas perspectivas à luz da Nova Agenda Urbana". *In*: COSTA, Marco Aurélio (Org.). **O Estatuto da Cidade e a Habitat III: um balanço de quinze anos da política urbana no Brasil e a Nova Agenda Urbana**. Brasília: IPEA, 2016, p. 11-25. Disponível em: <http://repositorio.ipea.gov.br/handle/11058/9155>. Acesso em : 24 nov. 2022.

MAILLARD, Jacques de; KÜBLER, Daniel. **Analyser les politiques publiques**. 2ª ed. Grenoble: Presses Universitaires de Grenoble, 2022.

MARICATO, Erminia. **Para entender a crise urbana**. São Paulo: Expressão Popular, 2015.

MARICATO, Erminia; SANTOS JUNIOR, Orlando Alves. "Construindo a Política Urbana: participação democrática e o direito à cidade". *In*: RIBEIRO, Luiz Cesar de Queiroz; SANTOS JUNIOR, Orlando Alves. **As metrópoles e a questão social brasileira**. 1ª ed. Rio de Janeiro: Revan, 2006, p. 165-195.

MELLO, Celso Antônio Bandeira de. **O conteúdo jurídico do princípio da igualdade**. 3ª ed. São Paulo: Malheiros, 2015.

MELLO, Celso Antônio Bandeira de. **Curso de direito administrativo**. São Paulo: Malheiros, 1993.

MIRRA, Álvaro Luiz Valery. "Controle social pela via judicial das omissões do poder público em matéria ambiental no Brasil – aspectos da evolução doutrinária e jurisprudencial". **Revista de Direito Ambiental – RDA.** São Paulo, Revista dos Tribunais, n. 100, out-dez/2020, p. 471-510.

MIRRA, Álvaro Luiz Valery. "Desenvolvimento Sustentável e sua expressão jurídica". *In*: MIRRA, Álvaro Luiz Valery et al. **Ambiente Jurídico**. Belo Horizonte: Del Rey, 2018a. p. 27-32.

MIRRA, Álvaro Luiz Valery. "Os regimes jurídicos do meio ambiente e bens ambientais no Brasil". *In*: MIRRA, Álvaro Luiz Valery et al. **Ambiente Jurídico**. Belo Horizonte: Del Rey, 2018b. p. 61-66.

MIRRA, Álvaro Luiz Valery; MIRRA, Ana Beatriz Ribeiro D. V. "Responsabilidade civil ambiental e a imprescritibilidade das pretensões à reparação dos danos ambientais individuais à luz da Lei 6.938/1981". *In*: MILARÉ, Édis (Org.). **40 anos da Lei da Política Nacional do Meio Ambiente**. Belo Horizonte, São Paulo: D'Plácido, 2021. p. 193-234.

MIRRA, Ana Beatriz Ribeiro David Valery. "A função social da posse nas ações de reintegração em face do movimento de moradia: análise da concessão de liminares pelo Tribunal de Justiça de São Paulo (TJSP)". **Revista da Defensoria Pública do Estado de São Paulo**. São Paulo, v. 3, n. 1, jan-jun/2021, p. 219-250.

MONTEIRO, Vitor de Andrade. **Direito à moradia adequada**. 2ª ed. Rio de Janeiro: Lumen Juris, 2019.

MOURA, Emerson Affonso da Costa. "As funções sociais da cidade e a Constituição Federal de 1988: das Cartas de Atenas à ordem pluralista constitucional". **Revista de Direito da Cidade**, v. 12, n. 4, p. 2216-2238, dez/2020. Disponível em: <https://www.e-publicacoes.uerj.br/index.php/rdc/article/view/50812/36067>. Acesso em: 23 nov. 2022.

MOVIMENTO NACIONAL PELA REFORMA URBANA (MNRU). **Proposta popular de emenda ao projeto de Constituição – emenda sobre "Reforma Urbana"**. 1987. Disponível em: <https://erminiamaricato.files.wordpress.com/2015/07/proposta-popular-de-emenda-ao-projeto-de-constituic3a7c3a3o-1988.pdf>. Acesso em: 10 nov. 2022.

NEVES, Lailson Braga Baeta. "Direito econômico e a função social da propriedade, em face do direito de habitação". **Revista Brasileira de Direito Constitucional Aplicado**. São Gotardo-MG, v. 4, n. 2, jul-dez/2017, p. 77-93.

NOVAIS, Jorge Reis. **Os princípios estruturais da República Portuguesa**. Coimbra: Coimbra Editora, 2004.

OEA – ORGANIZAÇÃO DOS ESTADOS AMERICANOS. **Carta da Organização dos Estados Americanos**. 1948a (texto original). Disponível em: https://www.cidh.oas.org/basicos/portugues/q.carta.oea.htm . Acesso em: 18abr. 2024.

OEA – ORGANIZAÇÃO DOS ESTADOS AMERICANOS. "Declaração Americana dos Direitos e Deveres do Homem". 1948b. *In*: BRASIL. Senado Federal. **Direitos Humanos: atos internacionais e normas correlatas**. 4ª ed. Brasília: Senado Federal, Coordenação de Edições Técnicas, 2013, p. 24-28.

OEA – ORGANIZAÇÃO DOS ESTADOS AMERICANOS. **Nossa história**. Disponível em: <https://www.oas.org/pt/sobre/nossa_historia.asp>. Acesso em: 17 set. 2022.

OEA – ORGANIZAÇÃO DOS ESTADOS AMERICANOS. **Protocolo de Reforma da Carta dos Estados Americanos (Protocolo de Buenos Aires)**. 1967. Disponível em: <http://www.oas.org/juridico/portuguese/treaties/b-31.htm>. Acesso em: 08 out. 2022.

OEA – ORGANIZAÇÃO DOS ESTADOS AMERICANOS. Assembleia Geral. **OEA/Ser.P/AG/doc. 5242/12 rev.2 – Carta Social das Américas.** 2012a. Disponível em: <https://www.oas.org/docs/publications/carta_social_das_americas.doc>. Acesso em: 13 out. 2022.

OEA – ORGANIZAÇÃO DOS ESTADOS AMERICANOS. Assembleia Geral. **Protocolo Adicional à Convenção Americana de Direitos Humanos (Protocolo de San Salvador)**. 1988. Disponível em https://www.oas.org/pt/cidh/mandato/basicos/sansalvador.pdf. Acesso em 18abr. 2024.

OEA – ORGANIZAÇÃO DOS ESTADOS AMERICANOS. Conferência Especializada Interamericana sobre Direitos Humanos. Convenção Americana de Direitos Humanos (Pacto de San José da Costa Rica). 1969. *In*: BRASIL. Senado Federal.

Direitos Humanos: atos internacionais e normas correlatas. 4ª ed. Brasília: Senado Federal, Coordenação de Edições Técnicas, 2013, p. 152-167.

OEA – ORGANIZAÇÃO DOS ESTADOS AMERICANOS. Comissão Interamericana de Direitos Humanos. **OEA/Ser.L/V/II.Doc. 465 – Compendio sobre Derechos Económicos, Sociales, Culturales y Ambientales: Estándares Interamericanos.** 2021a. Disponível em: <https://www.oas.org/es/cidh/informes/pdfs/Compendio%20DESCA_ESP_completo.pdf>. Acesso em: 29 jul. 2022.

OEA – ORGANIZAÇÃO DOS ESTADOS AMERICANOS. Comissão Interamericana de Direitos Humanos. **Compendio Igualdad y no discriminación – Estándares interamericanos.** 2019. Disponível em: <https://www.oas.org/es/cidh/informes/pdfs/Compendio-IgualdadNoDiscriminacion.pdf>. Acesso em: 11 nov. 2022.

OEA – ORGANIZAÇÃO DOS ESTADOS AMERICANOS. Comissão Interamericana de Direitos Humanos. **OEA/Ser.L/V/II.Doc. 9 – Situação dos Direitos Humanos no Brasil.** 2021b. Disponível em: <http://www.oas.org/pt/cidh/relatorios/pdfs/Brasil2021-pt.pdf>. Acesso em: 29 jul. 2022.

OEA – ORGANIZAÇÃO DOS ESTADOS AMERICANOS. Corte Interamericana de Direitos Humanos. **Caso Acevendo Buendía y otros (Cesantes y jubilados de La controladoria) vs. Peru.** Requerente: Comissão Interamericana de Direitos Humanos. Requerido: Peru. Julgado em 2009. Disponível em: <https://www.corteidh.or.cr/docs/casos/articulos/seriec_198_esp.pdf>. Acesso em: 22 out. 2022.

OEA – ORGANIZAÇÃO DOS ESTADOS AMERICANOS. Corte Interamericana de Direitos Humanos. **Caso Comunidade Campesina Santa Bárbara vs. Peru.** Requerente: Comissão Interamericana de Direitos Humanos. Requerido: Peru. Julgado em 2015. Disponível em: <https://www.corteidh.or.cr/docs/casos/articulos/seriec_299_esp.pdf>. Acesso em: 22 out. 2022.

OEA – ORGANIZAÇÃO DOS ESTADOS AMERICANOS. Corte Interamericana de Direitos Humanos. **Caso Comunidade Indígena Yakye Axa vs. Paraguai.** Requerente: Comissão Interamericana de Direitos Humanos. Requerido:

Paraguai. Julgado em 2005. Disponível em: <https://summa.cejil.org/api/files/1657655561126uxvejny7id8.pdf>. Acesso em: 18abr. 2024.

OEA – ORGANIZAÇÃO DOS ESTADOS AMERICANOS. Corte Interamericana de Direitos Humanos. **Caso Comunidade Mayagna (Sumo) Awas Tingni vs. Nicarágua**. Requerente: Comissão Interamericana de Direitos Humanos. Requerido: Nicarágua. Julgado em 2001. Disponível em: <https://www.corteidh.or.cr/docs/casos/articulos/seriec_79_por.pdf>. Acesso em: 22 out. 2022.

OEA – ORGANIZAÇÃO DOS ESTADOS AMERICANOS. Corte Interamericana de Direitos Humanos. **Caso Familia Barrios vs. Venezuela**. Requerente: Comissão Interamericana de Direitos Humanos. Requerido: Venezuela. Julgado em 2011. Disponível em: <https://corteidh.or.cr/docs/casos/articulos/seriec_237_esp.pdf>. Acesso em: 22 out. 2022.

OEA – ORGANIZAÇÃO DOS ESTADOS AMERICANOS. Corte Interamericana de Direitos Humanos. **Caso Lagos Del Campo vs. Peru**. Requerente: Comissão Interamericana de Direitos Humanos. Requerido: Peru. Julgado em 2017a. Disponível em: <https://www.corteidh.or.cr/docs/casos/articulos/seriec_340_esp.pdf>. Acesso em: 22 out. 2022.

OEA – ORGANIZAÇÃO DOS ESTADOS AMERICANOS. Corte Interamericana de Direitos Humanos. **Caso Massacres de El Mozote e lugares próximos vs. El Salvador**. Requerente: Comissão Interamericana de Direitos Humanos. Requerido: El Salvador. Julgado em 2012b. Disponível em: <https://www.corteidh.or.cr/docs/casos/articulos/seriec_252_ingl.pdf>. Acesso em: 22 out. 2022.

OEA – ORGANIZAÇÃO DOS ESTADOS AMERICANOS. Corte Interamericana de Direitos Humanos. **Caso Massacre de Ituango vs. Colômbia**. Requerente: Comissão Interamericana de Direitos Humanos. Requerido: Colômbia. Julgado em 2006. Disponível em: <https://www.corteidh.or.cr/docs/casos/articulos/seriec_148_ing.pdf>. Acesso em: 22 out. 2022.

OEA – ORGANIZAÇÃO DOS ESTADOS AMERICANOS. Corte Interamericana de Direitos Humanos. **Caso Massacre Plan de Sánchez vs. Guatemala**. Requerente: Comissão Interamericana de Direitos Humanos. Requerido:

Guatemala. Julgado em 2004. Disponível em: <https://www.corteidh.or.cr/docs/casos/articulos/seriec_105_ing.pdf>. Acesso em: 22 out. 2022.

OEA – ORGANIZAÇÃO DOS ESTADOS AMERICANOS. Corte Interamericana de Direitos Humanos. **Caso Massacre de Pueblo Bello vs. Colômbia.** Requerente: Comissão Interamericana de Direitos Humanos. Requerido: Colômbia. Julgado em 1990. Disponível em: <https://www.corteidh.or.cr/docs/casos/articulos/seriec_140_esp.pdf>. Acesso em: 22 out. 2022.

OEA – ORGANIZAÇÃO DOS ESTADOS AMERICANOS. Corte Interamericana de Direitos Humanos. **Caso Miembros de la Aldea de Chichupac e comunidades vizinhas do município de Rabinal vs. Guatemala.** Requerente: Comissão Interamericana de Direitos Humanos. Requerido: Guatemala. Julgado em 2016a. Disponível em: <https://summa.cejil.org/pt/entity/t7k0n9baxn1wj44sew0sbgldi>. Acesso em: 22 out. 2022.

OEA – ORGANIZAÇÃO DOS ESTADOS AMERICANOS. Corte Interamericana de Direitos Humanos. **Caso Comunidades Indígenas Miembros de La Asociación Lhaka Honhat (nuestra Tierra) vs. Argentina**. Requerente: Comissão Interamericana de Direitos Humanos. Requerido: Argentina. Julgado em 2020. Disponível em: <https://www.corteidh.or.cr/docs/casos/articulos/seriec_400_esp.pdf>. Acesso em: 22 out. 2022.

OEA – ORGANIZAÇÃO DOS ESTADOS AMERICANOS. Corte Interamericana de Direitos Humanos. **Caso Trabajadores Cesados de Petroperú y Otros vs. Perú**. Requerente: Comissão Interamericana de Direitos Humanos. Requerido: Peru. Julgado em 2017b. Disponível em: <https://www.corteidh.or.cr/docs/casos/articulos/seriec_344_esp.pdf>. Acesso em: 22 out. 2022.

OEA – ORGANIZAÇÃO DOS ESTADOS AMERICANOS. Corte Interamericana de Direitos Humanos. **Caso Yarce e outros vs. Colômbia**. Requerente: Comissão Interamericana de Direitos Humanos. Requerido: Colômbia. Julgado em 2016b. Disponível em: <https://www.corteidh.or.cr/docs/casos/articulos/seriec_325_esp.pdf>. Acesso em: 22 out. 2022.

ONU – ORGANIZAÇÃO DAS NAÇÕES UNIDAS. **Carta das Nações Unidas.** 1945. Disponível em: <https://brasil.un.org/sites/default/files/2022-05/Carta-ONU.pdf>. Acesso em: 25 jul. 2022.

ONU – ORGANIZAÇÃO DAS NAÇÕES UNIDAS. Assembleia Geral. **Resolution adopted by the General Assembly – 43/181 – Global Strategy for Shelter to the Year 2000**. 1988a. Disponível em: <www.un-documents.net/a43r181.htm>. Acesso em: 23 jul. 2022.

ONU – ORGANIZAÇÃO DAS NAÇÕES UNIDAS. Assembleia Geral. **Addendum – Global Strategy for Shelter to the Year 2000**. 1988b. Disponível em: <https://digitallibrary.un.org/record/43310?ln=ru>. Acesso em: 23 jul. 2022.

ONU – ORGANIZAÇÃO DAS NAÇÕES UNIDAS. Assembleia Geral. **Objetivos do Desenvolvimento Sustentável – Agenda 2030**. 2015. Disponível em: <https://brasil.un.org/pt-br/sdgs>. Acesso em: 25 jul. 2022.

ONU – ORGANIZAÇÃO DAS NAÇÕES UNIDAS. Conferência das Nações Unidas sobre Assentamentos Humanos – Habitat I. **The Vancouver Declaration on Human Settlements.** 1976. Disponível em: https://sdgs.un.org/sites/default/files/documents/7252The_Vancouver_Declaration_1976.pdf. Acesso em: 19 abr. 2024.

ONU – ORGANIZAÇÃO DAS NAÇÕES UNIDAS. Conferência das Nações Unidas sobre Assentamentos Humanos – Habitat II. **A/CONF./165/14 – Istambul Declaration on Human Settlements and the Habitat Agenda**. 1996. Disponível em: <https://www.un.org/ruleoflaw/wp-content/uploads/2015/10/istanbul-declaration.pdf>. Acesso em: 23 jul. 2022.

ONU – ORGANIZAÇÃO DAS NAÇÕES UNIDAS. Conferência das Nações Unidas sobre Assentamentos Humanos – Habitat III. **A/RES/71/256 – Nova Agenda Urbana**. 2019. Disponível em: <https://habitat3.org/wp-content/uploads/NUA-Portuguese-Brazil.pdf>. Acesso em: 23 jul. 2022.

ONU – ORGANIZAÇÃO DAS NAÇÕES UNIDAS. Comissão de Direitos Humanos da Assembleia Geral. **A/RES/41/146 - Realization of the right**

to adequate housing. 1986. Disponível em: https://digitallibrary.un.org/record/126490?v=pdf. Acesso em: 18 abr. 2024.

ONU – ORGANIZAÇÃO DAS NAÇÕES UNIDAS. Comissão de Direitos Humanos do Conselho Econômico e Social. "Resolution 1987/22 – Realization of the right to adequate housing". 1987a. *In*: ORGANIZAÇÃO DAS NAÇÕES UNIDAS. Conselho Econômico e Social. **Report on the 43rd Session (2 February – 13 March 1987) – Supplement nº 5.** Nova York: ONU, 1987, p. 71-72. Disponível em: <https://digitallibrary.un.org/record/135878>. Acesso em: 25 jul. 2022.

ONU – ORGANIZAÇÃO DAS NAÇÕES UNIDAS. Comissão Econômica para América Latina e Caribe. **Objetivos de Desarrollo del Milenio: una mirada desde América Latina y el Caribe**. 2005. Disponível em: <https://www.cepal.org/es/publicaciones/2797-objetivos-desarrollo-milenio-mirada-america-latina-caribe>. Acesso em: 12 out. 2022.

ONU. CEPAL. Comissão Econômica para América Latina e Caribe. **Panorama social de América Latina**, 2020. Santiago, 2021. Disponível em: <https://repositorio.cepal.org/bitstream/handle/11362/46687/8/S2100150_es.pdf>. Acesso em: nov. 2021.

ONU – ORGANIZAÇÃO DAS NAÇÕES UNIDAS. Comissão Mundial sobre Meio Ambiente e Desenvolvimento. **Relatório Nosso Futuro Comum**. Rio de Janeiro, RJ: Editora da Fundação Getúlio Vargas, 1991a. Disponível em: <https://edisciplinas.usp.br/pluginfile.php/4245128/mod_resource/content/3/Nosso%20Futuro%20Comum.pdf>. Acesso em: 20 mar. 2021.

ONU – ORGANIZAÇÃO DAS NAÇÕES UNIDAS. Comitê dos Direitos Econômicos, Sociais e Culturais. **Comentário Geral n. 3**. 1990. Disponível em <http://www.dhnet.org.br/dados/cursos/dh/br/pb/dhparaiba/2/c3.html>. Acesso em: 13 mai. 2021.

ONU – ORGANIZAÇÃO DAS NAÇÕES UNIDAS. Comitê dos Direitos Econômicos, Sociais e Culturais. **Comentário Geral n. 4.** 1991b. Disponível em http://

www.dhnet.org.br/direitos/sos/moradia/trabalhohabitacaopronto.html. (Acesso em 18 abr. 2024).

ONU – ORGANIZAÇÃO DAS NAÇÕES UNIDAS. Comitê dos Direitos Econômicos, Sociais e Culturais. **Comentário Geral n. 7**. 1997. Disponível em: <http://www.direitoamoradia.fau.usp.br/wp-content/uploads/2012/05/General-Comment-7.pdf>. Acesso em: 13 mai. 2021.

ONU – ORGANIZAÇÃO DAS NAÇÕES UNIDAS. Comitê dos Direitos Econômicos, Sociais e Culturais. **Observation Générale No. 14**. 2000. Disponível em: <https://www.right-to-education.org/fr/resource/comit-des-droits-conomiques-sociaux-et-culturels-observation-g-n-rale-no14-le-droit-au>. Acesso em: 13 mai. 2021.

ONU – ORGANIZAÇÃO DAS NAÇÕES UNIDAS. Conselho de Direitos Econômicos e Sociais. **E/RES/1987/37 – International Year of Shelter for the Homeless**. 1987b. Disponível em: <https://digitallibrary.un.org/record/156231>. Acesso em: 25 jul. 2022.

ONU – ORGANIZAÇÃO DAS NAÇÕES UNIDAS. Conselho de Direitos Econômicos e Sociais. **E/RES/1987/62 – Realization of the right to adequate housing**. 1987c. Disponível em: <https://ap.ohchr.org/documents/alldocs.aspx?doc_id=8704>. Acesso em: 25 jul. 2022.

ONU – ORGANIZAÇÃO DAS NAÇÕES UNIDAS. Conselho de Direitos Humanos. **A/HRC/52/28 – Towards a Just transformation: climate crisis and the right to housing. Report of the Special Rapporteur on adequate housing as a component of the right to an adequate standard of living, and on the right to non-discrimination in this context**. 2022. Disponível em: https://documents.un.org/doc/undoc/gen/g22/612/32/pdf/g2261232.pdf?token=BGlEKkU6BDExO8EVmc&fe=true. Acesso em: 18abr. 2024.

PAIVA, Caio; FENSTERSEIFER, Tiago. **Comentários à Lei Nacional da Defensoria Pública**. 2ª ed. São Paulo: Editora CEI, 2019.

PAULINI, Umberto. "Política agrícola e fundiária na CF/1988: considerações sobre a função social da propriedade à luz do direito civil constitucional". *In*: CLÈVE, Clèmerson Merlin (Coord.). **Direito constitucional brasileiro.** Vol. 3: Constituições econômica e social. 2ª ed. rev. atual. ampl. São Paulo: Thomson Reuters Brasil, 2021. p. 293 a 309.

PIOVESAN, Flávia. **Direitos humanos e o direito constitucional internacional**. 15ª ed. revista e atualizada. São Paulo: Saraiva, 2015.

PIOVESAN, Flávia. "Introdução ao sistema interamericano de proteção dos direitos humanos: a Convenção Americana de Direitos Humanos". *In*: GOMES, Luiz Flávio; PIOVESAN, Flávia (Coord.). **O sistema interamericano de proteção dos direitos humanos e o direito brasileiro**. São Paulo: Revista dos Tribunais, 2000. p. 17-52.

PONTES, Daniele Regina. "Direito à moradia: urgências do Direito Constitucional". *In*: CLÈVE, Clèmerson Merlin (Coord.). **Direito constitucional brasileiro**. Vol. 1: Teoria da Constituição e direitos fundamentais. 2ª ed. rev. atual. ampl. São Paulo: Thomson Reuters Brasil, 2021. p. 1075-1094.

PORTUGAL. **Constituição da República Portuguesa**. 1974. Disponível em: <https://www.parlamento.pt/Legislacao/Paginas/ConstituicaoRepublicaPortuguesa.aspx>. Acesso em: 16 dez. 2022.

PRADA, Nelson Pineda. "El tema social en la agenda de la Organización de lós Estados Americanos: la carta social de las Américas". **X Congresso Internacional do CLAD sobre a Reforma do Estado e da Administração Pública**. Santiago, Chile, 18-21 out. 2005. Disponível em: <https://repositoriocdim.esap.edu.co/bitstream/handle/123456789/8880/6621-1.pdf?sequence=1>. Acesso em: 13 out. 2022.

QUEIROZ, Cristina. **O princípio da não reversibilidade dos direitos fundamentais sociais**. Coimbra: Coimbra Editora, 2006.

RAMOS, André de Carvalho. **Curso de direitos humanos**. 4ª ed. São Paulo: Saraiva. 2017.

RAMOS, Elival da Silva. "Controle jurisdicional de políticas públicas: a efetivação dos direitos sociais à luz da Constituição brasileira de 1988". **Revista da Faculdade de Direito da Universidade de São Paulo**. v. 102, jan-dez/2007, p. 327-356.

RESENDE, Luis Fernando Lara; KRAUSE Cleandro. "Contribuições dos Objetivos de Desenvolvimento do Milênio e dos Objetivos de Desenvolvimento Sustentável para uma nova agenda urbana". *In*: BALBIM, Renato (Org.). **Geopolítica das cidades: velhos desafios, novos problemas**. Brasília: IPEA, 2016. p. 247-275.

REZEK, José Francisco. **Direito internacional público: curso elementar**. São Paulo: Saraiva, 1989.

ROLNIK, Raquel. **Guerra dos lugares: a colonização da terra e da moradia na era das finanças**. São Paulo: Boitempo, 2019.

ROLNIK, Raquel; MARINO, Aluízio. **Explosão da população em situação de rua e os desafios da emergência habitacional**. 2022. Disponível em: <http://www.labcidade.fau.usp.br/explosao-da-populacao-em-situacao-de-rua-e-os-desafios-da-emergencia-habitacional/>. Acesso em: 19 ago. 2022.

RONCONI, Liliana. "¿Tomarnos en Serio la Igualdad? Algunas Reflexiones Sobre el Establecimiento de Acciones Positivas en Argentina". **Revista de Direito Público**. Brasília, v. 18, n. 97, jan./fev. 2021, p. 730-747.

SALEME, Edson Ricardo. **Parâmetros sobre a função social da cidade**. 2005. Disponível em: <http://www.publicadireito.com.br/conpedi/manaus/arquivos/anais/XIVCongresso/141.pdf>. Acesso em: 23 nov. 2022.

SARLET, Ingo Wolfgang. "Teoria geral dos direitos fundamentais". *In*: SARLET, Ingo W.; MARINONI, Luiz G.; MITIDIERO, Daniel. **Curso de direito constitucional**. São Paulo: Saraiva, 2016a, p. 299-399.

SARLET, Ingo Wolfgang. "Linhas mestras da interpretação constitucional". *In*: SARLET, Ingo W.; MARINONI, Luiz G.; MITIDIERO, Daniel. **Curso de direito constitucional.** São Paulo: Saraiva, 2016b, p. 211-228.

SARLET, Ingo Wolfgang. "Eficácia e aplicabilidade das normas constitucionais". *In*: SARLET, Ingo W.; MARINONI, Luiz G.; MITIDIERO, Daniel. **Curso de direito constitucional**. São Paulo: Saraiva, 2016c, p. 166-190.

SARLET, Ingo Wolfgang. "Dos direitos fundamentais em espécie". *In*: SARLET, Ingo W.; MARINONI, Luiz G.; MITIDIERO, Daniel. **Curso de direito constitucional**. São Paulo: Saraiva, 2016d, p. 400-735.

SARLET, Ingo Wolfgang. "Da organização do Estado e da repartição de competências". *In*: SARLET, Ingo W.; MARINONI, Luiz G.; MITIDIERO, Daniel. **Curso de direito constitucional**. São Paulo: Saraiva, 2016e, p. 825-880.

SARLET, Ingo Wolfgang. "O direito fundamental à moradia aos vinte anos da Constituição Federal de 1988: notas a respeito da evolução em matéria jurisprudencial, com destaque para a atuação do Supremo Tribunal Federal". **Revista Brasileira de Estudos Constitucionais**. Belo Horizonte, ano 2, n. 8, out-dez/2008, p. 55-92.

SAULE JUNIOR, Nelson. **A proteção jurídica da moradia nos assentamentos irregulares**. Porto Alegre: Sergio Antonio Fabris Editor, 2004.

SAULE JUNIOR, Nelson; UZZO, Karina. "A trajetória da reforma urbana no Brasil". **Ciudades para tod@s**. Santiago, Chile: Habitat International Coalition, 2011, v. 1. p. 259-270.

SCHIER, Paulo Ricardo. "Constitucionalização do direito no contexto da Constituição de 1988". *In*: CLÈVE, Clèmerson Merlin (Coord.). **Direito constitucional brasileiro**. Vol. 1: Teoria da Constituição e direitos fundamentais. 2ª ed. rev. atual. ampl. São Paulo: Thomson Reuters Brasil, 2021. p. 49-64.

SILVA, José Afonso da. **Aplicabilidade das normas constitucionais**. São Paulo: Malheiros, 2003.

SIMÕES, Sandro Alex de Souza. "ODS 10: redução das desigualdades". *In*: BALERA, Wagner; SILVA, Roberta Soares da (Orgs). **Comentários aos objetivos de desenvolvimento sustentável**. São Paulo: Verbatim, 2019. p. 143-158.

SOUZA, Motauri Ciocchetti de. **Ação civil pública e inquérito civil**. 6ª ed. São Paulo: Saraiva, 2017.

SOUZA, Motauri Ciocchetti de.; FREITAS, Denilson de Souza. "As pessoas em situação de pobreza nas relações de consumo: a hipervulnerabilidade e os direitos humanos". **Revista de Direito do Consumidor**. São Paulo, v. 31, n. 141, mai-jun/2022, p. 171-200.

SOUZA, Motauri Ciocchetti de; MIRRA, Ana Beatriz Ribeiro D. V. "O retrocesso social na distribuição de vacinas contra a COVID-19 no Brasil". **Revista Jurídica da Escola Superior do Ministério Público**. São Paulo, v. 20, dez/2021, p. 53-86.

TAVOLARI, Bianca. "Direito à cidade: uma trajetória conceitual". **Novos Estudos CEBRAP**, v. 35, p. 93-109, 2016.

TEPEDINO, Gustavo; SCHREIBER, Anderson. "A garantia da propriedade no direito brasileiro". **Revista da Faculdade de Direito de Campos**. Campos dos Goytacazes-RJ, ano VI, n. 6, jun/2005, p. 101-119.

TRINDADE, Antônio Augusto Cançado. **A proteção internacional dos direitos humanos: fundamentos jurídicos e instrumentos básicos**. São Paulo: Saraiva, 1991.

TRINDADE, Antônio Augusto Cançado. "O Sistema Interamericano de Direitos Humanos no limiar do novo século: recomendações para o fortalecimento de seu mecanismo de proteção". *In*: GOMES, Luiz Flávio; PIOVESAN, Flávia (Orgs.). **O Sistema Interamericano de Proteção dos Direitos Humanos e o direito brasileiro**. São Paulo: Revista dos Tribunais, 2000. p. 103-151.

TSURUDA, Juliana Melo; GONÇALVES, Rafaela Caldeira. "ODS 1: Erradicação da pobreza". *In*: BALERA, Wagner; SILVA, Roberta Soares (Orgs.). **Comentários aos Objetivos de Desenvolvimento Sustentável**. São Paulo: Verbatim, 2018. p. 17-35.

WEIS, Carlos. **Direitos humanos contemporâneos**. São Paulo: Malheiros, 2014.